회원 · 제19집

 강병원
 강옥희
 곽광택
 김길웅
 김나현

 김보한
 김복임
 김석중
 김성렬
 김여화

 김영택
 김완묵
 김종숙
 김종원
 김진목

 김창송
 김청천
 김형택
 남기욱
 남점성

 남해길
 리철훈
 문상기
 민화자

(사)한국수필가연대

 박근후
 박승병
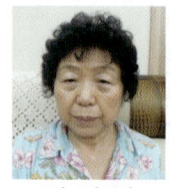 박정례
 박종윤

 박종철
 박지연
 박찬홍
 박춘석
 박춘자

 배병수
 서금복
 서영자
 소성자
 손수여

 신봉름
 신진탁
 심양섭
 심종은
 안경자

 양대성
 오수열
 우동휘
 우성영

회원 · 제19집

 유상옥
 유애선
 유영애
 유인종

 윤금숙
 이기돈
 이기종
 이만규
 이명우

 이무웅
 이방수
 이승철
 이외율
 이장구

 이재봉
 이재영
 이정희
 이종대
 이창규

 이태희
 임갑섭
 임지택
 장희자

(사)한국수필가연대

 전우겸
 정린다
 정성채
 정영희
 정증수

 조나다
 조병서
 조영의
 조옥순
 조은하

 조정화
 채수황
 최광호
 최영종
 최현희

 하양희
 하창식
 한명희
 한판암
 허 정

 호병규
 홍애자
 황을문
 황종찬

(사)한국수필가연대 2014 제19집

내 삶의
아름다운
쉼표

발간사

(사)한국수필가연대 수필선 제19집을 발간하며

 수필문학은 삶의 근원에 바탕한 다양한 소재를 통해 개인적 감정뿐만 아니라 사회적 인식에 대해서도 깊게 사유할 수 있는 장르다.
 물신을 숭배하는 요즘, 정신적인 것에 대해서는 소홀해지고 물질과 육체의 쾌락만 추구하는 영혼의 궁핍 시대를 살아가고 있다. 이런 시대를 살아가는 현대인의 행동이 형편없는 불량품이 되어 가는 것도 당연하다. 이 같은 시대적 상황 속에서 수필문학은 시대에 걸맞는 변화의 노력과 수필 영역의 확대를 통해 현대인에게 올바른 삶의 양상을 일깨워 줘야 한다.
 문학의 위기 시대에 그동안 수필문학이 빠져 있던 딜레마를 극복하고 새로운 문학 장르로 발돋움하기 위해 수필문학의 자기정체성을 보다 확고히 해야 앞으로 대중들의 공감 속에 사랑받는 문학 장르로 입지를 다질 수 있을 것이다.
 수필은 문장력만 있으면 누구나 쓸 수 있는 글이 아니다. 세상과 인생에 대한 깊은 인식과 성찰을 형상화한 사유력이 있어야 가능하다. 한 편의 수필은 세상의 사물을 바라보고 인간의 삶에 대한 깊은 성찰을 이끌어 냄으로써 창작되는 것이다.

수필문학은 사물에 대한 단순한 논리의 전달이 아니라 깊은 사유를 형상화한 표현을 통하여 세상과 삶을 새롭게 인식시킨다. 수필가에게 있어 수필은 세상을 말하는 통로이고 삶을 보는 프리즘인 것이다.

수필은 삶과 세상에 대한 폭넓은 성찰을 바탕으로 한 새로운 인식이 부재하다면 결국 사적인 차원의 잡문으로 추락될 위험을 내포하고 있다. 이는 경계해야 한다.

지금 우리들 주변에는 인간의 삶을 위태롭게 하고 삶 자체를 불행하게 하는 요소들이 허다하다. 과학문명과 물신주의의 과도한 발전으로 인하여 파괴되고 훼손된 생명 경시의 상황들을 극복하기 위해 수필문학은 잃어버리고, 지워지는 것들에 대한 지속적인 관심과 사랑의 눈길을 보내야 한다.

우리의 삶을 위협하는 물신의 위력과 그로 인해 야기된 생태적 위기 속에서 구원과 안식의 공간으로서의 역할을 수필문학에 기대하면서 2014년 제19집 (사)한국수필가연대 수필 사화집 발간에 자부심을 갖는다.

매년 (사)한국수필가연대 사화집 발간에 참여해 주신 여러 회원님께 진심으로 감사드립니다.

2014년 12월
한국수필가연대 회장 조병서

목차

발간사	조병서	
강병원	가을의 단상/ 15	
강옥희	수묵의 꽃/ 19	
곽광택	하루의 삶에 충실할 때 미래는 약속된다/ 22	
김길웅	병목현상/ 24	
김나현	사형수의 마지막 5분/ 28	
김보한	얄미운 다람쥐 가족/ 32	
김복임	이스탄불의 여정/ 36	
김석중	약천사藥泉祠와 나의 시조/ 40	
김성렬	원두막園頭幕/ 44	
김여화	칫솔로 손톱을 닦는 여자/ 48	
김영택	구도의 진리/ 52	
김완묵	대미를 장식하는 해파랑 길/ 55	
김종숙	자연 앞에/ 62	
김종원	슬픔의 도시 안산/ 65	
김진목	원칙이 거부되는 사회, 상식과 양심으로 돌아가라/ 68	
김창송	국경 넘어 이웃 사랑/ 76	
김청천	한마음 무궁화나무 심기/ 81	
김형택	무밥 먹던 옛 생각/ 85	
남기욱	문패 없는 집/ 90	
남점성	서러운 그 이름 자야/ 94	
남해길	행복 박물관/ 98	
리철훈	장려상/ 102	
문상기	흔적/ 107	

111/ 성취를 통해 삶을 가꾸고 실패를 통해 삶을 완성	민화자
117/ 부다페스트(Budapest)의 저녁 노을	박근후
121/ 그리운 공주 생각	박승병
127/ 돌아갈 수 없는 세월	박정례
130/ 여기 있구나	박종윤
133/ 수필작가의 시대정신	박종철
137/ 1달러의 기적	박지연
141/ 김동길 교수의 일담을 듣고	박찬홍
145/ 주례사主禮辭 유감有感	박춘석
152/ 컬렉터가 되는 길	박춘자
156/ 행복한 사회	배병수
160/ 그 남자의 이사	서금복
164/ 갈매못 순교 성지 순례	서영자
167/ 이웃사촌 은하 엄마	소성자
171/ 문학과 사람	손수여
173/ 출가외인	신봉름
177/ 산사나물[山寺菜]의 향취	신진탁
181/ 우메보시 담그기	심양섭
185/ 큰 바위 얼굴	심종은
190/ 1984년 일본	안경자
195/ 육지 노예	양대성
199/ 정의롭게 산다는 것	오수열
202/ 말뫼―코펜하겐 로터리 국제대회 참관기	우동휘
207/ 책 읽어 주는 사람 전기수傳奇叟	우성영
211/ 삶을 기록으로 남겨라	유상옥

(사)한국수필가연대

목차

유애선	달님이 창가에/	215
유영애	횡설수설/	219
유인종	보리 개떡 먹는 날/	223
윤금숙	길에서 길을 잃다/	227
이기돈	산소酸素 같은 여자/	232
이기종	귀명창/	236
이만규	승자의 눈물/	239
이명우	이 하사님께 내 아내를 드립니다/	243
이무웅	통일은 대박/	246
이방수	엄마의 따뜻한 사랑/	248
이승철	꽃바람/	252
이외율	죽음을 머리에 이고 사는 사람/	255
이장구	둘레 길/	258
이재봉	봄이 오는 길목에서/	261
이재영	설악의 정/	264
이정희	신록의 행복/	268
이종대	노병老兵의 귀향/	271
이창규	삼인동행 삼인아사/	277
이태희	행복/	282
임갑섭	골목 안 찻집/	288
임지택	빈자리/	292
장희자	골목길의 붕어빵 장사/	296
전우겸	귀향歸鄕/	299
정린다	해반천에서 만난 백로 한 마리/	303
정성채	고요한 자연 북유럽/	306

312/ 브래지어	정영희
316/ 호박 예찬	정증수
321/ 한계령	조나다
325/ 잊을 수 없는 이야기	조병서
328/ 그게 아니에요	조영의
331/ 편한 의자	조옥순
334/ 꿈길	조은하
339/ 고마운 사람들	조정화
342/ 바다보다 먼저 일어서는 파도	채수황
346/ 시적 상상력과 생태 환경 문제	최광호
349/ 부러운 자리, 회혼례回婚禮	최영종
353/ 미소의 여운	최정윤
356/ 아버지와 감나무	최현희
361/ 매화	하양희
365/ 우분투	하창식
369/ 나	한명희
373/ 쓰임새와 돈의 이름	한판암
378/ 사과에 얽힌 사연들	허 정
382/ 치심穉心	호병규
386/ 소장 전시회	홍애자
390/ 해신당海神堂과 애바위	황을문
396/ 재벌再伐 벌초	황종찬

(사)한국수필가연대 임원 명단

(사)한국수필가연대

(사)한국수필가연대 2014 제19집

내 삶의 아름다운 쉼표

강병원

가을의 단상

 "늙은 천리마는 삭풍에 울고, 매는 가을 서리 내리니 비로소 하늘을 날도다." 유우석의 시처럼 가을이 깊어지니 푸른 하늘을 마음껏 날고도 싶고 지평선을 향해 한없이 달리고도 싶다. 허나 몸이 늙어 비루먹은 처지라 그저 생각으로만 날고, 마음으로만 달릴 뿐이다. 그러함에도 마음은 여전히 이것도 하고 싶고 저것도 하고 싶다. 몸으로 하는 것이 아니라 생각으로 하는 것이니 아무려면 어떠냐 하면서도 자꾸 움츠러드는 마음은 어쩔 수가 없다.
 가을은 무언가가 그립고 어디론가 떠나고 싶은 계절이다. 파도가 밀려오는 바닷가에도 가 보고 싶고, 하늘도 보이지 않는 깊은 산속으로 들어가 세상으로부터 내 몸을 숨기고도 싶다. 어딘지 모를 그곳에서 가을이면 예외 없이 나타나 나를 외롭고 섧게 하는 그것을 가슴속에서 꺼내 달래고 싶은 것도 지금의 마음이다. 허나 마음만으로 그리워할 뿐 지금 서 있는 이곳에서 한 발자국도 움직이지 못한 채 살고 있다.

　주위 사방이 가을로 가득하다. 한여름 뙤약볕 아래에서 부지런히 일해 모아 두었던 영양분을 가을 햇살이 알곡 속에 담아 넣고 있다. 설익은 것들은 익혀지고 비워진 것은 채워지고 있다.

　이렇게 채워지고 익혀지는 이 계절에도 내 마음은 외롭고 텅 비어 있다. 더위와 삶에 지친 여름날을 그저 그렇게 보내다가 주위가 서늘해져 비로소 나를 돌아볼 수 있게 되었기 때문인지도 모르고, 좋은 마음은 알곡 속에 채워 넣어 외롭고 슬픈 감정만 남아 있기 때문인지도 모른다. 여하튼 결실을 맺어 가는 가을이 되면 나는 오히려 더 외롭고 슬퍼진다.

　가을은 항상 곁에 있던 것들이 언젠가 떠날 것 같은 느낌을 주는 계절이다. 큰 불만 없이 잘 지내던 주위 사람들이 불만을 토로하고 있다. 감정이 예민해지고 스스로를 돌아보는 계절에 나는 과연 무엇을 해왔는가 하는 자책의 마음이 들어서인지도 모른다. 아니 항상 곁에 있어 소중한지를 모르고 함부로 한 내 탓일지도 모른다.

　때때로 좋아지고 때때로 싫어지는 감정, 이런 것은 자연현상처럼 자연스러운 것이라고 한다. 좋다고 너무 좋아할 것도 없고, 싫어진다고 너무 자책할 것도 없다는 말이다. 다가오면 받아들이고, 멀어져 가면 그저 손 흔들듯이 보내면 되는 것이라고 한다. 허나 나는 그런 마음을 갖지 못한다. 다가오면 좋고, 멀어져 가면 슬프고 아쉬운 것이 지금의 내 마음이다.

　가을은 나를 돌아보게 하는 계절이다. 몸은 계절의 변화를 이기지 못해 기침 떠날 날 없고, 마음은 심약해져 작은 일에도 화를 내고 쉽게 마음이 상한다. 올가을 들어 이런 몸과 마음의 변화가 더욱 잦아지고 있다.

거울이라도 들여다보면 나아질까 싶어 천천히 나를 들여다본다. 주름살은 깊게 파여 있고, 얼굴은 표정 없이 굳어져 있다. 추하다. 깊게 파인 주름살이 추해 보이고, 웃음기 없는 무표정한 얼굴이 보기에 흉하다. 인생을 그렇게 험하게 살아온 것도 아닌데 추하게 보이는 것을 어쩌랴. 날 이렇게 흉하게 하는 것은 나인가, 늙음인가? 나이 들면 성격은 유해지고 얼굴은 부드러워지기를 바랐는데, 내 바람은 자꾸만 멀어져 간다. 나이 들어감이 나를 더없이 섭섭하고 원통하게 하고 있다.

가을은 잠을 설치게 한다. 잠드는 시간을 놓쳐 잠을 설치고, 한밤중에 잠에서 깨어나 잠을 설치곤 한다. 잠에서 깨어나면 온갖 생각이 일어나 밤을 한없이 길어지게 한다. 자식 걱정, 먹는 걱정, 그리고 사는 걱정 등등. 한낮에는 생각지도 않았던 문제들이 걱정이 되어 잠을 설치게 한다.

가을이 잠을 설치게 하는가, 늙어 가는 몸이 잠을 설치게 하는가. 옛 선인들은 밤중에 잠을 설치게 되면 잠 속에서 걸어 나와 밤 속으로 들어가 밤의 세계와 한 몸이 되었다고 한다. 풀벌레 소리와 한 몸이 되고 소쩍새 소리와 한 몸이 되었다고 한다.

헌데 나는 걱정이 걱정을 불러와 터럭처럼 작은 일들이 생각 속에서 굴러다니게 되고 그러다 보면 태산처럼 커져 점점 더 잠을 설치게 한다. 이럴 때 나도 옛 선인들처럼 밤 속으로 들어가 밤과 함께 하고 싶은 마음이 들기도 하나, 내일 일을 생각하면 잠들지 못하는 밤이 또 걱정이다. 어서 잠들어 내일을 맞이해야지 하는 생각이 잠을 또 설치게 하는 것이다.

그래도 다행인 것이 생각들이 만들어 놓은 걱정들은 아침이 되면 다 사라져 준다는 것이다. 열 중 아홉은 아침 해도 뜨기 전에 다 사라져 준다. 그러고 보면 밤이 생각을 만들어 내고, 이렇게 만들어진 생각이, 걱정을 만들어 내는지도 모른다.

　오늘은 작심을 하고 한밤중으로 들어와 있다. 새벽을 끊어내 한밤중을 아침과 바로 잇기로 한 것이다. 내일 하루 일을 망칠 각오로 밤중으로 들어온 것이다. 그저 주는 밥이나 먹고 사는 처지에 하루를 망치면 어떠랴 하는 생각에서다.

　피하는 것보다는 차라리 맞아들이는 것이 나을 것이다 하는 생각에서다. 생각만으로 사는 처지라 이 또한 마음먹은 대로 잘 되지 않을지 모르나 부딪쳐 보고 받아들여 보리라. 생각 속에 나를 놓아 두지 않고 생각 속에서 걸어 나와 세상 속으로 들어가 보리라. 그것이 바로 한밤중이라 할지라도 말이다.

강옥희

수묵의 꽃

길을 걷다 우연히 몇십 년 전 지인을 만났다.
불쑥 팸플릿 한 권을 건네며 전시회 초대장까지.
그 속에는 우리 조상들의 선비 정신과 서민들의 삶의 희로애락이 담겨져 있었다.
오래전 어느 날 오후, 처음으로 지인의 전시회에 갔을 때의 정경을 만난다. 담장과 크기를 나란히 한 소나무, 정원의 등나무, 서옥의 나무 창살. 그곳을 지키는 한 노인이 조용히 담배를 피우고 있을 뿐, 다른 사람은 아무도 보이지 않았다.
비가 내려 더욱 적막해진 실내로 기와와 소나무를 부슬부슬 적시는 빗소리가 들려왔다. 나는 잠시 의자에 기대앉아 벽에 걸린 한 폭의 그림을 멍하니 바라다보았다. 아마도 내가 무료하다고 여겼는지 문지기 노인은 일화를 늘어놓기 시작했다. 그 이야기의 대부분은 붓을 들어 스승의 손에 이끌려 그리던 옛 고향 집이었다.

나는 아직도 정확히 기억한다.

엄격한 그 시절 이웃집 처녀를 어떻게 구슬려 그녀가 직접 입맞춤을 간청하도록 했는지를 상상할 때 노인이 짓던 그 회심의 미소를 생각한다. 마치 입맞춤을 당한 사람이 바로 그 자신인 것 같았다. 내뿜는 담배 연기가 웃음소리를 따라 그의 얼굴 위에서 연신 흔들리는 듯했다. 비가 그쳤고 나는 그 자리를 떠났다. 푸른 빛깔의 응회암이 깔린 골목길은 물에 흠뻑 젖고 양쪽의 높은 담 사이로 바야흐로 푸르게 개기 시작하는 하늘이 걸려 있었다.

옅은 구름이 떠다니는 그 하늘에 노인의 웃음소리가 메아리치는 것 같았다. 폭도 좁고 긴 형체의 족자[條幅] 수묵화는 물의 고장 어디서나 볼 수 있는 좁다란 골목과 같다는 생각이 들었다.

어쩌면 이 좁은 공간이 사람으로 하여금 늘 광활한 하늘을 비상하고픈 충동을 느끼게 하는지 모른다. 그래서일까. 그 좁은 화폭을 마주할 때면 나는 항상 어딘가로 확장되는 힘에 감염이 되곤 한다. 뿐만 아니라 번번이 우리 묵화의 그림을 볼 때마다 감개부량함을 느낀다.

그것도 그림 속에 단지 장난 어린 동심만이 표현된 것이 아니라, 일종의 고매하고 초월적인 태도가 내 눈앞에 체현體現되기 때문이리라. 고매한 서법은 속인의 눈에 들지 않고, 속인의 눈에 들면 고매한 서법이 아니다. 그러나 이 말은 역시 의미를 아는 사람에게나 할 수 있을 뿐, 속인들에게는 말하기 어렵다.

그렇다. 우리는 인정해야 하리라. 그의 재기 넘치는 수묵화는 물의 운용에서 입신의 경지에 도달해 있기 때문에 속인들은 이해하지 못하는 게 아닐까. 한 가지 형식에 얽매이지 않는 서법을 이른바 고색창연한 가운데 아리따운 자태를 풍기는 신품神品이기 때문에 속인들은 이해하지 못함이 아닐까. 또한 긴 읊조림으로 슬픔을 노래하는 유희삼매 속에서 인생을 통찰하는 문학작품들은 속인들은 이해하기 쉽지가 않다.

내가 기쁜 것은 우리 수묵화의 작품 읽기는 재미를 더해 줄 뿐만 아니라, 이 뛰어난 예술의 천재를 이해할 수 있는 보다 넓은 사회적·역사적 배경을 제공해 주기 때문이다.

가장 본격적인 의미에서 아인雅人과 속인은 손을 맞잡고 이해와 소통에 이르는 것이다. 이 얼마나 감격스러운 일인가. 그렇다면 문지기 노인의 의기양양한 웃음소리를 듣게 한다면 그는 어떤 감상을 토로할까.

이는 깨달음에 있지 가르침에 있지 않으리라. 그럼 어떻게 그것을 전할 수 있겠는가. 그런 까닭에 가르치는 스승의 책임은 깨달음을 얻게 하는 데 있으리라.

하늘도 눈이 있고, 이 세상에도 결국 천리마로 알아보는 빙고가 있으리라. 마음이 표현하고 싶은 모든 것이 종이 위에 뿌려졌으리라. 왠지 내 마음이 편안해졌다. 예술이란 정말로 신기하다.

이 세상의 단 한 송이 꽃만으로도 이루 셀 수 없는 인생의 숨겨진 의미를 표현할 수 있어 일생토록 그림만을 그리는 지인이 있음은 고마움이다.

지금 새벽의 산책길에서 촉촉이 젖은 저 풍광을 그는 어떻게 펼쳐 놓을지 생각하면서 나는 한없이 이 피어오르는 안개를 바라본다.

내 인생은 수많은 수필을 써야 할 운명인 것 같다.

곽광택

하루의 삶에 충실할 때 미래는 약속된다

오늘 하루의 삶이 충실하게 매듭지어질 때 내일은 더욱 아름답게 우리 앞에 다가온다.

어제는 이미 지나간 시간이지만 그것의 축적이 오늘이므로 내일 또한 오늘의 연장에 지나지 않는다. 그렇기 때문에 오늘 하루의 삶이 얼마나 보람 있는 것인지 날마다 점검하며 내일에 이루어질 꿈의 실상을 바라보아야 한다. 그 꿈은 바로 우리의 뜻이며 그 뜻은 또한 내 삶의 씨앗이 된다. 한 톨의 씨앗을 뿌리는 봄 다음에는 반드시 피땀을 흘리며 김을 매고 거름을 주는 여름이 있다. 그래야 수많은 벼이삭으로 황금 물결을 이루는 가을이 약속되고 포근하게 편히 쉴 겨울도 기약이 된다. 이것이 바로 새 삶이며 내 생명을 소중하게 여기고 아끼는 삶이 된다. 새로운 삶은 긍정적으로 내게 주어진 환경과 여건을 좋게 받아들여 성실하게 살아가는 삶이다. 따라서 절망보다는 소망을 갖고 미움보다는 사랑으로, 비판보다는 이해를, 거짓보다는 진실을 말하면서 삶을 살아야 한다. 남의 누추함은 덮어 주고 착하고 아름다운 마음을 부추겨 주며 모든 생각과 행동을 언제나 긍정적이며 희망적으로 사는 삶이 바른 삶이라 할 수 있다.

새로운 삶은 바로 오늘보다 내일에 더 소망을 갖고 살아가는 것이다.

시간은 흐르는 물과 같다. 어제는 이미 흘러가 버려 어찌할 수 없지만 오늘은 항상 춤을 추는 것이다.

그 물결 위에 내 인생의 배를 띄워 무엇인가 낚아 올려야 하지 않겠나. 새로운 삶은 미움을 떨쳐 버리고 사랑으로 감싸 주어야 하고 남을 미워한다면 내 마음도 괴로워진다. 그러므로 내가 사랑하는 편이 내 마음을 편안하게 하고 즐겁게 한다. 내가 남을 미워하고 싫어한다면 상대도 나를 미워하겠지만 내가 즐거운 마음으로 사랑한다면 상대도 나를 기쁘고 즐겁게 인정할 것이다. 선한 행동은 아름다운 말보다도 더 참다운 마음을 알게 한다. 늘 사랑의 눈으로 보면서 하루하루의 삶에 진실하고 자기의 맡은 일에 충실하면 미래는 밝아질 것이다.

김길웅

병목현상

　수많은 길이 있었다. 그 길 가운데 선택한 길, 인연의 길을 걷는다. 산다는 것은 길을 가는 것이다. 지금도 나는 그 길 위에 섰거나 어느 한 길을 가고 있다.
　크고 작은 길, 오르막 내리막길, 굽이 잦은 길 혹은 평탄한 길, 보이는 길, 보이지 않는 뒤꼍 길도 있다. 길은 올곧게 가기도 하고 돌아가기도 한다. 길은 길에 연해 있어 가다 다하면 새 길 위에 선다. 도달하지 못한 채 평생을 한 길 위에 머물기도 한다. 산을 가리키며 행인은 늘 산 밖에 있다.
　아이 적 길의 학습은 소풍에서 시작했을 것이다. 꽤 먼 길을 걸어가고 걸어왔다. 먼지 푸석이는 신작로를 지나 들판을 질러 오간 길은 등·하굣길과 달랐다. 하늘이 기울게 내려앉고 구름이 머리 위를 자분거리며 냇물로 흘렀다. 들꽃이 피어 풀풀 향기를 날렸고, 바람에 뜬 새들이 무리 지어 햇빛 속으로 날았다. 아이들은 소풍의 설렘으로 들뜬 보법에 차츰 익숙해 갔다. 잰걸음이다 느리게 걸으며 숨을 고르는 걸음의 첫 경험은 점차 그것의 축적에서 한 세계와의 대면으로 진화했다. 낯선 세계로 나아가며 걸음을 떼던 어릴 적의 소풍, 그때의 길이 지금도 아슴푸레 기억 속에 되살아난다.

젊은 날, 내게 길은 어서 오라 유혹했다. 선택의 폭이 클 수 없던 열악한 시대의 터수에서도, 손짓하는 길들에 기웃거리게끔 했다. 키 크고 머리 꽉 차 갈 무렵, 주홍색 카펫이 깔린 꿈길에 홀리던 시절이 있었다.

천직이라며 들어선 교직에도 길이 몇 갈래였다. 초등에서 고등학교로 자리를 옮긴 것을 한 층위, 길의 수직 상승이라 했다. 그 길로 접어들자 거기 열려 있는 길이 또 다른 풍경으로 다가왔다. 공립에서 사립학교로의 이동은 걷던 길의 작은 일탈이고 해체였을 것이다.

구부정한 길은 곡선의 우아함으로 에돌아 흐려질 수 있다. 길에 대한 호불호好不好가 있었다. 나는 왜곡되지 않은 올곧게 난 직선의 길을 꿈꿨다. 철학이 절름거리면 정신이 퇴락할 것을 우려했다. 의로운 편에 서려 한 것이다. 뜻이 흔들리고 길이 위협받는 상황에 고민하다 학교를 떠나 대처의 학원가로 난 길에 선 적이 있다. 섬을 떠났다. 고속도로에 마흔 살의 세간을 싣고 솔가해 반포에다 짐을 부렸다. 길이 한때 입시학원에 정박하며 낯선 서울에게 유화의 손짓을 보내던 시절 얘기다.

사위로 열려 있던 길들, 섬사람에게 도시의 길은 너무 혼잡했고 나는 소음과 질주와 추월의 길에서 도망 다녔다. 편도 십 차선의 포도 위에서 쫓기듯 매양 서울의 길에 고단했다. 3년 만에 귀환 길에 섰다. 돌아오지 않으리라 했던 길이었는데도 고향 길은 정겨웠다. 너그럽고 푸근했다.

십 년이 채 안 가 나는 교직 속의 또 다른 길을 걷고 있었다. 역마살 끼어 변신에 이골 난 대로였다. 사립에서 다시 공립학교로, 서귀포가 임지였다. 가팔랐지만 한라산을 넘어 오가는 길이 좋았다. 풍성하고 윤기 번지르르한 자연에 안복을 누렸고, 싱그러운 산의 공기는 내 허파꽈리까지 그득 채웠다. 그곳 학교를 오가며 길을 흐르던 사유 속의 일 년을 산에 집중할 수 있었다. 산다는 것은 경험하는 것이지 삶의 의미에 대해 생각하고 앉아 있는 것이 아니다. 걸었던 길을 암만 뒤져 보아도 내게 그만한 추억이 없다.

내 교직 속의 길은 순탄치 않았다. 파란의 길이었다. 너울 이는 바다의 파고보다 더한 세파를 건너며 땅위의 항해를 이어 온 길이다. 사막 같은 길에서 한 조각 풀잎을 찾아 간구한 것은 갈증을 적실 한 모금 물이었다. 물은 쉬 내리지 않았다. 고독과 적막 속에 '나'를 견뎌 내는 길은 늘 외롭고 허무했다.

정년퇴임 무렵, 나는 길 위에서 다가올 미래에 대한 불확실성에서 갑자기 소통에 체증을 느꼈다. 병목현상이었다. 전후좌우를 살펴도 길의 폭이 현저히 좁다. 그냥 내딛어 되지 않았다. 속도를 줄이고 도로 위의 흐름을 기다려야 하는 걸 알아 간다. 이 길의 요체다. 횡행이 용납되지 않는 길목, 조율해야 하는 지점에 나는 섰다. 전에 포착하지 못하던 길 위의 색다른 이 인식은 인생에 대한 획기적인 발견인 듯하다. 자기 검속檢束일지도 모른다.

길엔 사철 바람이 산다. 흔들리는 것이 있어야 비로소 눈에 보인다. 길이다. 성취는 꿈꾸는 존재에게 화답으로 내리는 최상의 보상이다. 다만 그것이 보장되는 게 아닌 걸 알게 된 것은 실로 최근의 일이다. 급격히 좁아진 그 길로 접어들며 신중히 걷는 연습을 하게 된다. 느리게 걸으려 한다. 노상 대하던 것들이 낯설고 해오던 일마저 서먹하다. 그래도 앞에 있는 이 길은 당초 허용하는 속도와 방향에 따라 움직일 수밖에 없는 존재론적 장치인가 한다.

병목의 턱에서 만난 것이 언어다. 나는 시와 수필의 길 위에서 대표작 하나씩을 꿈꾼다. 내 앞엔 황혼이 사그라진 뒤 겹겹이 두터워 가는 모색暮色, 시야가 흐리고 머리 위에 별은 너무 멀다. 시행착오 끝에 지남指南을 던져 서쪽으로 진행의 가닥을 잡는다. 어림짐작이나 기다리노라면 글의 길은 내게 오리라.

시간은 관성만으로 일을 꾸리면서 감성을 녹슬게 음모하는 악덕이다. 머릿속이 아뜩하고 해맑은 사유를 띄우던 영혼의 연못이 날로 흐려만 간다. 울컥하던 감성과 이슬 같던 그 순수, 에스프리가 없다. 외로운 영혼은 목을 빼어 놓고 어느 길 위에서 나를 기다리나.

고심한다고 되지 않는다. 걷노라면 어느 먼 지점에서 내 영혼과 해후하게 되리. 나이 듦인가. 걸어온 길마저 턱없이 폭을 줄이려는 양한 이즈음이다. 생략이고 단절이고 삭제다. 걸어온 길들의 융합으로 나타난 이 도로 폭의 줄어듦, 길의 단순화가 놀랍다.

행여 마지막 떠나는 길에 간직할 글 한두 편 내리지 않으려나. 먼 옛날, 들판을 가로지르며 길을 학습하던 아이 적 소풍이 그리운 날이다.

김나현

사형수의 마지막 5분

우리 사회는 어느 조직 사회든 그 구성원들의 생활 모습을 살펴보면 대개 두 가지 유형으로 나눌 수 있다. 한 집단은 자기의 꿈을 실현하기 위해서 온갖 노력을 다한다. 또 다른 집단은 시간 관념과 생각도 없이 허송세월을 보내는 집단도 있다. 이렇게 시간은 만인 앞에 평등하게 찾아가지만 그 시간을 평소 잘 활용한 사람은 탄탄대로를 가고 아무 생각도 없이 시간만 낭비하는 자는 세상을 힘들게 살아가는 모습을 주위에서 쉽게 볼 수 있다. 보편적으로 우리 사회는 힘들게 살아가는 사람들이 더 많다고 볼 수가 있다. 그것은 시간을 효율적으로 활용하지 못해서 생기는 결과다. 우리 인간은 어떤 삶을 살아도 시간의 굴레를 벗어나서 살 수는 없다. 그러므로 우리는 시간의 소중함을 느끼고 살아가야 한다. 사람은 시간을 어떻게 활용하느냐에 따라서 천차만별의 형태로 변하게 되기 때문이다.

어떤 사람은 화장실 가는 시간도 아껴서 눈코 뜰 새 없이 열심히 살아가기도 한다. 또 다른 한 편의 사람은 많은 시간을 낭비하면서 게으름을 피우고 살아가는 모습을 우리는 종종 볼 수 있다. 나는 법무부 교정청에서 근무할 때 옛날 서대문 교도소 안에 설치된 사형대에서 사형수가 처형되는 순간을 본 일이 있다.

그때는 20대 젊은 나이였으나 너무 무섭고 온몸이 떨려서 얼굴을 들고 똑바로 보지를 못했다. 그러나 그 사형수가 사형장으로 또박또박 걸어가는 모습이 보였다. 뛰쳐나가서 못 가게 붙잡고 싶은 심정이었다.

사형수가 소리 없이 조용하게 사형대에 앉을 때 그 모습은 인간으로서 눈을 뜨고는 볼 수 없는 참혹한 현장이었다. 너무 슬펐다.

아마도 이 세상에 존재하면서도 존재해서는 안 되는 것이 교도소 내에 있는 사형대가 아닌가 싶다. 누구나 학창 시절에 한 번씩은 읽었던 러시아의 대문호, 『죄와 벌』로 유명한 문인 '도스토옙스키'의 살아온 인생의 한 토막이 떠오른다. 1849년 4월 어느 날 그 당시 사회주의 모임에 참석했다는 사유로 법정에서 사형을 선고받게 된다. 그 후 감옥에 투옥되어 모든 행동의 제약을 받으면서 수감 생활을 하였다. 어느 날 '도스토옙스키'는 사형을 집행하는 날이 돌아와 이 아름다운 세상을 다시는 볼 수 없는 마지막 작별을 하게 되는 사형대에 앉게 되었다. 앉아서 눈을 가리고 사형을 집행하는 시간만 기다리고 있을 때 온갖 세상일이 머릿속에 떠올랐다. 자기가 조금만 있으면 형장의 이슬로 사라질 것이라는 생각이 맑은 밤하늘의 별처럼 선명하게 기억된다. 그러면서 마지막 자기의 인생에 대해서 삶을 나름대로 정리하는 시간도 갖게 되었다.

자기 삶의 과정이 압축되어 주마등처럼 초고속으로 빠르게 스쳐 지나갈 때 사랑하는 아내에게, 사랑하는 가족에게 하고 싶은 마지막 인사를 정리하는 순간, 시간의 짧음에 대해서 너무 아쉬움을 느꼈다.
 그동안 살아온 삶을 후회도 해보고 잘못도 통곡했다. 그러나 어느 누가 용서해 줄 수도 없고 돌이킬 수 없는 시간이었다. 사형장에는 온 세상이 잠들고 숨소리만 들리는 적막한 시간이 흘렀다. 몇 분 후면 사형장의 이슬로 사라지기 때문이다. 내가 또다시 한 번만 더 살 수 있게 하느님이 저에게 기회만 주신다면 어떠한 시간도 쪼개어 살겠다고 이를 악물고 다짐하는 순간! 사형 집행 시간이 1분밖에 안 남았는데 갑자기 이게 무슨 일인가? 사형을 집행하는 교도관이 쏜살같이 자기 곁으로 뛰어오면서 하는 말이 큰 소리로 "황제의 명령이다. 사형 집행이 취소되었다."고 외치면서 사형 집행이 중지되었다. 그러면서 머리에 씌운 두건이 벗겨지면서 하늘과 땅이 꺼지는 듯한 기적이 일어났다. 이렇게 사형장에서 기적이 일어나 새로운 세상, 아름다운 세상을 바라보면서 감격의 눈물이 소나기 퍼붓듯 온몸과 마음을 적셨다. 그때 이전의 세상에서 갖고 있던 마음과 몸을 눈물로 목욕을 하고 다시 새로운 세상에 태어난 것이다.
 그 후 '도스토옙스키'는 사형대에서 느꼈던 모든 것을 소중하게 여기면서 평생 모든 시간을 금싸라기처럼 여기고 또 쪼개 쓰면서 살았기 때문에 훗날 수많은 걸작을 세상에 남기고 편안하게 세상을 떠났다.
 지금도 짧은 한 토막의 이야기지만 모든 이에게 감동을 주고 경종을 울리는 값진 교훈이 아닌가 싶다. 지금 우리 사회는 아무리 경제가 어렵고 대학을 졸업한 젊은 학생들이 취업하기 힘들다고들 아우성이지만 지금부터라도 우리는 시간에 대해서 돌이켜 봐야 할 때가 아닌가 싶다. 시간을 황금처럼 여기고 없는 시간을 쪼개어 살아간다면 어느 누구도 실패라는 단어가 찾아오지 않을 것이다. 젊은 청소년들은 시간이 없다고 노래만 부르지 말고 주어진 시간을 최대한 활용하고 24시간을 48시간으로 쪼개어 살아간다면 젊은이들의 장도에는 성공이라는 깃발이 환영할 것이다.

이 어려운 시대에 공부하는 청소년들에게 한마디 한다면 "어떤 인생이든 살아가는 길에는 고난과 역경이 항상 존재하고 있다. 그리고 그것을 슬기롭게 극복해야 한다."는 말을 항상 명심하고 살아가기를 바란다.

어느 노래처럼 "눈물 젖은 빵을 먹어 보지 못한 자는 어느 누구도 인생을 말하지 마라." 하였다. 언제나 가는 세월 아쉬워하지 말고 사형수의 마지막 5분처럼 시간의 소중함을 생각하면서 살아간다면 무엇인들 못하겠는가?

김보한

얄미운 다람쥐 가족

　허름한 농가 주택이 딸린 밭 한 뙈기를 겨우 장만하여 콩 아홉 이랑과 옥수수 다섯 이랑을 가꾸어 본 것이 3년 전 일이었다.
　돌담 안에는 꽤 많은 딸기가 있어서 그것이 탐스럽게 익을 때를 기대하며 밭일의 힘겨움도 잊을 수 있었는데 막상 빨갛게 익을 무렵 그것을 모조리 먹어 치우는 무례한 불청객이 있었다. 알고 보니 그들은 돌담을 무소불위로 넘나드는 다람쥐 가족이었다. 첫 인사치고는 그 애교와 재롱이 좀 심하지 않았나 싶었고 자꾸만 와서 개기다 보니 나중에는 몹시 괘씸하고 밉살머리스러워지기까지 했다. 그러나 그들도 혹독하게 추웠던 겨울을 겨우 견디고 이제 절박한 춘궁기를 맞고 있으려니 생각하니까 금세 미움이 가셔지면서 즉각 징벌하려던 것을 일단 유예하게 되었다.
　파종 전날 밤에는 알맞게 비가 내려 전원에서의 새로운 출발을 하늘이 축복해 주었고 파종 당일에는 청명한 날씨에 산새들의 맑은 지저켠이 진정으로 우리를 환영하는 듯하였다. 유기농을 한답시고 계분과 퇴비를 뿌린 밭에 콩과 옥수수를 심고 그 싹이 돋아 한참 자란 뒤에도 농약은 일절 치지 않았다. 제초제와 살충제를 뿌리는, 손쉬운 대량 살상의 화학전을 과감히 포기하고 잡초와의 육탄전을 고집한 결과 비록 몸은 고달팠지만 자연환경을 훼손하지 않고도 농사는 어느 정도 가능한 것이 아닌가 하는 믿음과 그 긍지에서 오는 작은 기쁨이 있었다. 이 기쁨이 가시기도 전 오월 중순께쯤 뜻하지 않은 일이 벌어졌다. 어느 날 아침 일어나 보니 그 이드르르하던 콩순을 무엇인가 나타나 남김없이 뜯어 먹고 만 것이다. 발자국을 찬찬히 살펴본 결과 이번 범인은 고라니들로 밝혀졌다. 큰 낭패감을 맛보았지만 그래도 옥수수만은 건재하므로 그나마 다행으로 여겼다.

그런데 봄도 무르익어 초여름으로 접어들 즈음 꿈을 접었던 그 콩밭에서 전혀 예기치 않은 기적이 일어났다. 고라니들에게 무참히 뜯기고 남은 그루터기들 주위로 오히려 이전보다도 더욱 튼실하고 무성하게 콩줄기가 자라나고 있지 않은가. 그뿐만 아니라 농약을 치지 않은 덕택인지 어디선가 많은 무당벌레들이 모여들어 줄기와 잎에 붙은 진딧물을 먹어 없애 주었고, 초목의 잎줄기처럼 위장하여 온갖 초목을 닥치는 대로 갉아 먹어 고사시킨다는 대벌레들은 그동안 높은 옥수숫대 위에서 한가로이 건들거리며 앉아 지상을 관망만 하던 서너 마리의 사마귀들이 어느 틈엔가 온 콩밭을 도맡아 깨끗이 해결하여 주었다. 사실 당랑거철螳螂拒轍이란 성어를 만들어 낼 정도로 강포强暴하기 짝이 없는 이 터미네이터는 평소 내 호감을 사지 못했던 곤충이었는데 이때 비로소 그 초능력에 경탄한 나머지 이 미물에게 무한한 고마움을 느끼게 되었다. 나는 여기에서 자연의 엄연한 질서라든가 생태계의 먹이사슬이라는 단순한 이해를 넘어 새삼 자연의 신비를 발견한 듯한 감격을 맛보았다.

 앞서 그 딸기 건으로 한 번 미움을 샀던 다람쥐 가족은 그 뒤에도 연이어 나의 부아를 더욱 돋우었다. 아직 거두기 전에 밭의 옥수수 일부를 축냄은 물론이려니와 이듬해의 종자로 처마에 죽 매단 것을 남김없이 해치운 것이다. 타작을 앞두고 여러 단으로 묶어 말리던 콩 단과 들깨 단도 안 건드린 것이 없었다. 이제는 인정사정 볼 것 없이 그동안 계속 미움만을 축적해 온 그 얄미운 가족을 단숨에 일망타진할 방도를 획책하기에 골몰하였다.

 그러나 막상 그 치밀한 음모를 실행에 옮길 단계에 이르러 내 마음은 주저주저하였다. 순간 지난 초여름 꿈을 접었던 그 콩밭에서의 감격이 내 잠든 이성을 잡아 흔든 것이리라. 일방적이긴 하지만 나는 망설임 없이 이 가족을 용서하였다. 형 집행 바로 직전에 내 것을 함께 나눌 진정한 이웃으로 받아들였던 것이다. 그리고 나도 잔학한 살육자가 될 뻔한 위기에서 간신히 벗어날 수 있었다.

 한 인류학자의 말이 생각난다. 옛 부족들 간에 있었던 인류 최초의 큰 전쟁은 농경 사회에서 비롯되었다는 주장이다. 물과 풀을 따라 노상 이동하는 유목민은 먼 장래보다는 당장 닥쳐온 그날 하루하루를 무사히 지내는 데에서—곧 종교에서 말하는 '종말론적 삶'을 영위하므로—소박하게 만족을 느낄 수 있지만, 농민은 한곳에 굳건히 정착한 채 농산물을 저장할 수 있게 되었고 더 나아가 많은 것을 축적하려는 소유욕이 왕성한 나머지 남의 곡식이나 토지를 탐내어 약탈까지 감행하며 급기야 이것이 집단화하여 부족 간에 큰 전쟁이 일어나게 되었다는 것이리라(예수가 종말론적 삶을 영위하는 어부를 제자로 삼았음은 의미가 깊다고 함). 아무튼 자연계의 신비한 순환과 이를 서슴지 않고 거스르려는 인간계의 행태들을 다시 진지하게 성찰해 보는 시간을 가질 수 있었다는 것은 다행한 일이었다.

　눈을 들어 앞산을 바라보니 온통 단풍으로 불타는 듯하다. 문득 여러 해 전에 감상했던 프랑스 영화 '마농의 샘'의 전원 풍경이 여기에 겹쳐진다. 아름답기 이를 데 없는 자연의 풍광 속에서 탐욕에 눈먼 인간들의 추악한 행태가 역설적으로 핍진逼眞하게 그려진 작품이다. 도시에 살던, 어떤 순박한 장애인이 아름다운 전원에서 인생의 중·후반을 보내고자 산골 마을로 찾아들게 되었고, 그가 소유하게 된 골짜기의 샘물을 탐낸 한 나이 지긋한 사내(이브 몽땅)는 간악한 음모를 꾸며 급기야 상대를 죽음으로 몰고 가는데 그는 남이 아닌 바로 제 친자식이었다는, 고대 희랍 비극을 방불케 하는 이야기였다.

　상상으로 꾸민 픽션뿐만 아니라 우리들의 실제 삶 속에서 자행되는 온갖 죄악의 동기를 들여다보면 모두 하나같이 분수를 넘는 소유욕에서 비롯된 것임을 알 수 있다. 욕망을 절제하지 않는 한 우리들이 이 세상 어느 장소에서 살든지 간에 죄악은 끊임없이 저질러지리라. 제아무리 목가적인 전원에 산다고 할지라도 거기에서 꼭 아름답고 고귀한 예술혼만 솟아나리라는 보장은 없는 것이다.

김복임

이스탄불의 여정

 노래도 아닌 것이 곡소리도 아닌 것이 가락을 붙인다면 어떤 가락을 붙여야 좋을지, 이천여 개의 이슬람교 사원 모스크에서 동시에 울리는 '오세요'라는 뜻의 애잔의 기도 시간을 알리는 생소한 소리에 퍼뜩 눈을 뜨니 새벽 다섯 시이다.
 열두 시간을 날아와 첫날 일정이 바쁘다. 이스탄불은 파리, 런던, 로마처럼 도시 전체가 야외 박물관인 도시이다. 다른 어떤 것과도 비교할 수 없는 매력으로 다가온다. 다양한 종교, 전통, 풍습…. 부드럽고 완만한 끝없는 초록 밀밭과 키 크지 않고 작은 아담한 나무들, 초원 지대에 펼쳐진 목가적인 풍경에 매료되고 만다. 빨간 기와지붕의 동화적인 가옥들은 유목 문화의 분위기를 더해 준다. 수천 년 역사의 결실, 토착민의 문화와 여러 민족의 문화가 혼합된 곳, 위대한 과거의 후손임을 자랑으로 알고 있는 사람들이 살고 있는 곳, 동양인인가 하면 유럽인 같기도 하고 그러나 유럽도 동양도 아닌 잘 섞여진 모습의 사람들은 낯선 우리에게 다가와 조그만 빵 조각이라도 나누어 줄 것 같은 따뜻하고 친절한 마음씨를 가졌다.

당시에는 병사들로 가득했던 거대한 트로이 목마 속에 오늘은 관광객들로 가득하다. 폼페이보다 오래된 에페수스 유적지의 야외 원형 구장 등, 자연의 불가사의 파묵칼레의 석회봉, 온천 석회수의 예술적 감동을 어떻게 표현하면 좋을까. 따뜻한 온천수에 발 담그고 자연에 취해 넋을 앗긴 순간 지나간 날들과 앞으로 가야 할 나날들에 대해 조심스러이 생각을 내디뎌 본다.

빨간 꽃잎 사이에 까만 점같이 박힌 꽃술은 흑진주가 아닐까.

한 번 더 들여다보고 지나쳐 다시 처다보게 되는 꽃. 이름하여 양귀비. 중국 현종의 황후 양귀비는 원래 뚱땡이에 못생겼다던데. 그러나 어찌 외양을 보고 말했으리, 마음속이 양귀비꽃처럼 예쁘고 아름다웠겠지.

고대의 많은 화산들이 분출시킨 용암 재가 이 일대를 뒤덮었다.

시간이 흐르면서 화산재들은 석회로 변하였고 침식작용으로 인해 지리학적 기적이 만들어졌다. 이 관대한 계곡에 살고 있던 사람들은 자신들과 가족, 가축들을 위해 지하 도시를 건설했다.

초기 기독교인들이 로마인들의 학대를 피해서 이 지하 도시를 피난처로 사용했다. 바위를 깎아 예배당과 수도원을 만들고 가장 훌륭한 프레스코화로 내부를 장식했다. 원주민들도 이렇게 바위를 깎아서 만든 수천 개의 동굴을 그들의 아늑한 가정으로 꾸미면서 자연과 동화되어 갔다. 바위를 파서 만든 집들, 그리고 비둘기 구멍으로 인하여 바위에 점이 찍혀져 있는 것처럼 보이는 곳. 바위를 깎아 만든 예배당 중에 괴뢰메 야외 박물관의 엘말르(사과) 교회가 인상적이다. 버섯(파샤바) 모양의 요정의 굴뚝, 화산 석회암 언덕, 모든 게 역사적 지역이다.

　이 지역을 위해 어떤 표현을 쓸까. 어떤 말로써 이곳의 신비함, 경이로움을 표현할 것인가. 흥분되어 한순간 숨이 멈췄었다고나 할까.

　카파토키아! 요철 모양의 공동 화장실은 어떤 연유인지 남자만이 가능했으며 이용료를 내야 했다. 이 특이한 모양의 화장실은 베스파시안 황제가 세운 무두질(모피의 털과 기름을 뽑고 가죽을 부드럽게 만드는 일) 공장에서 양과 염소 가죽을 무두질하는 데 사용되는 요산을 얻기 위해 세워졌다.

　에레바탄(지하 저수지), 성 소피아 성당 맞은편에 있는 물 저장 탱크는 물 자원이 충분하지 않았기 때문에 도시 식수는 이스탄불 북쪽 벨그라드 숲 강물과 지하수를 끌어와 공급했다. 전쟁 중이거나 도시가 포위됐을 때 적병들이 도시로 이어진 수로를 파괴하거나 물에 독약을 탔기 때문에 비상시 사용할 물을 저장할 목적으로 커다란 저수지가 건설되었다.

　아름다운 조명과 음악은 저수지의 신비스런 분위기를 연출하기 위한 것이다. 가장 뒤쪽으로 기둥을 받치고 있는 두 개의 메두사 머리가 있는데 하나는 옆으로 누운 모습 또 하나는 거꾸로 놓여 있다. 익살로 보기에는 심각했다.

　제임스 본드 007 시리즈 중 '연인과 함께 러시아로부터 탈출'이라는 영화의 장면이 몇 부분 이곳에서 촬영되었다.

　성 소피아 성당의 디시스 모자이크는 조금씩 뜯겨 반 이상이 파손되었다. 모자이크 조각을 가루로 만들어 먹으면 소원이 이루어진다는 미신이 그 옛날에도 있었다니, 예나 지금이나 인간의 삶은 같은가 보다. 인간의 욕망은 과거나 현재나 다름이 없는 것을 실감한다.

　왼쪽 복도 앞부분에 있는 직사각형의 대리석 기둥은 일명 '눈물의 기둥' 또는 '땀 흘리는 기둥'이라 불리며, 이 기둥에 있는 내부가 약간 젖어 있는 구멍에 엄지손가락을 집어넣고 완전히 한 바퀴를 돌리면 소원이 이루어진다고 한다. 그러나 그것은 쉽지 않았다. 이것을 보니 로마의 '진실의 입'이 생각난다.

샌프란시스코의 금문교와 흡사한 보스포러스 다리 밑 바다 위를 최상의 호화 유람선 요트를 타고 항해하며 선상 파티를 열고 해변의 궁전 같은 야외 식당에서 며칠 전 다녀간 대통령과 똑같은 예우를 받은 우리는 신데렐라가 된 듯하다. 디저트 접시에 초콜릿으로 그려진 태극기는 잊지 못할 기억 중 하나임을….

김석중

약천사藥泉祠와 나의 시조

　시조 〈동창이 밝았느냐 노고지리 우지진다…〉의 발상지 동해시 망상동 심곡마을은 약천 남구만南九萬의 유배지로서, 문학인 특히 시조인들이 관심을 갖는 곳이다. 나 또한 어릴 적 학창 시절에 이 시조를 배우고 익혀 뇌리에 깊숙이 자리 잡고 있어 평소에 가고 싶은 곳이었다.
　그런데 명시조 남구만의 〈동창이 밝았느냐 노고지리 우지진다…〉의 발상지인 동해 망상동 심곡마을 약천사에서 명인부 금상, 국창부 금상, 2013년 대상부 금상으로 마무리했음은 우연치고는 기연이 아닐 수 없다.
　이런 면에서 남구만의 성장과 활동, 그리고 유배지인 강원도 동해 망상동 심곡마을(약천사)을 중심으로 한 문학(시조) 활동의 의미를 탐구하고 음미해 보는 것도 조금은 뜻있는 일이라 여겨지기에 나의 견해와 관점을 순수의 의미로 피력해 본다.

약천(남구만)의 고향은 충청남도 홍성군 결성면 와리이고, 이곳에서 증조를 비롯하여 다섯 대가 내리 살아왔다. 그리고 그의 활동 배경지는 홍성군 인근의 당진시 정미면 덕삼리에 정원을 조성하고 문하생들에게 강학을 했던 학선당지學仙堂址가 있고, 그가 만년에 한때 보냈던 충남 서산시 해미면 산수리 영당골에는 유허비와 조석으로 사용했던 석천石泉이 있다.

해미는 내가 사는 곳에서 이십 리 남짓한 가까운 거리고 해미중학교와 해미고등학교에서 8년 동안 근무한 연고지이기도 하다.

남구만의 본관은 의령宜寧이며 호는 약천藥泉이다. 남구만은 조선시대(1629~1711, 인조 7년~숙종 37년)의 문신으로서 전라도 관찰사, 함경도 관찰사, 영의정을 역임한 정치가이기도 했다.

조선 19대 숙종이 원비 인현왕후를 폐출하고 장희빈을 맞아들여 장씨 소생 균均을 원자로 정하자, 이에 남구만은 원비 인현왕후를 폐위하고 장희빈을 맞아들임은 국법과 윤리에 어긋난 일이라고 숙종 임금께 상소하였다. 이로 인하여 남구만은 이곳 동해 심곡마을로 유배되었다.

선생은 망상동 심곡마을에서 1년간 지내는 동안 학문에 정진하면서 불후의 명시조 세인이 칭송하는 〈동창이 밝았느냐 노고지리 우지진다…〉를 창작하였다.

후세에 그를 기리는 향민들이 약천사를 건립하여 남구만의 영정影幀을 안치하고, 앞산 일출봉日出峰에 약천정藥泉亭을 세워 흠모하고 있으며 망상동 일대를 문화마을로 조성하고 있다.

　　동창이 밝았느냐, 노고지리 우지진다.
　　소 치는 아히 놈은 상기 아니 일었느냐?

재 너머 사래 긴 밭을 언제 갈려 하느니?

　　동창이 밝았느냐, 날이 다 새었는지 종달새가 우는구나!
　　소 먹이는 아이는 아직껏 아니 일어났느냐?
　　등 너머에 있는 이랑 긴 밭을 언제나 갈려고 하느냐?

　"동창(동쪽으로 나 있는 창, 동해를 향한 창), 재(발락고개), 사래 긴 밭[長田], 소 치는 아이[牧童]"를 소재로 하여 전원의 목가적인 풍경과 느긋하고 풍요롭고 검소한 향토민을 찬탄한 명작이다.
　약천사를 중심으로 주위 자연환경은 아름다웠다. 약천사의 뒷산을 태조산이라고 하는데 형제봉兄弟峰으로 이루어져 있어 북쪽의 봉우리를 웅산雄山(숫산), 남쪽의 봉우리를 자산雌山(암산)이라고 했다. 형제처럼 나란히 서 있는 산세가 예사롭지 않았다.
　약천사 왼쪽으로 동해를 향한 일출봉日出峰의 울울창창한 낙락장송落落長松 속에 약천정藥泉亭이 안겨 있고, 약천사 오른쪽으로 발락고개를 넘으면 시조에서 나오는 "사래 긴 밭[長田]"이 있다.
　나는 직접 가서 현장을 답사했다. 산속에 안온히 안긴 여러 필지의 밭이 길게 뻗어 있었다. 밭이 길다고 해서 이곳 사람들은 장전長田이라 부르고 있으며, "사래 긴 밭"은 이랑이 긴 밭이라는 뜻의 순수한 우리의 옛말이다.
　약천사 정면으로 멀리 월소산이 있다. 이 산의 정상에 봉화대가 있고 봉화대에서 불꽃이 솟아올랐다고 해서 불산[火山]이라 부르고 있었다. 산 밑에 저수지가 있고, 저수지의 물이 월소산의 불을 제압하여 약천사의 목조 건물을 화마에서 보호한다고 했다. 모든 정감情感, 글감의 소재는 시대상과 작가가 처한 환경과 때와 장소에 의하여 표출된다.

 문학적 소양이 있는 남구만은 이러한 환경 속에서 봄철의 바쁘고 흥겨운 전원생활을 주제로 명시조 〈동창이 밝았느냐…〉를 창출했다. 나는 이러한 뜻있는 고장에서 명인부와 국창부, 그리고 대상부 경창대회에서 연거푸 금상의 자리에 오른 것을 기쁘게 생각한다.

 시조는 옛 선조들의 너그럽고 평화로우며 유여한 생활 모습이 표출된 문학이다. 여기에 창唱을 붙여 노래로 부르면서 심신을 닦고 자연스레 생활의 반려가 되었다.

 현대인의 조급한 심성과 각박한 생활 모습을 너그럽게 순화하여 생활의 리듬을 조금은 여유롭게 조절하는 것도 필요하지 않을까 생각해 본다.

 이제 시조창은 나의 반려가 되었다. 혼자 있어 무료할 때 시조창을 부르면, 무료한 시간을 메울 수 있고 때로는 길을 걸으면서도 자연스레 시조창이 입을 열고 있으니 말이다. 오늘날 시조는 현대인의 의식 속에서 멀어져 가고 있어 값진 우리 선조의 문화유산이 단절되는 위기에 놓여 있다.

 선조의 애환이 담긴 시조의 맥을 이어야 하겠기에 새로운 시조인이 자꾸 대를 이어 시조창의 진수를 만끽했으면 얼마나 좋을런가?

 우리의 정서는 그 시대로 돌아갔으면 하는 바람이 크다. 예술 문화의 창출은 따뜻하고 감성적인 정서와 자연의 진리 속에서 이루어지기 때문이다.

김성렬

원두막 園頭幕

군 징집 영장을 받아들고 무슨 큰 벼슬이라도 한자리 하는 양, 한동안 고향에서 빈둥거리던 시절이 있었다. 장맛비가 며칠째 오락가락 내리는 어느 날, 아까부터 태수가 동구 가에서 휘파람을 불어 대고 있는 것이 필경 빨리 나오라는 신호일 게다. 그때 우리들은 무슨 일이 있을 때는 큰 비밀이나 되는 것처럼 휘파람을 암호처럼 사용했다.

그 녀석이 송별회 겸, 아랫마을 삼거리 막걸리 집에서 술이나 한잔 하자는 것이 주거니 받거니 자정이 거의 다 되도록 퍼 마셨다. 뜸하던 비가 다시 추적거리며 내리기 시작한다. 칠흑같이 어두운 밤이다. 집으로 돌아오던 우리들은 산모퉁이에 원두막이 서 있는 참외 밭머리에서 발걸음이 멈추어졌다. 밭머리에 가득하게 배어 있는 참외 익는 냄새의 유혹을 뿌리치지 못하고, 어느새 우리들은 밭고랑에 배를 납작 깔고 사방을 두리번거리고 있었다.

전쟁 때, 이북에서 피란을 내려왔다가 고향으로 돌아가지 못하고 그대로 눌러앉아 자리를 잡고 사는 황 서방네 머슴 장 서방이 우리의 침입을 눈치라도 챘는지, 헛기침을 해대며 대포 껍데기를 잘라 만든 재떨이를 연신 두들겨 대고 있었다. 한밤중의 정적을 깨며 그 금속성은 산골짝 멀리까지 메아리쳐 댄다. 순간 우리들은 들킨 줄만 알고 겁이 덜컥 났다. 숨을 죽이며 죽은 듯 머리를 땅에 처박고 있는데, 불개미 둥지를 건드렸나 보다. 성난 개미들은 총 비상을 걸어 요새화된 사타구니 진지를 무차별 공격을 해대지만 무방비 상태다. 정말로 소리도 지를 수 없고 죽을 지경이었다. 줄기차게 내리던 비가 좀 뜸해지자 산속에서는 산노루와 밤새들이 애절하게도 울어 댄다.

개똥벌레들은 무리를 이루어 한여름 밤을 화려하게도 수를 놓고, 개구리와 맹꽁이들의 합창은 장대한 여름 밤을 위한 행진곡처럼 들려온다.

바로 그때, 참외 밭머리에서 뒤를 힐끔거리는 희끗희끗한 물체가 사방을 두리번거리더니 약속이라도 한 듯, 원두막 안으로 재빠르게 기어 올라가고 있었다. 가물거리던 호롱불이 꺼지고 갑자기 여인의 앙탈 섞인 신음 소리가 들려왔다. 다름 아닌 건넛마을 돌배나무집 과수 순천댁의 목소리였다. 우리들은 참외 같은 것은 안중에도 없고 원두막 바로 밑까지 고양이처럼 살금살금 기어갔다.

그의 나이 갓 마흔인데 맴돌이도 좋지만, 바람둥이 여자로 근동에서는 모르는 사람이 없을 정도로 소문이 나 있었다.

한동안 무슨 말인지 들릴 듯 말 듯 속삭이는 것 같더니, 조용하던 원두막이 갑자기 태풍을 만난 것처럼 거세게도 흔들리며 들썩거린다.

얼마 후 그토록 흔들리던 원두막이 잠시 조용해졌다. 힘이 황우 장사 같다는 장 서방이, 비탈 밭을 가는 황소처럼 식식거리고, 언덕을 오르는 나무꾼처럼 헐떡이는 숨소리가 원두막 밖에까지 들려왔다.

잠시 조용한가 했더니, 이번에는 순천댁이 더듬거리며 원두막 가장 사이로 기어 나와 속곳 가랑이를 훌렁 내린다. 허여멀건 궁둥이를 엉거주춤 밖으로 내밀더니 그대로 볼일을 보고 있었다.

먹잇감을 노리는 살모사처럼, 고개를 바짝 치켜세우고 원두막에만 정신이 팔려 있던 우리들은 "쏴아" 하며 폭포수처럼 쏟아 내는 순천댁의 거시기를 꼼짝없이 그대로 맞는 수밖에 없었다.

난데없이 뒤집어쓴 뜨거운 폭포수瀑布水에 눈도 제대로 뜨지 못한 채 정신을 못 차리고 있는데, 조용하던 원두막이 또다시 흔들거리기 시작한다. 이번에는 아까보다도 더 무섭게 흔들린다. 바다 한가운데서 풍랑을 만난 난파선難破船처럼 요동을 친다. 원두막 기둥뿌리가 뽑힐 것 같고 그대로 무너져 내릴 것만 같았다. 그럴 때마다 기둥과 서까래가 맞닿은 곳에서 삐걱거리는 소리 말고, 또 다른 소리가 섞여 들려온다. 처음 듣는 이상한 소리다.

밤새 소리 같기도 하고, 청보리 밭을 날으며 지저귀는 종달새 소리 같기도 하고, 은하수 아래 잔디 밭에 누워 불어 대는 풀피리 소리도 같고, 어느 때엔 눈 내리는 깊은 겨울 밤, 폭설暴雪을 견디지 못하고 소나무 가지가 생으로 찢어지는 듯한 울부짖는 소리다.

어느새 먼동이 터 오기 시작한다. 술김에 하려던 참외 서리는 하나도 못하고, 흠뻑 뒤집어쓴 세찬 순천댁의 폭포수에 흙 범벅이 된 우리들은 두더지처럼 엉금엉금 참외 밭고랑을 타고 기어 나와야만 했다.

쇠잔한 노구의 새벽 달도 그 광경을 엿보느라 지쳐 부러질 듯 휘어진 허리를 질질 끌며, 누가 볼까 시치미를 떼며 서둘러 서산마루를 넘고 있다.

잔인(?)하게도 나의 가슴에 불질을 해대던 한여름 밤의 사건이 세월이 한참이나 지난 지금은, 쓰러질 듯 흔들거리던 참외밭과 원두막은 흔적도 없이 사라졌다. 하지만, 사랑에 겨워 질러 대던 순천댁의 그 교성嬌聲은 숲 속에서 울어 대던 소쩍새 울음소리와 함께, 아름다운 한여름 밤을 수놓은 나만의 원두막 전설로 남아 있다.

김여화

칫솔로 손톱을 닦는 여자

농사철에 어디를 간다는 것은 매우 다급하지 않으면 안 가는 편이다. 예전에도 그랬지만 지금도 어쩌다가 밭에 갔다가 손에 장갑도 끼지 않은 채 모종을 솎아 낸다거나 급히 하다 보면 이미 손은 흙을 묻힌 후다. 특히 나들이 계획이 있고 나가기 전에 일을 마쳐야만 할 때는 더욱 그렇다.

어제도 마찬가지다. 오후 2시에 광주서 행사가 있기에 오전에 하수오 모종을 다 심고 가야 할 판이다. 비가 온다고 했으니 혼자서 모종을 심는다는 것은 참 어렵다. 모종이 뿌리가 튼실해서 그냥 모판에서 쏙 뽑아지면 다행이지만 아직 덜 자란 모종을 심을 때는 모판에서 나오지 않는다. 천상 모판을 뒤집어서 털어 내고는 그것을 가만가만 만져서 심어야 한다.

아니면 모종들이 허리가 늘어나서 좋지 않다. 나무를 캐서 옮겨 심을 때처럼 작은 모종들도 차라리 털어서 심어야 하지 그걸 그냥 모판에서 잡고 뽑아 내면 안 된다는 말이다. 우리는 그걸 허리가 늘어난다고 해서 절대 금한다.

어제가 그랬다. 많은 양을 심어야 하는데 일단은 모종들을 심어 놓고 가기로 했는데 남편도 내가 거들어 줄 때 함께 해야 된다고 해서 서둘렀다. 이른 아침부터 밭에 나가서 심다 보니 10시 반, 부지런히 집으로 돌아와 보니 손톱이 까맣다. 이걸 어째? 장갑을 끼었어도 모종에 물을 주어 축축한 상태의 것을 만졌으니 당연 손톱이 까맣다.

남에게 맡겼던 밭을 지난해부터 돌려받았는데 둘 다 직장을 다니다 보니 참 힘들다. 토요일도 격주로 쉬는 남편과 일손을 돕자고 보니 남편이 쉬는 주말에는 밭에 매달려 있어야 한다. 해서 당연 결혼식장에 가는 것도 봉투만 보내고 못 가는 경우가 허다하다.

광주까지는 두 시간을 잡고 가야 한다. 거기다 아침도 거른 상태로 밭에서 금방 왔기 때문에 배도 고프고, 손톱을 칫솔로 닦는데 쉽게 흙이 빠지지도 않는다. 서둘다 보니 손톱이 아프기까지 하고. 그러다 혼자 웃는다. 나는 언제나 여유를 가지고 이처럼 동동거리지 않고 살게 될까? 어제처럼 칫솔로 손톱을 닦고 출타를 하는 날이면 얼굴도 햇볕에 익어 벌겋게 된다. 남들은 손톱에 장식을 하느라고 바쁜데 나는 이게 무슨 꼴이람?

광주 행사에는 안 갈 수도 없다. 그렇다고 누가 대신 갈 수도 없는 형편인데 풀물 들고 흙물 들은 내 손가락은 시커멓게 생겨 가지고 손은 까칠까칠한 것이 사람들 앞에 가면 창피할 일이다. 전에도 늘 그랬으니까. 가다가 순창에서 아침 겸 점심을 먹느라 시간을 허비하고 행사장에는 겨우 2시에 도착하니 이제는 초조하고 흥분되어서 얼굴이 벌겋다. 내가 도착하자마자 행사는 시작되었는데 나는 이번에는 사진을 촬영해야 하니 별수 없이 벌건 얼굴로 덜 씻긴 손가락인 채로

김여화 49

행사장 사진을 촬영한다. 이런 일이 한두 번도 아니고 벌써 햇수로 스물서너 해가 되었다. 거의 그 행사가 5월 중에 있다 보니 항상 농사철이라 나는 오전에 일하고 오후 행사에 가게 된다.

사실 농사는 그동안 작은 밭뙈기 하나 심심풀이로 하다가 지난해부터 남에게 맡겼던 밭을 우리가 짓는 걸로 했다. 그러다 보니 둘 다 직장 관계로 많이 힘이 들었다. 하지만 그렇다고 내가 짓겠다고 달라고 한 밭을 묵힐 수는 없는 노릇이다. 예부터 농촌에서는 밭을 묵히는 것을 굉장히 창피하게 생각했다. 아니 절대로 있을 수 없는 일이었다. 그러다 보니 무리하게 주말이면 농사를 짓게 되는 것이다.

사람들이 말하기 쉽게 주말 농장이라고 하지만 주말에만 농사일을 한다는 것도 어렵다. 그래서 생각한 것이 한 번 심어 놓고 인삼처럼 몇 년 후에 수확하는 약초를 심게 되었는데 작년부터 시작했지만 올해도 새로 심어야 할 모종들이 많아서 어제 같은 일이 벌어진 것이다.

손톱에 매니큐어 한번 발라 보지 못하고 칫솔로 손톱을 닦아야 할 정도인 내 신세가 참 처량하기도 하다. 어떻게 사는 삶인지. 쉴 날도 없고 이렇듯 부지런히 해왔어도 아직도 허덕거리는 삶이니 말이다. 언제나 한가롭게 농사일 좀 벗어 놓고 편하게 살 수 있을까? 아마 그런 날은 오지 않을 것이다.

비를 장만하는 바람이 요란스럽다. 머리카락을 정신 나간 여자처럼 흐트러 놓는다. 모자를 써도 벗겨 버리고 만다. 농사일을 하다 보면 손톱을 깎을 필요가 없다. 아무리 장갑을 끼어도 손톱이 잘 닳아지게 마련이다. 요새야 흔하게 장갑도 사서 끼지만 예전에는 그것도 아까워서 못 사고 그저 닥치는 대로 살았다.

주말 농장 조금 짓는 게 아니라 1,500평 밭을 주말에만 닦달을 해야 하는 것이라 보통 힘든 일이 아니다. 잡초는 왜 그리도 잘 자라는

지 농약을 치지 않으면 돌아서서 매주 잡초 제거 작업만 해야 한다. 농약통을 짊어지고 제초제를 뿌리는 일도 만만치 않다. 예전에는 나도 쉽게 약통을 짊어지곤 했는데 요새는 손으로 잡초를 뽑는다. 그 또한 어렵다. 힘들여 잡아당겨야만 봄풀도 뽑을 수 있으니 오늘 문득 시어머니가 호미질을 하시던 모습이 생각나고 내가 오늘 그 짝이라고 생각했다.

어깨가 아프고 잡아당기기가 힘들어서 기진맥진한다. 농약으로 제초를 먼저 해버렸으면 이 고생을 안할 텐데…. 누가 시골 가서 농사나 짓겠다고 한다면 나는 적극적으로 말린다. 그거 쉽게 하는 일 아닙니다. 도시로 나가서도 일할 재주가 없으니 별수 없이 우린 농사를 짓는 거라고. 배운 것이 그뿐이니 도리 없다는 말이다.

어쩌다 일하다가 외출을 하려면 칫솔로 손톱을 닦아야만 하는 그런 불편함과 남들 앞에서 쉽게 악수하자는 손을 내밀 수 없는 창피함도 감수해야 된다고 말이다. 누가 내 손을 잡고 무슨 여자 손이 이리 거친가 할 것 같은 예감 때문에 악수하자고 해도 꺼려지는 나처럼 그런 부끄러움도 참아야 한다는 말이다.

손톱을 자주 자르면 흙이 덜 끼겠지만 손톱이 달아지면 풀 뽑을 때 아파서 그도 못한다. 해서 손톱도 거의 자르지 않는 편이다. 언제나 나는 의짓잖은 여자로 살아야 한다.

김영택

구도의 진리

　맑고 향기로운 세상을 위하여 앞장서 오시던 법정 스님이 타계하신 지도 몇 해가 되어 간다. 행복의 척도는 오직 자연의 생활 속에 동화되어 자연이 주는 대로 살아가는 것임을 몸소 보여주시고 나눔의 포교 활동을 통해 무소유의 진리를 중생들에게 깨우쳐 주셨던 스님은, 생전에 사찰 주변보다는 산중의 자연 속에서 정념 수행을 통해 불력을 키우시는 데 전력하셨으며 삶의 기쁨과 순수성이 포식 사회의 풍조로 상실되지 않을까 하여 중생들의 구도에 앞장서 오신 분이었다.
　불교에서 강조하는 무소유란 과연 무엇일까. 고승의 장황한 설법보다도 머릿속에 입력된 생활 사전은 아무것도 가지지 않는 행위로 해석한다. 굳이 뜻풀이를 하자면 아무것도 바라지 말고 욕심을 버리라는 내용으로 오욕의 사심을 미련 없이 버리라는 종교적인 용어가 함축되어 있다. 이브에 농락당한 신의 노여움으로 타락의 길에서 헤어 나오지 못하는 인간 세계는 육신과 마음이 모두가 병들어 있는 사바세계의 삶을 벗어나지 못하고 산다. 한 치도 앞을 내다보지 못한 삶을 살면서 그 무엇 하나 시원스럽게 충족시키지 못한 삶을 살아가고 있는 인간에게 무소유란 짐짓 성인들만이 논하는 거룩한 말씀이고 뉘 감히 따라나서지 못할 금기사항으로 비쳐진다. 스님의 큰 뜻에 역심을 품는 일은 아니지만 무소유란 하루살이 같은 중생들에게는 참으로 실천하기 어려운 과제이고 무기력한 일이다.

어떻게 보면 속세를 떠나 입산을 한 스님들의 생활이 일반 서민들 생활보다도 더 안정된 삶을 살아가는 것만 같다. 먹고살기 위하여 날마다 아귀처럼 날뛰는 세속의 인간과는 달리 구도의 길을 택한 스님들의 모습에서는 걱정거리를 찾아볼 수가 없으니 부처님을 모신 사찰은 최고의 복지재단이며 안식처와도 같다. 보리수나무 밑에서 생사고해를 통해 백팔번뇌를 해탈하신 부처의 은덕으로 승자들은 아무 걱정 없이 일체 중심의 업보를 깨우치는 데에만 부단한 노력을 가하고 있는 것이다.

소견머리 없는 필부의 생각이지만 예수를 받들고 부처를 숭배하는 목자와 승자들의 삶이 하늘로부터 선택된 사람들의 집단이며 복 받은 사람들의 생활로 보여진다. 거기에 비해 무지하고 연약한 중생들의 육신은 죽어지면 한 줌의 흙으로 변할 뿐이고 홀대받는 영혼은 극락왕생을 보장받지도 못한다. 불행 중 다행인 것은 그래도 많은 사람들이 부처의 가르침에 귀를 기울여서 나눔에 동참하고 보시로 선근공덕을 실행하고 있다는 점이다.

큰 뜻을 품고 불가에 귀의한 스님들과 다르게 속세의 인간들은 매일 같이 불행을 자초하고 고통의 늪에서 헤어 나지 못하는 우둔한 삶을 살아가고 있다. 일찍이 부처가 꿈꿔 온 영원한 안식처를 찾고자 혜초와 원효 같은 고승들이 순례자의 역할을 자처하며 고행길에 나섰고 뒤를 이어 많은 불제자들이 계속해서 바통을 이어 가고 있다. "산은 산이요, 물은 물이로다."라고 화두를 남기신 성철 스님도 그 많은 순례자 속의 한 명일 뿐이다. 자연 속에서 나눔의 사랑으로 맑고 향기로운 세상을 구현하려 했던 법정 스님은 부처가 깨달음으로 세상을 구한 것처럼 삶의 진리를 무소유의 실천도량을 통해 그 해법을 일러 주셨다.

　삶에 있어 부자나 가난한 자의 행색은 겉보기일 뿐이지 결코 마음속까지 가난한 사람은 없다고 한다. 가식과 위선의 협잡 속에 불안과 공포의 생활에서 벗어나지 못하는 인간의 삶은 육신과 영혼을 구원받지 못한 채 대책 없이 막막하게 살아가고 있다. 마치 하늘을 날아다니는 새가 쉴 곳이 없어 앉지 못하는 것 같고 물속의 물고기가 숨이 막혀 보이는 것처럼. 인간 범생들이 무소유의 진리를 터득하기까지는 오랜 시간이 걸릴 뿐이고 죽음에 이르러서야 뒤늦게 생의 비유를 판단하는 어리석음을 깨닫게 된다.

김완묵

대미를 장식하는 해파랑 길

　시작이 있으면 끝이 있다고 했던가. 그래서 유종의 미가 존재한다. 2013년 1월 7일 30여 명의 동지들이 부산 오륙도를 출발하여 1년 7개월 만에 강원도 고성군 통일전망대에서 '해파랑 길' 770km의 대장정을 마무리하는 감회는 경험한 사람만이 느낄 수 있는 가슴 벅찬 순간이다.
　진부령을 넘어온 버스가 고성군청을 지나 거진읍에 도착한 시각이 10시 30분이다. 날씨까지도 우리의 장도를 축원하는지, 북쪽으로 올라간 장마 덕분에 수평선 너머 수십 km까지도 선명하게 보인다. 해맞이공원이 시작되는 나무 계단을 올라 소나무숲 속으로 파고든다.
　작열하는 태양 아래 바람마저 잠이 들고, 솔밭 속에서도 땀이 줄줄 흘러내린다. 마른장마 덕분에 산천초목도 물이 그리워 애간장이 타 들어 가는 계절이다. 그림 같은 거진항이 내려다보이는 언덕에 올라서면 해맞이공원이 펼쳐진다. 거진이 자랑하는 등대를 비롯하여 진주조개와 명태 조형탑까지 수평선이 내려다보이는 산등성이에 갖가지 조형물들이 자리 잡고 있다.

거진항은 1930년만 해도 120호의 작은 어촌이었다. 6·25 전쟁으로 피란민들이 모여들면서 도시를 형성하게 되었고, 1973년 읍으로 승격될 당시에는 2만 5천여 명의 주민들이 겨울에는 명태, 여름에는 오징어, 가을에는 멸치잡이로 활기찬 생활을 하던 곳이다. 하지만 성시를 이루던 명태어장이 베링 해협으로 이동하면서 거진의 명성도 사라지고 금강산 사건 이후로 활기를 잃고 말았다.

거진이란 도시는 명태와 운명을 함께했다고 해도 과언이 아니다. 그물망이 터지도록 명태를 잡아 올릴 때는 개들도 돈을 물고 다닐 만큼 신바람 나는 도시였지만, 자취를 감춘 명태와 함께 선창가에는 찬 바람만 불어온다. 검푸른 바다 밑에서 줄지어 노닐다가 대구리가 커지면 어느 어부의 그물망에 걸려 황태덕장에서 모진 바람 맞아 가며 노란 황태로 탄생하는 황금 어종이 아니던가.

거진 해맞이봉 정상에 있는 팔각정에 올라서면 동해의 검푸른 물결이 출렁인다. 오징어잡이로 밤을 새운 어선들이 흰 꼬리 포말을 일으키며 항구로 돌아오는 모습은, 혼잡한 세상을 등지고 살아가는 평화로운 어촌의 정경이 그대로 살아난다. 어부들의 소박한 꿈은 명태가 다시 돌아오는 그날이란다.

울창한 소나무와 해안절벽이 관동팔경 중에서도 가장 아름다운 산림욕장이다. 해서 거진에서는 화진포 의성(김일성 별장)까지 4.8km를 화진포 산소길로 명명하고, 오밀조밀하게 산책로를 조성하여 남녀노소 누구나 마음만 먹으면 쉽게 오를 수 있는 산책로가 펼쳐진다. 드디어 환성이 터지는 응봉. 122m의 낮은 정상이지만, 이곳에서 바라보는 화진포는 말로 표현할 수 없는 선경이다.

강릉의 경포호, 속초의 송지호와 함께 관동팔경이 자랑하는 호수 중에서도 가장 돋보이는 곳이 화진포다. 화진포는 원래 바다였으나, 오랜 세월이 지나는 동안 모래톱으로 바닷길이 막혀 호수가 되었다고 한다. 호숫가에 해당화가 만개하여 화진포라 부르며 둘레가 16km에 이르는 동해안 최대의 자연 호수다.

울창한 금강소나무 숲길을 빠져나오면 김일성 별장을 만난다. 일제강점기인 1937년 유럽에서 온 선교사들의 여름 휴양지로 이곳 화진포에 별장을 짓게 되었는데, 독일의 베버가 건축학을 전공한 전문가의 실력을 발휘하여 해안의 기암절벽 위에 원통형 2층 양옥으로 지은 중세 유럽의 성을 닮은 아담한 건축물이다. 해방 이후 화진포의 비경을 찾은 김일성이 이곳에 머무르면서 김일성 별장이라 부르게 되었다.

화진포에는 이승만 별장과 이기붕 별장도 있다. 6·25 전쟁 중에 우리 국군이 진격하여 점령하면서 우리의 관할로 들어오고, 휴전이 되면서 이승만 대통령과 이기붕 부통령이 이곳을 찾아 묵으면서 별호를 갖게 되었다. 나는 새도 떨어트린다는 무소불위의 권력을 휘두르면서 영구 집권에 눈이 멀어, 3·15 부정선거로 인해 대통령은 하와이로 망명길에 오르고, 이기붕은 둘째아들 이강석의 총탄으로 비극의 종말을 맞게 된다.

통일안보공원까지 7km를 더 가야 49구간이 마무리되지만, 33도의 폭염 속에서 강행군하는 것이 무리라는 판단에 따라 자동차로 이동하기로 하였다. 다행히 2006년 거봉회에서 1박 2일로 다녀간 적이 있어, 추억을 되살리며 금강산 콘도까지 여정을 더듬어 본다.

화진포 호수와 해수욕장은 금강송을 사이에 두고 경계를 이룬다. 겨울이면 넓은 갈대밭 위로 천연기념물 제201호인 고니와 청둥오리들이 찾아들어 장관을 이루는 호수와, 한여름이면 더위를 피해 찾아온 피서객들로 만원을 이루는 해수욕장. 금강송 그늘 아래 입자 고운 모래가 끝없이 펼쳐지고, 청정 해수욕장이 낭만과 추억을 부른다.

화진포 앞바다에는 금구도라는 작은 섬이 있다. 광개토대왕의 능이 있다는 전설과 함께, 이 마을에 이화진이라는 사람이 살고 있었는데, 성질이 어찌나 고약한지 금강산 건봉사에서 시주를 위해 찾아온 승려에게 시주는커녕 바랑에 똥바가지를 퍼 주자 스님이 "복 많이 받으십시오." 하고 돌아간 뒤 구두쇠의 집과 전답이 물속에 잠겨 화진포가 되었다는 전설이다.

초도해변을 지나면 그림 같은 대진항과 산등성이에 우뚝 솟은 대진등대가 인상적이다. 고성군 현내면 주민센터가 있는 대진항은 동해안 최북단에 위치한 어항이다. 파도소리 횟집에 숙소를 정한 우리는 바다 낚싯배에 올라 동해의 푸른 바다 위에서 바로 잡아 올린 싱싱한 광어회로 소주잔을 기울이던 추억이 엊그제만 같다.

대진항의 상징인 대진등대는 어로한계선을 표시하는 도등의 역할을 위해 1973년 1월 불빛을 밝히기 시작했으나, 1991년 어로한계선을 북쪽으로 5.5km 상향 조정하면서 1993년 4월 1일 일반 등대로 전환하였다고 한다. 대진등대는 등탑이 팔각형 콘크리트로 이루어져 있고, 37km 떨어진 해상에서도 식별이 가능하다는 설명이다.

대진등대에서 금강산 콘도까지는 청정 지역의 깨끗한 해변이 펼쳐진다. 쪽빛 바다의 푸른 파도가 넘실거리는 마차진해변은 여름 한철 피서객들을 위해 개방한다. 민간인들이 갈 수 있는 최북단의 금강산 콘도. 망향의 그리움에 눈물짓는 실향민들이 북쪽 하늘을 바라보며 통일을 염원하는 곳이기도 하다. 이곳부터는 자동차로 이동하는 구간이다.

화진포에서 관광버스로 10여 분만에 도착한 곳이 통일전망대 출입국관리소 앞이다. 휴전선을 찾아간다는 생각만으로도 긴장감이 감도는 곳이다. 모든 회원들이 차 안에서 대기하고 있는 동안 우리를 대표하여 이익수 대장이 신고서를 작성한다. 차종과 차량번호, 동승자 신분 관계 등을 기입한 다음 안보 교육을 받은 후, 자동차로 통일전망대까지 이동하게 된다.

잠시 후 민통선에서 가장 가까운 명파리를 지난다. 고향을 이북에 두고 온 실향민들이 통일을 염원하며 살아가는 곳. 고향의 맛 아바이순대로 유명한 명파리에도 긴장의 순간이 있었다. 지난 6월 21일 동부전선 GOP에서 발생한 총기 난사 사건으로 명파리를 비롯하여 인근 마을 주민들이 대피하는 소동이 벌어졌다.

동료에게 소총을 난사하고 무장한 채 도주한 임모 병장이 수색조들과 교전을 벌이는 동안 생전 처음 당하는 사건으로 가슴 졸이던 순간을 떠올리면 불안감이 앞선다고 회상한다. 북한과 철책을 사이에 두고 살아가는 마을 주민들에게는 가슴 한구석에 불안감을 안고 살아가지만, 금강산 사건으로 어려움을 겪고 있는데, 이번 사건으로 관광객들의 발길이 줄어들지 않을까 심히 걱정된다는 우려의 소리가 높다고 한다.

제진검문소에서 헌병의 검문을 받은 뒤 7번 국도를 따라 통일전망대로 향한다. 이 길은 금강산 가는 길이다. 7년 전 오색 단풍이 만개한 청명한 가을날, 긴장과 설레는 마음으로 휴전선 철책을 넘어 금강산을 찾아가던 날이 꿈만 같다. 현재는 가고 싶어도 가지 못하는 금강산이라 더욱 보고 싶다.

긴장의 끈을 놓을 수 없는 통일전망대에 도착한다. 가장 먼저 반겨주는 것이 해파랑 길 49, 50코스 안내판이다. 1년 반 동안 먼 길을 달려오면서, 예상치 못한 병마(만성기관지염)에 시달리며 완전 종주를 하지는 못했지만, 종착점을 함께 밟았다는 사실 하나만으로도 가슴 벅찬 순간이다. 나머지 구간도 완주하겠다는 다짐과 함께, 뒷바라지에 헌신적인 아내에게 감사하는 의미에서 기념패를 만든다.

여보! 나머지 인생도 멋지게 살아 봅시다. 나의 반쪽, 영원한 동반자.
―통일전망대에서
2014년 7월 20일 남편 김완묵이 사랑하는 김선화에게

　동해안 최북단에 위치한 고성 통일전망대는 강원도 고성군 현내면 명호리 해발 70여 m의 낮은 언덕에 자리 잡고 있지만, 금강산을 정면으로 바라볼 수 있는 전망이 아주 좋은 곳이다. 전망대 오르는 길목에서 가장 먼저 만나는 곳이 '고성지역 전투 충혼탑'이다. 휴전을 앞두고 치열한 공방전이 벌어졌던 고성지구. 한 치의 땅이라도 더 빼앗겠다는 구국일념으로 화진포와 명파리까지 우리의 땅으로 만든 순국 선열들의 투혼에 머리를 숙인다.
　전망대에 올라서면 비무장지대와 휴전선 너머로 그리운 금강산이 보인다. 발아래로 이어지는 7번 국도는 금강산까지 이어지고, 남북 철도가 완공되는 날, 유라시아까지 이어지는 실크로드가 펼쳐지는 꿈을 꾸게 된다. 하지만 금강산까지 이어지는 해안의 모래 해변에는 사람의 그림자도 보이지 않는 적막강산이 우리의 가슴을 슬프게 한다. 지구촌에 단 한 곳밖에 없는 분단의 현장에서 우리는 다짐한다. 다시는 이런 비극이 되풀이되지 않기를.
　금강산을 배경으로 포토존이 설치돼 있다. 이번 해파랑 길 원정대에서 어린 나이에도 끝까지 포기하지 않고 770여km를 완주한 재석

(초등학교 4학년)이와 다정한 포즈를 취한다. 가장 나이 많은 나와 재석이는 60년이라는 세월을 뛰어넘어 해파랑 길을 함께 걸어왔으니 장하고 대견하다. 재석아! 너의 굳은 의지가 앞날에 큰 힘이 될 것이다. 파이팅!

　남과 북을 동시에 바라볼 수 있는 전망대에서 북녘 땅을 바라본다. 구선봉을 중심으로 해안가로 뻗어 내린 만물상과 해금강, 지척에서 바라보면서도 갈 수 없는 금단의 땅. 통일의 그날을 기원하며 아쉬운 발걸음을 돌린다. 화진포로 돌아와 3대에 걸쳐 가업을 이어 오는 전통의 막국수집에서 술잔을 높이 들고, 해파랑 길의 대미를 장식하는 자축연으로 모든 일정을 마감한다. 감사합니다, 이익수 대장님. 그리고 동지 여러분 건강하세요.

김종숙

자연 앞에

　자연의 섭리에 따라 계절의 전령사 역할을 매년 반복하는 초목을 천사표라 하고 싶다. 생동감이 넘치는 생에 용틀임을 하기 위하여 이른 봄이면 흙을 떨치고 파란 새싹이 나온다.
　부조리가 난무하고 허황된 꿈을 꾸는 사람들과 남들이 평생 동안 모은 재산에 현혹되어 단숨에 이루려고 편법을 동원하는 악순환되는 도심에 살고 있지만 아파트 주변에 쭉쭉 뻗은 나무와 잔잔한 식물들이 연출하는 초록의 진한 향기와 자연이 만들어 내는 아름다움과 쾌적한 공기를 호흡하며 살아가는 고마움을 항상 느낀다.
　남을 인정하지 않는 오만과 믿지 않는 불신과 용서하지 못하는 미움, 이기주의적인 소유욕과 지배욕으로 주변에서 엄청난 일이 생길 때 삶에 거부감을 가지게 된다.
　현재 처해 있는 위치에서 자연의 흐름에 따라 행복을 추구하는 것이 당연한 것인 줄 알고 있지만 우리는 보다 발전하고 싶은 허황된 꿈과 많은 재물을 얻기 위한 욕망 때문에 적당한 선에서 만족을 가지지 못하는 것이다.

과용은 불행의 실마리가 되어 화를 불러오고 갈등과 거부감에 쌓여 오염과 불행으로 상상할 수 없는 일들이 벌어지는 험한 환경 속에서 불안을 안고 살아야 하는 불행을 초래하기도 한다.

산에 오르는 산악인은 말한다.

자연의 위대함 앞에 서면 겸손해지는 것은 물론이고 내면으론 더욱 강해지는 인내심을 배우게 된다는 것이다. 꽃과 초록이 우거진 산속에서는 복잡한 문제로 응어리진 가슴에 조심스럽게 접근하여 한 가닥 한 가닥 실마리를 풀어 주듯 평안의 늪으로 머물게 하는 혜택을 준다.

새싹이 돋는 봄에서부터 오색 영롱한 빛깔의 조화를 이루는 가을 산이 오기까지 우리의 삶은 행복보다 어려움이 많았다. 어려울 때 탈출구를 찾기 위한 방식을 배우며 인내와 용서, 반성과 배려의 아름다움도 배우게 된다.

녹음이 우거진 여름 산은 우리에게 진취적인 생동감을 주기도 하고 탄성을 토해 낼 만큼 오묘한 조화를 이룬 가을 산은 황홀하다. 예술이다. 가을을 예찬하던 내 인생이 가을과 맞물린 탓인지 올해의 가을은 칙칙한 서글픔으로 다가서고 있다. 늙는다는 단어는 때로는 서글픔, 외로움이다.

눈 덮인 겨울 산은 싸늘하고 적막하다. 탈 없이 긴 겨울을 넘기는 지혜를 모아 건강을 유지하는 마음과 삶은 보다 아름답게 가꾸며 부족한 것이 많은 생각과 사회를 잘못 보는 편견과 부정을 긍정으로 채워 가며 냉기 도는 마음을 따뜻한 정이 넘치는 가슴으로 바꾸는 작업이 필요하다.

은빛의 억새 춤바람을 한숨만 쉬며 바라보기보다는 모진 바람과 추위를 떨치는 방법이 필요하다. 평안한 삶보다 노력이 필요한 것이다. 비싼 향수보다 내면에서 풍기는 향기와, 품위와 자존심을 지키는 무게를 채워 나가게 되면 그 시점에서 인생을 설계하는 꿈을 이루게 될 것이다. 전진하는 정신과 역경을 극복하는 탈출구를 찾아 겨울을 보내게 되면 또다시 화려한 봄이 올 것이다.
　삶의 무게를 채워 나간다. 부족함이 있으면 있는 그대로 받아들이다 보면 그 시점에서 내 인생은 설계될 수 있고 꿈은 이루어질 것이다. 불안을 과감에게 떨칠 수 있는 도전 정신, 행복을 추구하기 위해 전진하는 정신, 역경을 떨치는 탈출구를 찾아가며 겨울을 보내면 또다시 화려한 다음 계절 맞게 될 것이다.
　요즘, 만성질환을 치유하기 위해 산을 찾는 환자들이 많다. 나무가 주는 자연의 생생한 공기는 잡념이 없는 평안함을 넣어 주기 때문에 치유에 한몫을 해주는 것이다.
　인간은 자연의 품 안에서 행복을 누린다. 자연과 더불어 부끄럼 없는 미래를 설계하며 살라는 자연의 메시지일 것이다.

김종원

슬픔의 도시 안산

경기도 안산시는 세월호 참사慘事의 직격탄直擊彈을 맞은 도시가 되었다. 직접적으로 인명 피해를 당한 단원고등학교를 품고 있기 때문이다. 도시 전체가 온통 초상집 분위기다. 75만의 안산시민 모두가 슬픔의 바다에 침몰하고 말았다. 더욱이 너무도 갑자기 발생한 세월호 침몰 참사에 온 국민이 경악을 금치 못하고 있다. 너무나 안타까운 나머지 전국 방방곡곡에서 안산까지 직접 찾아와서 희생자의 영전에 애도를 표하는 조문객들도 많다.

아무리 생각해도 너무나 어처구니가 없다. 이 무슨 황당한 날벼락 같은 변고變故가 아니냔 말이다. 푸른빛이 감도는 초원에서 한창 피어나는 꽃봉오리 같은 학생들이 졸지에 차가운 바닷물 속으로 지고 말았으니 목 놓아 울어 봐도 시원치 않을 엄청난 참사이다.

너무도 순진무구純眞無垢한 마음으로 제자리에서 대기하라는 어른들의 말만 믿고 기다리다가 목숨을 건지기 위한 자구책自救策을 한 번도 시도해 보지도 못하고 그대로 사라지고 말았으니 너무도 억울하고 원통寃痛하기 그지없다. 그래서 어른으로서 더욱 부끄럽고 또 부끄러울 뿐이다.

지금 안산시는 도시 전체가 희생자들을 애도하는 검은 현수막과 노란 리본과 검은 리본에 파묻혀 있다. 가신 이를 잠재우려는 만장挽章의 펄럭임이 도시를 휩쓸고 있다. 바람이 세차게 불 때마다 도시는 흐느끼는 듯이 슬픔의 물결로 출렁이고 있는 감회感懷를 연출하고 있다. 하늘하늘 바람에 나부끼는 현수막과 리본들의 몸짓에서 나비의 형상으로 하늘나라로 올라가는 어린 영혼들의 몸짓인 양 애처롭고 엄숙한 분위기를 자아내고 있다. 때 맞게 만발하여 줄지어 선 가로수 이팝나무도 흰 옷으로 갈아입고 때 묻지 않은 어린 영혼들을 달래고 있다.

안산시 단원구에 위치한 화랑유원지에 자리 잡은 대형 행사장 안에 봉안奉安된 정부 합동분향소를 찾아 안산시민의 한 사람으로서 망연자실하고 허탈한 마음이 되어 머리를 조아려 본다.

"천주님! 어린 영혼들을 불쌍히 여기시고 거두워 주소서."

더 이상 무슨 말로 젊은 영혼들을 위로해야 좋을지 가슴이 먹먹해 온다. 무수한 영정사진들로 꽉 찬 벽면을 바라보았을 때 알 수 없는 위압감威壓感으로 정신이 몽롱朦朧해지려고 한다. 엷은 현기증 같은 것을 느끼며 하얀 국화꽃 한 송이를 바친다. 무거운 발걸음으로 천천히 분향소를 돌아 나와 조문객 대기소에 들러 노란 리본 하나를 뽑아 들었다. 또 무슨 글을 적어야 어린 영혼들에게 위로가 될까 하고 망설여진다.

"어른으로서 미안하고 또 미안하다."

떨리는 손으로 겨우 이렇게 적었다. 지금 와서 그 어떤 거창한 말을 사용하며 위로해 본들 무슨 소용이 있으랴! 다만 조용히 외로운 영혼들을 상처받지 않게 잘 돌보아야 한다.

이 슬픈 차제에 아직 실종자도 다 찾지 못했는데 어린 영혼들을 볼모로 삼아 이념이나 정치적 이득을 취하려고 자기 목소리를 높이는 어른들이 많이 생겨나고 있다. 이 무슨 경거망동하는 망발妄發이라 하지 않을 수 없다. 어린 영혼들에게 상처를 주는 어른들이 더 이상 나오지 말아야 한다.

이제 청천벽력靑天霹靂 같은 세월호 참사에 망연자실茫然自失만 하고 있을 때가 아니다. 지금 와서 다른 사람을 원망하고 탓하며 깊은 자기 비탄에만 빠져 있을 때가 아니다. 다만 모두가 나의 잘못이라고 반성하며 마음을 모아야 할 때이다. 밝고 아름다운 살기 좋은 대한민국을 만들기 위해서 말이다.

앞으로는 절대로 제2의 세월호 같은 대형 참사가 발생하지 않도록 나라를 새롭고 튼튼하게 만드는 것만이 어린 희생자들에게 보답하는 길이라는 사실을 다시 한 번 명심하고 또 명심해야 될 것 같다.

김진목

원칙이 거부되는 사회, 상식과 양심으로 돌아가라

1. 세월호 침몰 사건 및 삼풍백화점 붕괴 사건의 안전 불감증과 책임감 결여
2. 기능직의 일반직 공무원 전환 및 검찰청 소속 기능직의 검찰수사관 전직 부당성
3. 정당정치의 폐단 및 무소속·서민·중산층 출신 국회의원 다량 배출 필요
4. 법률의 제정과 시행의 괴리 및 상식과 양심이 통하는 법 제정 필요

최근 세월호가 침몰하였다. 많은 학생들과 승객들이 사망하였다. 그런데 이 선박을 책임져야 하는 선장과 선박직 승무원들은 모두 탈출하여 살아났다. 승객 모두를 구하고 최후에 탈출하였으면 얼마나 좋았을까? 사실 최후 탈출이 선장과 선원들의 의무이다. 이 원칙이 지켜지지 않았다. 왜 그랬을까? 이 사회에 만연된 안전 불감증과 준

법 불감증, 책임감 부재, 이기적 사고에서 비롯되었다고 볼 수 있다.

국회의원들이 제정한 법률이 제대로 작동되는가? 몇 퍼센트나 지켜지는지 한번 점검해 봐야 한다. 그러면 왜 이런 법률이 계속 제정되고 존재할까? 현실을 무시한 이상적 법률이 만들어져서 그렇다. 즉 지켜지지 않는 법률이 만들어진다는 것이다. 실효성 있는 법률의 제정이 필요하다. 국민이 법을 무시하는 것이 아니라 지켜지기 어려운 이상적 법률이 제정되니 지켜지기가 어렵다는 것이다. 그러면 왜 이렇게 동떨어진 법률이 제정될까? 법률안을 만드는 분들이 누구인가? 정부와 국회이다. 그런데 이들은 사회 현실을 정확히 통찰하지 못하고 있다. 현실과 법률의 괴리가 크다는 것이다.

세월호가 침몰한 데는 여러 가지 이유가 있지만 무리한 증축과 과적, 그리고 평형수의 부족이 그 이유 중 하나이다. 이들은 왜 이런 짓을 했을까? 원칙 준수 불감증 때문이다. 그리고 선장과 선박직 선원들의 무책임한 탈출은 책임감 부재와 사명감 부족에서 생겼다. 자신들의 존재 이유를 망각했다. 직업의식도 양심도 없었다. 이기심의 극치를 보여 줬다. 이들을 믿고 몸을 맡긴 승객들이 결국 바보가 되었다. 더욱이 이들은 배가 침몰하는 절체절명의 순간에도 여러 차례 "그대로 가만히 있으라."라고 방송하고 자신들은 탈출하면서 퇴선 명령조차 내리지 않았다. 이것은 상식과 양심의 파괴 행위이다. 오히려 그 방송을 믿지 않고 위기의식을 느끼고 밖으로 나온 학생들과 승객들만 구조되었다. 이것을 무엇으로 설명해야 할까? 어른들의 말을 착실히 이행한 학생들과 승객들만 억울하게 죽었다. 어른들의 체면이 말이 아니다. 자녀들과 학생들을 볼 면목이 없다. 너무나 기가 막힌 일이 벌어졌다. 그런데 선장과 선박직 선원들은 변명에만 급급하다. 진정 반성할 줄 모른다. 이 사건으로 대한민국은 국제적 망신을 당했다. 언제까지 이렇게 바보짓을 해야 하는가?

이번 세월호 사건은 1995년 6월 29일 일어난 삼풍백화점 붕괴 사건과 거의 유사하다. 그 당시에도 무리한 증축이 있었고, 건물의 주요 기둥을 일부 빼는 등 하층부를 부실하게 하고 옥상의 냉각탑 설치와 이동 등 상층부의 무게를 무겁게 하여 균열을 오게 했다. 더욱이 그 지역은 지반도 약했다. 당연히 건물이 무게를 이기지 못하고 서서히 무너지기 시작했다. 사건 당일 백화점 회장 등 경영진들은 건물이 급격히 무너지고 있는데도 조속히 대피 명령을 하지 않았다. 그런데 회장은 이미 빠져나왔고 경영진들은 붕괴 직전에 빠져나왔다. 남아 있던 직원이 대피 명령을 했지만 이미 그 시기를 놓쳤다. 그래서 백화점 안에 있던 사람들은 밖으로 빠져나올 수가 없었다. 이때도 쇼핑객들과 백화점 직원들, 노동자들이 피해를 입었는데 사망자 502명, 실종자 6명, 부상자 937명 총 1,445명의 사상자가 발생한 것이다. 세월호 선장 일행들과 백화점 회장 일행들의 행태가 무엇이 다른가? 나 몰라라 하고 자기들만 빠져나온 것이다. 이들을 미필적 고의든 부작위든 살인죄로 처벌하지 못하는 법률은 또 무엇인가? 이들을 이렇게 억울하게 죽이고도 '특가법(도주 선박), 형법상 유기치사, 형법상 업무상 과실, 선박 매몰, 수난구호법(인근 선박 등의 구조 지원), 선원법 위반' 등으로밖에 처벌이 안 되는가? 한심할 뿐이다. 사람을 위해 법이 존재해야 하는데 지금 현실은 법과 이론을 위해 사람이 존재하는 꼴이다. 주객이 전도된 것이다. 학자들과 법률가들은 변해야 한다. 고정관념을 깨야 한다. 언제까지 이론과 판례에 의존할 것인가? 고의, 의사, 인식, 인용에 매몰되지 말자. 이것은 범인 자신만 정확히 안다. 이에 대한 입증이 얼마나 어렵겠는가? 왜 이렇게 어려운 길을 가려 하는가? 위험의 존재와 결과, 그리고 범인의 행동을 통하여 고의나 의사가 결정되어야 한다. 선장과 선박직 선원들은 구조 의사도 행동도 없었다. 즉 반대로 승객들만 버려두고 밖으로 빠져나왔다. 구조가 없다면 승객들이 바닷물에 빠져 죽을 수 있다는 것을 뻔히 알았다. 법이 현실과 괴리가 심하면 결국 방법은 법률을 새롭게 상식에 맞게 개정하면 되는 것이다.

한편, 지난 이명박 정부 시절부터 추진한 '기능직의 일반직 공무원 전환'이 최근 박근혜 정부에서 시행되었다. 취지는 공무원 조직의 인사효율화와 일원화이다. 그런데 이것을 추진할 때 부작용도 고려하고 기존 일반직 공무원들의 반발도 예상하고 대책을 준비했어야 했다. 그런데 전혀 준비가 되지 않았다. 밀어붙이기 식이었다. 어느 곳이나 위계질서가 있는 것이다. 공무원 조직의 위계질서를 송두리째 무너뜨렸다. 이러고도 원칙을 강조할 것인가? 상명하복의 질서가 엄연한 공무원 세계에서 도저히 있어서는 안 되는 일이 벌어진 것이다. 일종의 기능직 반란이라 해도 부족하지 않다. 기능직 단체의 강력한 사기 진작 요청, 일반직과의 업무 중첩성에 따른 기능직 폐지 요구, 공무원 조직 인사 효율화를 위한 통합화 정책의 결과이다. 미국 같으면 상상도 못하는 일들이 한국에서는 벌어진 것이다. 국민들은 이에 대해 잘 모른다. 기능직 공무원과 일반직 공무원의 선발은 채용 때부터 현저히 다르다. 기능직들은 관공서에서 단순 업무 보조자나 기능적인 일을 담당한다. 특별채용도 있고 공개채용도 있다. 주로 10급부터 채용한다. 시험도 있지만 주로 면접으로 뽑는다. 일반직 공무원은 직급별로 9급, 7급, 5급별로 공채로 채용한다. 거의 시험이다. 일반직 5급은 일종의 행정고시이고 9급 시험이나 7급 시험도 시험 수준이 상당하다. 경쟁률 또한 엄청나다. 대학 졸업은 기본이고 몇 년씩 열심히 공부해야 겨우 합격할까 말까이다. 그래서 합격하면 그 자부심이 대단하다. 그런데 정부에서 인사 효율화, 기능직 사기 진작이라는 명분으로 기능직을 일반직으로 전환했다. 그러면 기존의 일반직 공무원에게 어떠한 불이익이 가지 않도록 조치를 하고 통·폐합을 했어야 하는데 그런 장치도 없이 통·폐합을 했다. 기존 일반직 공무원들의 반발은 불을 보듯 뻔하다. 배신감은 말도 못할 것이다. 누가 이렇게 원칙도 없는 정책을 만들고 법률을 제정했는가? 정부의 잘못된 정책을 국회는 제지했어야 하는데 국회도 똑같이 동조했다. 그래서 이런 어처구니없는 법률이 만들어져 한쪽은 그냥 일방적 혜택, 그리고 한쪽은 일방적 피해를 입게 되었다. 애초에 이런 발상 자체가 잘못된 것이다. 애초부터 기능직 채용이 잘못된 정책이라면 새로 선발하지 않으면 되는 것이다. 정년 보장하고 자연도태되면 그만인 것이다. 이들을 모두 일반직 공무원으로 전환할 필요는 없었다는 것이다. 그 피해는 여기에 그치지 않는다. 전직 시험을 통해 다른 직렬로 이동이 가능하다는 것이다. 검찰사무직, 법원행정직, 세무직 등으로 전직이 가능하다는 것이다. 특히 검찰청의 검찰수사관들의 반발은 더욱 심하다. 검찰청 소속 기능직들이 전직 시험을 통해 검찰사무직이 된다는 것이다. 더욱이 같은 직급으로 그대로 이동된다는 것이다. 9~7급 검찰수사관들의 반발은 당연한 것이다. 도대체 어떻게 이 지경이 되었는지 모르겠다. 도무지 정부는 이 나라를 무슨 원칙으로 이끌어 가려는지 모르겠다. 이들 기능직들이 전직되어 수사를 한다면 과연 양질의 수사가 될 수 있을까? 국민들에게 피해는 가지 않을까? 제대로 생각이나 해봤는지 모르겠다. 그렇지 않아도 검찰이나 경찰의 수사 결과에 대한 국민의 불만이 극에 달해 있다. 우수한 자원들이 수사의 질적 성장을 가져오는 것은 당연한 것 아닌가? 물론 기능직 중에는 탁월한 직원들도 있을 것이다. 그러나 대체적으로 볼 때 기대하기는 어렵다. 한 가지 예로 경찰의 경찰대 출신 수사관들의 수사력은 상당히 인정받고 있다. 경찰의 수사권 독립 주장의 바탕에는 경찰대 출신의 수사 실력도 한몫하고 있다. 그런데 검찰은 지금 거꾸로 가는 것 같다. 현실적으로 검사 혼자 조사할 수는 없다. 검찰수사관들의 질적 성장이 더 필요한 시점이다. 그런데 이런 시대착오적 정책이 가능하다는 것이 안타깝다. 이렇게 형평성을 잃은 정책은 시정되어야 한다. 지금 당장은 기능직에서 전직된 검찰수사관들에게 수사 배제를 통하여 부작용을 최소화할 수 있다고 하나 추후 수사 투입은 아무도 장담할 수 없다. 따라서 검찰수사관들과 경찰관들도 이제는 법원이나 행정부 직원들과 같이 공무원 노조를 만들어 줘야 한다. 그래서 이런 억울한 정책으로부터 피해를 최소화하고 권리를 주장해야 한다.

한편, 국회의원들은 원래 국민을 위해 존재해야 한다. 그런데 현실은 정당을 위해 존재하고 있다. 정당도 결국 국민을 위해 존재해야 하는데 정당들은 자신의 이익을 위해 존재하고 정권 쟁취가 주된 관심이다. 물론 선거 때는 국민을 위해 존재하는 것처럼 보인다. 그러나 그때뿐이다. 국회의원도 정당도 결국 국민의 안전 그리고 생명과 재산을 지키기 위해 존재해야 한다. 그런데 현실은 녹록지 않다. 왜 그럴까? 정당의 목적과 관심이 국민의 이익과 다르기 때문이다. 그러니 국민의 대표기관인 국회의원이 국민을 위해 제대로 일을 할 수 있을까? 정당의 역기능을 국민이 바로잡아 줘야 한다. 즉 표로 심판해야 한다. 또한 국회는 서민들과 중산층들이 많이 진출해야 한다. 부자 국회는 이제 그만 그쳐야 한다. 부자들이 국회까지 장악하면 자본주의는 한계에 이른다. 진정한 자유민주주의가 될 수 없다. 부자들이 누구를 위한 법을 만들 것인가? 그리고 선거도 돈 정치를 막아야 한다. 선거가 지나치게 돈이 많이 소요된다. 공천헌금도 철저히 막아야 한다. 제대로 된 국회의원들이 나오려면 무소속 국회의원들이 많이 배출되어야 하며 공적 선거 비용도 국가가 전적으로 부담해야 한다. 그래야만 서민들과 중산층들의 국회의원이 많이 배출될 수 있다. 무소속 국회의원들은 정당정치의 폐단을 막을 수가 있다. 결국 국민이 정당 중심이 아닌 사람 중심의 투표를 해야 한다는 것이다. 그렇게 되면 국민을 위한 정치, 국민을 위한 법률이 제정되는 데 상당한 도움이 될 것이다. 그래야 민심을 제대로 파악하여 현실 정치가 가능하며 실효성 있는 법률들이 많이 제정될 것이다. 지금의 법률은 현실과 괴리가 너무 많은 편이다. 그래서 국민들이 법을 제대로 지킬 수가 없는 것이다. 국민들이 지킬 만한 법률이 만들어져야 한다. 그래야 억울한 피의자들이 줄어든다. 장식적 법률이 돼서는 안 된다. 경찰과 구청 등 집행부의 단속은 한계가 있다. 아예 지켜질 만한 법을 제정해야 한다. 가장 훌륭한 법률은 상식이 통하는 법이다. 이것이 진정한 선진국이다.

 정리하자! '원칙과 기본', 이것은 너무나 소중한 단어이다. 공기는 너무 소중하지만 흔해서 쉽게 잊어버리고 산다. 삶에 있어 원칙과 기본, 이것은 간단하지만 공기만큼 소중하다. 대형 사건을 보라. 그곳에는 늘 원칙과 상식 그리고 양심이 없다. 동물과 인간의 차이가 무엇인가? 바로 양심의 존재 유무이다. 현재 지나친 경쟁으로 '상생과 협력'이라는 단어를 잊어버렸다. 앞으로 제발 '빨리빨리'라는 단어 쓰지 말자. 지금도 너무 빠르다. 천천히 정확히 살자. 디지털이 항상 좋은 것은 아니다. 아날로그가 좋을 때도 있다. 재난 시 컴퓨터와 전기가 모두 작동되지 않는다고 가정해 보자. 그래도 디지털이 좋은가? 긴급 사태를 대비하라. 기억과 수기(종이와 볼펜), 그리고 체력에 의존할 때도 있는 것이다. 그리고 억지 부리지 마라. 억지가 바로 원칙 파괴 행위이다. 기능직의 일반직 전환과 기능직의 검찰수사관·세무직·법원행정직 등 전직은 억지 정책이다. 매사 이것만 생각하자. '원칙 그리고 상식과 양심' 그러면 대형 사고는 피할 수 있다. 결국 국민의 재산과 생명이 보호될 것이다.

김창송

국경 넘어 이웃 사랑

　지루한 회의는 오후 늦게야 끝났다. CBM 아시아 이사회였기에 동남아 여러 나라 남녀 30여 명의 대표들이 참석했다. 만찬은 타이페이 항구 유람선 레스토랑에서 하게 되었다. 검푸른 바다에는 바람도 잔잔하고 하늘에는 유달리 별들이 반짝였다. 오랜만의 이국의 정취에 젖어 보는 것만 같았다. 사회자인 싱가포르의 회장 조셉 푸가 갑판 앞으로 나가 서더니 "우리는 이번 대만 CBM 창립 50주년 축하와 겸하여 아시아 이사회를 무사히 마쳤다. 이렇게 건강한 모습으로 다시 만나고 보니 참으로 기쁘다." 이렇게 시작된 자유스러운 선상 간담회는 그동안 각국에서 온 대표자들이 자기들 나라의 근황을 차례로 이야기하기 시작하였다.
　태국의 한 여성 대표자는 최근의 방콕 대홍수로 이재민들이 속출하고 그들을 각 교회나 사원에서 수용하고 보살피니 종교단체에 대한 고마움이 크게 부각되었다고 짧은 소식을 전하고 들어갔다.

그다음 사회자는 눈을 들어 여기저기 보다가 갑자기 나에게 다가와서 한국의 근황을 짧게 코멘트해 달라는 것이 아닌가. 무심히 먼 바다만 바라보고 있던 나는 약간 당황했다. 생각나는 대로 이야기하라니 무엇을 어떻게 설명할까 당혹스러웠다. 어차피 엎질러진 물이었다. 헛기침을 하고 뱃머리 앞자리에 나가 섰다. 참석자들은 내 얼굴을 대부분 알고 있었다. 그것은 내가 이사장을 오랫동안 해왔기에 친구 같은 사이들이었다. 어휘가 좀 서툴러도 애교로 받아 줄 사이였다.

"저는 지난 6월 말에 출판 기념회를 열었습니다." 이렇게 운을 떼며 말을 이어 갔다.

"올해로 결혼 50주년, 무역 50년. 내 나이도 어느덧 산수傘壽에 들어서 두 아들 내외와 다섯 손주들이 있습니다. 지난 세월 무역을 한다고 80여 개국을, 지구 40번은 족히 돌고 돌았습니다. 이제는 사업도 차세대들이 하고 있습니다. 여러분! 하늘나라에 가 서면 이승에서 무엇을 하다가 왔노라고 대답하겠습니까? 두툼한 통장이나 국회의원 황금 배지를 보여 드리겠습니까? 우리의 여생이 얼마나 될지 아무도 알 수 없습니다. 저는 지난가을 서울에서 두 시간 거리에 있는 러시아 극동 지역 블라디보스토크에 갔다 왔습니다. 그곳은 150년 전 우리의 조상들이 조선 땅에 흉년이 들고 병마가 휩쓸면서 너무도 살기가 힘들어 보따리를 이고 지고 두만강을 건너 낯선 땅으로 생존을 위해 찾아간 곳입니다. 그러나 기대와는 달리 스탈린의 비인간적인 독재 정책 밑에서 갖은 수난을 받았습니다. 조국의 말도 이름도 빼앗기고 영하 50도의 동토의 땅에서 노예 같은 생활로 연명을 했습니다. 그 후손들을 지난해 그곳에 가서 만나 보았습니다. 그들은 넓은 땅에 콩, 감자 등을 심어 가며 간신히 살아가고 있었습니다. 젊은이들은 학교도 못 가고 있었습니다. 그들은 누군가의 도움이 필요했습니다. 이곳 고려인 젊은이들을 키워 보기로 작심했습니다.

어린 나이에 할아버지의 손에 이끌려 블라디보스토크에 간 최재형이란 아이가 있었습니다. 천신만고 끝에 많은 견문을 넓히며 그 후 통역관으로 일하면서 조선인 일자리도 만들며 크게 재화를 모읍니다. 그리하여 그는 조선인 마을 한인촌의 안중근 의사의 후원자로 불쌍한 동포들을 위해 학교도 세우고 장학금도 주면서 교육에 남달리 열정을 다했습니다. 그리하여 우리는 최재형 선생의 혼백을 이어받아 '최재형 장학회'를 만들어 모금 운동을 하기 시작했습니다.

이사 여러분! 우리 지도자들은 남달리 불우한 이웃을 외면하면 안 됩니다. 우리 모두 '네 이웃을 서로 도웁시다.'"

이와 같이 근황을 소개하고 말을 맺었다. 그때 의외로 박수 소리가 요란했다. 그리고 선상 갑판 위에 모두가 바람을 쐬려고 올라가는데 뒤에서 누군가가 어깨를 툭 치는 사람이 있었다. 그는 처음 보는 사람이었다. 알고 보니 필리핀 CBM 전 회장이었다. "장학금은 한 학생에게 얼마를 내는 것입니까?" 하고 물어 왔다. 한 학생의 학비가 한 달에 약 350달러 정도라고 했다. 따라서 1년에 약 4천 달러가 소요된다고 설명했더니 그는 무엇인가 골똘히 생각하더니 1년분 4천 달러를 자기가 내겠다고 하는 것이 아닌가. 나는 처음 내 귀를 의심했다. 분명히 농담이 아니었다. 내가 그를 끌어안아 허그를 하며 몇 번이고 감사하다고 말했더니 "그는 내가 아니라 하늘에 감사하라." 며 당신은 참으로 좋은 일을 한다며 오히려 격려하는 것이 아닌가. 나의 진정성이 그를 감동시켰다고나 할까? 그다음 날 아침 우연히 어젯밤 장학금을 약속받은 그 VICTOR CHIONG 회장과 아침식사를 옆자리에서 같이하게 되었다. 그의 테이블 옆자리에 앉은 친구 ALBERT PAREDES 회장을 나에게 소개하며 어젯밤 이야기를 하자 자기도 4천 달러를 내겠다며 나의 손을 잡아 주는 것이 아닌가. 졸지에 8천 달러가 약속되었으니 꿈만 같았다. 뜻밖의 필리핀 두 CEO들의 정성에 가슴이 벅차올라 아침 식사를 제대로 할 수가 없었다.

그날 저녁은 내가 아시아 이사장의 자격으로 기념 축사와 하모니카를 불기로 되어 있었다. 중국인 통역을 통하여 연설을 하는 말미에 불우이웃 돕는 일에 힘을 모으자고 재삼 부언했다. 거액의 장학금을 필리핀 형제로부터 약속받아 고맙다는 이야기도 덧붙였다. 폐회가 되자 많은 사람들이 와서 악수를 청하며 말씀에 감동받았다고 나를 에워싸며 손을 내밀며 사진도 같이 찍기도 했다. 그때였다. 누군가가 뒤에서 가볍게 "미스터 김." 하고 부르는 사람이 있어 돌아보니 내가 잘 아는 일본인 건설회사 사장 GOZI SOMA 사장이 흰 봉투 하나를 나에게 주며 장학금으로 쓰라고 한다. 300달러 여행자 수표였다. 이튿날 아침 나는 밤을 하얗게 지새우고 산책하러 부둣가로 나갔다 돌아오는 길에 호텔 문전에 앉아 명상하고 있는 어젯밤 일본인 회장을 만났다. 고맙다는 인사와 함께 사실 필리핀 두 사장이 각각 4천 달러씩을 작심했다는 이야기를 무심코 했더니 즉석에서 자기도 같은 금액 4천 달러를 내겠다며 귀국하여 3천7백 달러를 보내겠다고 했다. 졸지에 외국인 회장 세 사람으로부터 1만 2천 달러를 장학금으로 받았다. 이웃나라 CEO들이 이렇게 도움을 주니 이것이야말로 기적이 아닐 수 없었다. 그들은 하나 같이 자기가 아니라 하늘이 주시는 것이라며 내 손을 잡아 주었다. 세상에는 기적이 따로 없었다. 떠나는 날 호텔 로비에서 대만의 여사장을 만나도 나의 사연을 듣고는 자기도 1천 달러로 참여하겠다며 현금을 꺼내 주는 것이 아닌가. 그들이야말로 삶 자체가 늘 이웃을 의식하며 사는 사회적 기업인들이었다. 1천5백만 원 가까운 금액을 하룻밤 새 모았다. 사랑에는 국경이 따로 없었다.

김청천

한마음 무궁화나무 심기

　유년 시절, 나의 봄에 대한 단상은 겨우내 얼었던 시냇물 졸졸졸 흐르는 소리, 깔깔대며 옹기종기 모여 앉은 아낙네들 빨랫방망이 소리, 봄바람에 흔들리는 버들강아지 간지러운 감촉이었다.
　지금은 봄맞이 언덕에 조용히 서면, 바람에 묻어나는 봄내음과 땅속 깊은 잠에서 깨어난 생명들의 소곤거림에 화들짝 놀란 새싹들은 긴 기지개를 켜며 나뭇가지에서는 꽃망울이 툭툭 터져 가고, 먼 산 아지랑이 아름다운 여심을 유혹할 쯤이면 봄은 이미 내 곁에 와 있었다.
　자연의 경이로움과 생명의 신비는 이른 봄으로부터 시작되었고 해마다 새롭게 다가오는 봄날은 희망의 메시지로 전달되었다.
　올해는 때 이른 봄의 전령에 대지의 생명체들은 더욱 소요스럽고 목련이 꽃샘추위에 뒤척이더니 뒷산은 일제히 푸른빛이 돌고 화단의 개나리, 벚꽃, 진달래꽃은 성급히 가슴을 풀어 젖히고 유쾌한 봄꽃들의 반란을 일으키고 있다.

봄빛이 찬란하여 눈이 부시던 경오년 삼월 어느 날 금요일 오후. 해마다 식목 행사는 있었던 터, 성급해진 계절 탓에 병원에서도 올해는 이례적으로 한 주간을 식목 주간으로 정하고 무궁화나무 심기에 바쁘다.

보훈공단 이사장과 중앙보훈병원장을 비롯 본사와 병원 직원들, 대한민국 역사와 함께하는 국가유공자 분들, 자연환경과 생태 교육에 관심을 갖고 있는 인근 한산초등학교 어린이들까지 한마음으로 식목에 참여하고, 나라꽃인 무궁화나무를 심으면서 나라 사랑 의미를 되새기는 하루가 되었다.

무궁화는 아욱과에 속하는 낙엽관목으로, 대한민국의 나라꽃이다. 온대 지방에서 7~10월의 약 100일 동안 줄기차게 피는 아름다운 꽃나무이고 보통 키가 2~4m이지만 널리 정원수와 울타리로 심고 가로수로도 심는 교목도 있다고 한다.

옛날부터 동서양에 약용식물로 널리 알려진 무궁화는 나무껍질과 뿌리를 각종 위장병과 피부병 치료제로 써 왔다고 한다. 또한 꽃봉오리는 요리에, 꽃은 꽃차의 재료로 써 왔으며, 나무껍질은 고급 제지를 만드는 데 이용하고 있다고 한다.

봄볕의 따사로움을 머리에 이고 쉼 없이 재잘거리는 고사리손들에게 처음으로 호미가 쥐어지고, 땅을 파 보려고 정조준을 해보지만 자꾸만 빗나가는 여직원들의 삽질이 자못 우스꽝스럽다.

그럼에도 불구하고 구덩이 파기, 나무 세우기, 흙 넣고 다지기, 잔디 입히고 마무리 작업까지 묵묵히 소임을 다하는 남자 직원들의 모습이 믿음직스럽기만 하다. 신기한 듯 아이들의 손놀림이 앙증스럽고 직원들의 이마와 목을 타고 흘러내리는 구슬땀이 봄볕에 더욱 빛나 보인다.

하나씩 둘씩 무궁화동산이 만들어지고 이삼 년 후면 병원 정원과 울타리에 화려한 무궁화꽃이 필 모습을 생각하니 상상만 해도 즐거웠다.

오늘 식목한 어린 무궁화나무는 독립운동가이신 고 박도병 교수께서 종자를 개발하고 경상대학교에서 지난해 10,800주를 생산하여 1년간 키운 묘목을 중앙보훈병원에 무상으로 6,000그루를 기증한 것이다.

고 박 교수는 일제강점기 항일 독립운동을 하신 독립유공자이고 농학자이시다. 수원고등농림 재학 시절 학생 비밀결사대인 한국연구회를 결성하여 국권 회복을 위해 독립의식을 고취시키고 농민 계몽에 힘쓰다가 옥고를 치르셨다. 그 후 원산인 고향에서 과수원 운영, 고교 교사로 재직하다 광복 후 월남하여 경상대학교 농과대학(구 진주농과대학) 교수로 재직하게 된다. 대학에 재직하면서 전국을 순회하며 가장 아름다운 무궁화를 구해 교내 농지에 삽목하여 오늘 식목한 종자를 개발하였다고 한다.

오늘 기증받은 무궁화나무는 경상대학교에서 총장으로 계시다가 중앙보훈병원으로 부임하신 하우송 병원장의 배려와 협조에 의한 소중한 선물이다.

그런 연유로 이번 한마음 무궁화 심기는 순국 선열의 뜻을 기리고 나라 사랑의 소중한 정신이 담긴 의미와 스토리가 있는 특별한 식목이 된 셈이다.

면면히 흐르는 역사 속에 나라와 국민은 함께한다. 국민의 정체성이나 일체감은 역사를 함께 공유하기에 가능한 일이다. 역사의식은 나라 사랑으로 이어지고 그 힘은 국력으로 완성되며 국민은 융성한 국가의 보호를 받으며 자유로운 개인의 행복한 삶을 영위한다.

한마음 무궁화나무 심기는 단순한 식목 행사였을지 모르지만, 자라나는 아이들은 애국심을 키우며 역사와 자연 생명의 산 교육장이고 체험장이 되었다.

또한 직원들은 공동의 역사의식 속에 일체감을 공감하는 기회와 생명의 외경을 느껴 보는 순간이기도 하였기에 뿌듯함과 보람으로 내내 행복할 수 있었다.

김형택

무밥 먹던 옛 생각

　우리 선조들은 보릿고개 춘궁기만 되면 채독에 식구가 먹을 양식이 떨어져 풀뿌리나 나무껍질, 양조장의 술찌끼로 입에 풀칠을 겨우 하면서 한 서리게 살았다.
　농토가 부족했던 서민들은 땅 부자 지주에게 연중행사처럼 찾아가 고리채 장리곡을 얻어 가족의 호구지책을 해결하곤 했다. 장리곡으로 벼 한 섬 받으면 가을 추수마당에서 원곡 한 섬과 이식곡 한 가마를 되돌려 주었다. 이에 반해 대지주는 고리채로 재산을 증식하여 매년 땅을 사는 부와 빈곤의 구조적인 악순환이 계속되었다.
　우리는 대대로 쌀과 보리로 지은 밥을 먹으면서 살아왔다. 다양한 먹거리 중에 이밥이 제일이었으나 서민들에겐 식량이 절대 부족했다. 이때 비교적 쉽게 구할 수 있는 무는 서민들의 주요한 식량으로 대용되었다. 무는 봄 무에서 가을 무까지 있으나 가장 많이 재배되는 것은 김장철에 배추와 함께 수확하는 가을 무였다. 처서 무렵 무

씨앗을 파종한다. 싹을 틔워 가을 서리가 내릴 때까지 김도 매고 거름과 물도 주면서 정성을 들여 주어야 한다. 다 성장한 무는 서리가 내릴 때가 되면 무를 뽑아 뿌리와 잎줄기를 분리하여 잎줄기는 엮어서 건조시켜 시래기로 보관하고 무 뿌리는 집안 남새밭에 땅을 파서 월동용 저장고를 만들어 보관하였다.

무의 용도는 다양했다. 주식용으로 무밥을 만드는 데 많이 쓰였다. 반찬용으로 무생채, 무짠지, 뭇국, 무장아찌, 깍두기, 무김치, 동치미, 무청, 무말랭이, 무나물, 무조림, 무시루떡 등을 만들어 먹었다.

찬바람이 문풍지를 뚫고 스며드는 겨울밤에 가족들이 모여 무를 과일처럼 깎아 먹으면서 동삼冬蔘 먹는다며 간식으로 먹곤 하였는데 무를 먹고 나면 소화효소가 풍부하여 방귀와 트림으로 특유의 가스를 배출하곤 하였다. 겨울에는 무, 여름에는 생강을 먹으면 의사가 필요 없다. 무를 많이 먹으면 속병이 없다. 겨울 무 먹고 트림하지 않으면 인삼 먹는 것보다 낫다는 등 겨울 무의 예찬은 대단하였다.

겨울 긴긴밤에 가끔 부스럭거리는 소리에 잠을 깨곤 했다. 간식거리가 없던 시절이라 콩죽이나 무밥으로 저녁 식사를 대충 마친 형제들은 누군가 하나는 어머니 따라 남새밭에 묻어 둔 저장 무를 가지러 간다. 언 땅을 괭이로 쿡쿡 파서 서너 뿌리를 꺼내 소쿠리에 담아 온다. 초가집 온돌방 석유 호롱불 밑에서 구들 막에 손발을 넣고 어머니가 먹기 좋게 깎아 준 무 뿌리를 소리 내며 사각사각 맛있는 과일 먹듯이 먹곤 하였다. 무 먹는 소리와 함께 겨울밤이 깊어 갔다. 그렇게 무를 먹고 나면 배고픔도 가고 잠도 잘 왔다. 아침에 일어나면 속이 아주 편했다. 그만큼 무는 한밤중에 먹어도 소화가 잘 되어서 우리 몸을 편하게 해주었다.

가끔 아버지와 어머니는 저녁밥을 굶고 일을 하다가 일이 끝나고 늦게 들어오시면 늘 무언가를 찾으셨다. 그렇다고 새벽에 밥을 지어 먹기는 부담스럽고, 먹을 게 적당하지 않을 때면 무를 깎아 드시곤 하였다. 때문에 마당가 남새밭가에 무 저장용 구덩이를 크게 파서 위에는 큰 나무를 걸쳐 옥수숫대나 짚을 깔고 물과 추위가 스며들지 않도록 흙을 두껍게 덮어 출입구와 환기통을 만들어 보관하였다. 겨울철 지하 저장고는 무를 가득 채워 두고 수시로 꺼내 먹는 우리 집의 주·부식 창고 역할을 해왔다.

무는 감기의 치료와 예방에도 큰 효능을 볼 수 있었다. 아버지와 어머니는 생전에 감기나 몸살기가 오면 무를 세로로 크게 반을 잘라 숟가락으로 무를 긁어서 화롯불에 데워 드시곤 하셨는데 큰 탈 없이 쾌차하셨다.

무밥을 생각하면 어머니의 모습으로 바뀌어 눈시울을 적시게 한다. 손님이 오는 날은 채독에 쌀이 없어 무를 썰어 넣고 그 위에 쌀이나 보리쌀을 넣고 무쇠솥에 밥을 지으셨다. 1960년대 초반기 나는 육군에 입대하여 서울 용산에 있는 육군본부 부관감실에 배치받아 고급장교, 장기하사관과 함께 몇 안 되는 졸병으로 근무했다. 어느 추운 겨울, 휴가를 받아 집에서 쉬고 있는데 같이 근무하는 서울대 출신 명문 가정의 친구가 나보다 뒤늦게 휴가를 받아 아무런 연락도 없이 먼 시골 촌구석에 있는 우리 집을 불쑥 찾아왔다. 당시 나는 반갑기도 하고 두렵기도 하였다. 채독에 며칠 먹을 쌀이 있는지 걱정이 되었다. 저녁에 어머니는 무밥과 간 절인 갈치국과 생채, 시래기 나물, 동치미, 된장국 등의 반찬으로 준비한 밥상을 내오셨다. 서울 군인 친구는 다른 반찬은 다 맛있게 먹었으나 간 절인 갈치에 무를 넣어 끓인 국은 숟가락을 대지 않았다. 맛이 없다고 하였다. 내가 가장 마음 조린 것은 과연 친구가 무밥을 먹을 것인가 하는 것이었는데 다행히 생소한 무밥을 맛있게 다 먹고는 무밥 숭늉도 다 마시는 것이었다. 처음 먹어 보는 음식이었다고 했다. 식사를 마치고 후식으로 사각형으로 잘라 내놓은 생무를 사각사각 먹으면서 서울·경기 지방에는 갈치찌개는 있어도 물을 흥건히 넣어 끓인 갈치국은 없다고 하였다. 지역에 따라 삶의 문화가 다름을 느낄 수 있었다. 생선과 고기가 귀하던 시절 온 가족이 나눠 먹기 위해서는 물을 많이 붓고 무를 삐져 넣어 끓여 먹던 것이 우리 집안의 형편이었다. 이튿날 아침 식사도 전날의 저녁 식사와 똑같았다. 초가집 석유 호롱불을 켜 놓고 첫 닭이 울 때까지 온돌방에서 이불 한 장을 같이 덮고 무를 간식으로 이야기를 나누었다. 휴가가 끝나고 다시 육군본부에서 만났다. 부끄러운 식사 대접 미안하다는 인사를 했더니 그게 무슨 소리야 생전 처음 먹어 본 무밥, 무밥 숭늉, 무 간식, 무 반찬이 추억의 밥상이라 영원히 잊지 못할 것이라고 했다. 지금은 무가 흔해서 사계절 내내 사 먹을 수 있지만 예전에는 귀해 가을에 월동 준비로 우선적으로 먹을 양을 저장해 놓았었다.

  나는 중·고등학교 시절 10km가 넘는 거리를 도보로 통학을 했는데 주변의 어려웠던 집 친구들도 다 나와 비슷한 형편이었다. 등교하는 책가방 속 도시락엔 무밥 아니면 보리밥에 무장아찌, 무김치가 고정 반찬이었다. 도시에서 자란 친구들의 도시락은 달걀, 멸치 볶음, 쇠고기 졸임 등 반찬이었는데 점심시간이 되면 부끄러워서 친구들을 피해 따로 혼자 먹기 일쑤였다. 하지만 무가 가장 맛있을 때는 친구들과 서리를 해서 먹을 때였다. 1960년대 이후의 시골에는 아궁이에 불을 지펴 밥을 해 먹고 난방을 했기 때문에 방학이 되면 가난한 집 자식들은 너 나 할 것 없이 아버지나 형을 따라 산에 나무하러 다녔다. 몇 시간 동안 산을 타며 나무를 하다 보면 힘도 들었고 배도 무척 고팠다. 싸간 고구마도 떨어지고 지쳐 갈 때쯤 나무를 지게에 짊어지고 집으로 올 때 남의 밭가에 있는 무를 이파리째 뽑아서 옷에 쓱쓱 문질러 흙만 대충 털어 내고, 이빨로 무껍질을 벗겨 내고 와작와작 베어 먹으면 무에서 나온 단물이 입가에 줄줄 흘러내렸다. 흙물이 입에 들어가도 아랑곳하지 않고 정신 없이 무를 먹고 나면 금방 배가 불러 왔다. 남의 밭에서 뽑아 먹는 무는 배고픔에 상큼 달큼하였다. 그 당시에는 무 한두 뿌리 뽑아 먹는 것쯤으로 어른들은 애들을 나무라고 벌하지 않았다. 그만큼 못살아도 인심만큼은 후하던 때였다. 지금 생각해 보면 무의 참맛은 그렇게 밭에서 뽑아 흙만 쓱쓱 닦아 내고 먹었던 바로 그 맛이 아니었을까?

무밥을 생각하면 아버지와 어머니, 그리고 형제들이 그리워진다. 우리 가족 모두는 무를 좋아하였다. 배가 아프고 소화가 안 될 때도 무가 최고였다. 무 먹고 시원하게 방귀 낀 냄새가 따뜻한 겨울밤 온돌방에 진동하고 아버지의 큰 방귀 소리에 온 가족의 웃음소리가 담 너머로 퍼져 나갈 때가 우리 가족의 행복한 시절이었다.

남기욱

문패 없는 집

　현대사회의 가장 두드러지는 상징은 도심의 거대한 빌딩 숲들을 떠올릴 수 있으며 하루가 다르게 앞다투어 새로운 건물들이 생겨나고 그로 인해 살고 있는 동네의 모습까지 바뀌는 현실이다.
　하늘 높은 줄 모르고 올라가기만 하는 고층 아파트의 숲을 바라보고 있으면 이렇게 많은 집들을 짓는데도 집 없는 사람이 있고 공급이 부족하다는 말은 믿을 수가 없을 정도이다. 이곳저곳 아파트, 원룸, 빌라 등의 신축 붐이 일어 짓고 또 짓고 서로 더 높이 올라가기에 경쟁이라도 하듯이 다들 바쁘다.
　인기 있다는 아파트는 소위 말하는 떴다방까지 합세하여 가수요를 부채질하고 있어 사람들로 북새통을 이루고 있고 치솟는 것은 아파트 가격이라고 하니 참 알다가도 모를 일이다. 주거 환경의 변화와 발달로 인한 새로운 공간 형태와 시스템의 개발로 최첨단의 주거 공간을 개발, 생산하다 보니 몇 년 전의 아파트와 주택은 최근에 와서는 왠지 불편하고 구형이라는 인식들을 가지고 있는 듯하다. 그러나 이렇게 아파트 붐이 일기 오래전에는 개인 주택이 인기였다. 요즈음에도 정원이 있는 영화에나 나올 법한 멋진 개인 주택들만 모여 동네를 이루고 있는 곳도 있기는 하지만 서민들에게는 거리가 먼 이야기다.

오래전 개인 주택이 최고였을 때에는 남향 집에 동 대문이면 삼대 동안 좋은 일을 하여야만 살 수 있다는 이야기도 있어서 그런 조건을 갖춘 집이면 가격이 좀 비싸더라도 서로 구입하기를 원하기도 했다. 운이 좋아서 그런 집을 구하면 마당의 흙을 밟으며 꽃이라도 몇 포기 심고 방 한 칸 정도는 세를 내주어 낯모르는 사람들과도 한집에서 오순도순 살아왔었는데 요즈음 그 시절의 단독주택들은 잘 팔리지도 않고 사는 사람들도 그리 많지가 않다고 한다. 그 시절엔 우리네들은 한평생 살아가며 자기 집을 장만하였을 때 대문 앞에 자신의 이름이 새겨진 '문패'를 다는 것을 큰 자랑거리로 여겼었다.

문패를 달았을 때 그 기분은 말로 표현하기가 힘들 정도였다. 잘 모르는 사람이라도 붙잡고 떠들면서 자랑하고 싶었고 처음으로 내 집을 가질 때는 자신감으로 하늘을 날 것만 같았던 기억도 난다. 이렇듯 사람들에게 있어 집이라는 것이 평생의 노력으로 꿈을 이루는 것이 아닌가 하는 생각마저 든다. 결혼을 하여 부부가 세우는 가장 커다란 목표가 바로 집이다. 내 집을 갖는 것에 인생의 3분의 1을 투자하게 된다.

나도 이름 석 자가 새겨진 문패를 달던 날 온 식구들이 함께 박수를 치며 좋아했던 기억이 새삼 새롭다. 그로부터 한 번 더 이사를 하여 문패를 다는 집에서 살았었는데 아이들이 성장하면서 다들 학교생활이 바빠지고, 하루 종일 집을 지킬 사람도 없고 단독주택의 불편함도 있어 아파트로 옮기게 되었다. 아파트로 이사하던 날 가족 모두가 좋아했지만 대문이라는 것이 없고 현관문만 덩그러니 자리하고 있어 왠지 삭막하기만 했다. 문패를 달고 싶지만 아파트 현관 앞에 문패를 다는 사람은 없으니 무엇인가 허전한 느낌마저 들었다.

아파트에 대한 첫 느낌이 그래서였을까? 아파트에 살면서도 문득문득 불편하긴 했지만 그 옛날 단독주택에 살던 때가 이웃사촌과 어우러져 사람 사는 모습과 인정을 느낄 수 있었던 곳으로 기억되어져 그리워질 때가 있다. 생활의 편리함에 있어서는 편하고 좋지만 이웃과 단절되고 삭막하기조차 해서 왠지 정이 들지 않는다. 똑같이 지어진 형태에 같은 형식의 구조라서 그런지 내 집이라는 생각이 들지 않고 언젠가 구형이 되어 버리면 또 떠나야지 하는 생각에 처음 집을 장만할 때처럼 기분 좋은 나날이 지속되지가 않는다.

내 집을 마련하기 위해서 적금도 부어 가며 티끌 모아 태산이라고 오직 집이라는 한 가지 목표만을 위해 다들 열심히 살며 큰 기쁨을 향하여 살아왔다. 직장이 있고 자기 집이 있다면 이보다 더 바랄 것이 없었고 할 일을 다했다는 그런 안도의 느낌, 그것의 최종 목적지가 바로 집이었다.

근래에 와서는 집을 장만하는 것보다는 그보다 더 먼저 생활의 편리함과 문화생활에 더 많은 것을 치중하고 있는 것 같다. 있으면 좋고 없어도 불편하지 않다는 생각들이 팽배하여 아파트의 매매 값보다는 전세 값이 오르고 있는 것을 보면 집은 소유의 개념보다는 생활의 일부라고 생각을 하기 때문이리라. 전세로 이곳저곳을 전전하면서 항상 새 집에서만 살기를 원하는 사람들도 있다고 한다. 그리 큰 돈이 들어가지도 않을 것이고 몇 년 살다가 또 새로운 집으로 이사를 가게 되면 언제나 새 집에서 살 수 있는 편리함과 즐거움을 맛볼 수도 있기 때문이다.

　이젠 삶의 방식들이 달라서이지만 가장 큰 목표이자 기쁨으로 여기고 살아온 사람들에게는 이해할 수 없는 이야기가 될 수도 있을 것이다. 아주 작은 집에서 조금 더 큰 집, 그리고 나중에는 자신이 원하는 커다란 집을 장만해 나가는 과정이 살아가는 즐거움이라는 생각이 든다.

　대부분의 사람들이 그렇게 살고 있고 오늘도 자신만의 집을 갖기 위해 열심히 일하며 살고 있을 것이다. 앞으론 점점 작은 집들이 옹기종기 모여 있는 정감 어린 동네들이 사라져 가고 그 자리를 초현대식 아파트들로 메워 갈 것이다. 예전처럼 문패도 달 수 없고 흙이 있는 마당도 없겠지만 그것이 그리 삭막하지만은 않아 보이는 것은 아마도 그 속에 살고 있는 사람들의 삶을 들여다봤을 때 희망으로 바뀌어 가고 있는 여유가 함께하기 때문일 것이다.

남점성

서러운 그 이름 자야

　왜놈들이 우리 땅을 차지하고 짓밟고 있을 때, 우리 겨레 성과 이름마저 왜놈 꼴로 갈게 하였다. 호적에다간 이름 고쳐 싣고, 왜놈 종내기로 만들었다. 우리말로 시내 온 한겨레가 왜밀에 눌리고 짓밟히어 우리 얼이 죽어 갔다. 배우는 집[學校]에서 가르치는 말이 모조리 왜말이고 왜말 잘 배운 사람은 지체가 높아지고 왜놈 앞잡이가 되어 조선왜놈으로 설치었다.
　나라 잃은 백성이라 우리말을 못하게 억눌리고, 왜말을 고쿠고[國語]라 하였다. 배우는 아이들한테 고쿠고죠요[國語常用]라 쓴 깃을 옷가슴에 달고 다니게 하였으며 우리말 못하게 왜말만 하도록 부추기는 딱지를 만들어 나누어 주고 노는 곳에서 우리말을 하는지 서로 살피며 고쿠고[國語]를 아니하고 우리말이 나오면 고쿠고 딱지를 한 장 뺏는다. 정해 놓은 한동안에 딱지를 누가 얼마나 뺏어 가졌나를 살피고 딱지가 줄거나 없으면 벌을 받았다. 뺏은 딱지를 많이 가질수록 고쿠고 잘하는 사람으로 성적이 오르고 칭찬하였다. 배우는 글이 왜말이니 왜말 잘하기를 자랑으로 여기며 거들먹거렸다. 이렇게 하니 집에서나 우리말을 하지 밖에 나가면 왜말로 지내야 했다.

이런 판에서 사람 이름도 왜말 이름으로 갈게 하니, 성도 이름도 왜놈 되게 갈아서 호적부에 고쳐 올렸다. 계집애 이름에 코[子]를 달아 하나코[花子], 에이코[英子], 데이코[貞子] 하면서 왜년 이름이 된 것이다. 배달겨레가 배달말로 살아온 기나긴 내림이 왜놈이 들어 한일합방(1910년)으로 나라를 잃고, 1940년에 마침내 창씨개명創氏改名이라 하여 왜놈 성, 이름으로 만들었다.

1945년 8월 15일! 왜놈들이 거꾸러지고 나라를 찾았다. 이듬해(1946년) 우리 성, 이름을 본디대로 찾았다. 왜놈들이 짓밟은 서럽고 이 갈리는 그 세월 서른다섯 해, 얼마나 죽고 빼앗기고 괴롭게 살았나. 나라 찾고 왜물든 더러운 때를 당장 씻어 버려야 하는데 일흔 해가 다 되어 가는 오늘, 왜년 이름 그대로 가지고 있는 아낙네가 있다. 왜놈들한테 나라 잃고 짓밟힌 아픔이 아낙네 이름에 그대로 있다. 일흔 살 넘은 아낙네들 이름에 '자子' 자 붙은 이름을 호적부를 들여다보면 알 것이다. 그 '자' 자 이름 안 고치고 그대로 자라 시집가서 낳은 아이들이 어미 이름 내력을 모르고 지내다가 그 어미 저승으로 가면 그 왜년 이름 그대로 이승에 남아 길이길이 "ㅇㅇ자야" 부끄럽지 아니할까?

나라 찾고 태어난 계집애 이름에도 '자' 자 붙은 이름을 본다. 텔레비전에 나오고 책에도 글쓴이로 나온다. '자' 자 붙은 이런 이름 보는 이들이 왜년 이름을 조선 한문 소리로 읽는 이름임을 모르고 있는 이도 있을 것이다. 나라 정부가 이것을 단속 안하고 그대로 두는 것일까? 이름은 겨레 얼이 깃들어 된 살아 있는 우리 곁이다. 한문 글자에 얽매이고 왜말에서 만들어진 이 짓밟힌 꼴에서 벗어나 우리 배달말로 한글을 가지고 지어야 마땅하다.

줏대가 서서 나아가는 세상이 되려면 태어나는 아이 이름을 우리말로 짓고 이름자를 두 글자가 아니라 석 자 이름도 나와야 한다. 부르는 소리 어우름도 좋아지고 우리말이 빛나는 터전을 이루게 된다. 내 성씨가 남南인데 성자 받침 소리를 따라서 딸 이름을 '미리나', '보미나'로 짓고, 조카 이름을 '마루나'로 지었더니 동무들이 잘 불러 주고 배우는 집에 들어가니 석 자 이름이 처음이라 교사도 반 동무들도 잘 불러 주는 것이다. 가깝게 지내는 이씨 집에 딸이 나서 이름을 '보름이'라 짓고 다음에 아들이 나서 '한울이'라 지어 주었더니 자라서 바라는 대로 공부를 잘하여 교사가 되어 학생들이 그 이름이 좋아 잘 따른다고 한다.

이름을 두 글자로 짓는 틀에 매이지 말고 뜻이 깃드는 우리말로 석 자, 넉 자로 하면 좋은 우리말 이름이 얼마든지 나올 것이다. 좋은 우리말 이름은 우리말이 나아가는 등불이 될 것이다.

우리 겨레가 마을을 이루고 사는 마을 이름도 본디 순우리말이었는데 한문이 들어와 우리말 이름을 뭉개고 말았다. 그래도 마을에서 터전을 잡고 살아가는 백성은 한문 이름을 안하고 우리말 이름으로 부른다. 나라 정치가 백성 말로 아니하고 한문 글자로 지어 다스리니 우리말 이름은 천대받고 짓밟힌 것이다. 더욱이나 왜정 서른다섯 해 왜놈들은 그들이 부르기 좋도록 그들 한자 이름을 퍼뜨렸다. 나라 정부는 마을 이름을 본디대로 고쳐 놓아야 할 것이다. 백성들이 지어 부르는 본디 우리말로 고쳐야 한다.

집 이름도 우리말로 할 것이며 다리 이름도 무슨 교라 하지 말고 우리말 '다리'로 고쳐야 한다. 학교도 교, 다리도 교. 푸진 우리말이 한문 글자 소리로 짓밟히고 죽어 가지 않는가? 물이 흐르는 내도 우리말로 할 것이며 섬을 무엇 때문에 도島라 하는가? 우리나라 땅 그림책을 보면 모조리 'ㅇㅇ도'다. 이런 책을 만드는 사람은 무엇을 배우고 윗자리에 앉아서 이래라저래라 하면서 시키고 부리는 사람이 아닌가. 우리 겨레 나서 말해 오는 겨레말을 숱하게 잃은 것은 우리말로 하는 줏대를 잃고 기대고 빌붙고 싶은 큰 나라 말을 섬기어 우리 겨레말을 시시하게 본 때문이 아닌가? 우리말을 깔보는 마음은 큰 나라 섬기는 종된 마음에서 일어난 것이다. 중국을 대국이라 섬기며 일본으로 '들어간다'며 우리나라로 오는 것을 나온다고 지껄인다. 시방도 지체가 높은 사람이 '저희 나라'라고 말하는 소리를 들었다. 우리말을 찾아 바로 세워야 우리 배달겨레가 줏대가 선다.

'ㅇㅇ자'라는 이름이 왜놈들한테 짓밟힌 서러운 아낙네 이름으로 알면 나라 찾은 이 세상에서 'ㅇㅇ자'라 하는 이름을 짓지 말아야 하는데 어찌하여 이런 이름이 없어지지 않는지? 이런 이름 가진 사람 호적계를 찾아가서 고쳐 달라면 어렵지 않게 고쳐 줄 것인데!

우리말을 국어國語(고쿠고)라 하고 있다. 왜놈들이 우리말을 없애고 저들 말을 세우려고 깔아 놓은 말이 왜놈 나라말 국어國語(고쿠고)이다. 우리가 우리말로 못해서 국어인가? 우리 배달겨레가 하는 말은 배달말이며 우리말이다.

왜년 이름을 가지고 그대로 지내면 모르는 사람들이 보고 본받을지도 모른다. 이제라도 깨닫고 고치면 다른 사람들에게 가르침을 줄 것이다. 우리말 이름이 꽃이 피고 열매를 맺어 배달겨레 땅에 어울려 사는 한겨레로서 길이 빛나기를 바라는 바이다.

남해길

행복 박물관

　청송과는 주말농장으로 인연을 맺은 지 10여 년, 그리고 아예 이사 온 지 근 2년이 다 되어서야 청송군이 슬로우 시티에 가입되어 있다는 놀라운(?) 정보를 알게 되었다. 청송에 와서 이런저런 일로 참 많은 사람들을 만났지만 정작 청송군이 슬로우 시티의 당당한 일원이라는 사실을 아무에게서 듣지 못했다. 기실 이러한 고급 정보도 우연한 기회에 얻어지게 되었다. 내가 참여하는 라디오방송의 인터뷰를 위해 소헌공원 옆 버스 정류소 한쪽 켠에 매미처럼 붙어 있는 '청송객주'의 문화해설사와의 만남을 통해서였다.
　사실 말이야 바른 말이지 내가 살고 있는 지역에 대해서 이렇게 까막눈인 것을 부끄러워해야 마땅하다. 내가 살 지역의 문화적 정체성에 대해 고민도 없이 고작 주왕산 하나만 알고 덜렁 왔으니 참 무심하기도 하다. 하지만 말이 나와서 말이지 농업기술센터에서 귀농 교육을 받을 때 농사 기술은 많이 교육받았어도 정작 청송군의 문화적 정체성에 대해서 강의를 들은 적은 없는 것 같다. 물론 공부 못하는 학생들의 단골 메뉴가 '배운 적이 없다'일 수도 있지만 하여튼 기억 나는 바는 없다.

'슬로우 시티'를 문자 그대로 옮겨 보면 '느리게 사는 도시'이고 의미를 풀어 본다면 아마 '느리게 사는 삶'이라고 해도 무방하리라 본다. 그런데 이때부터 내 고민은 시작되었다. 청송과 '느리게 사는 삶'과는 무슨 연관성이 있는 것일까? 다른 농촌 지역은 슬로우 시티 로서의 자격은 없는 것일까 하는 괜한 의문도 품어 본다. 주지하는 바와 같이 '슬로우 시티'로 지정받기 위해서는 슬로우 시티 국제연 맹으로부터 심사를 받아야 가능하다. 국제기구이니까 고명하신 전 문가들에 의해서 어떤 이유로, 무엇 때문에 지정을 했는지 또 어떻게 심사했는지는 모르긴 해도 충분한 타당성은 있었을 것이라 짐작된 다. 또 국내에는 10개 지자체에 속한 지역이 지정을 받았으니 나름 희소성도 있어 보인다. 그래서 요즘 지자체마다 사활을 걸다시피하 고 있는 관광 상품으로서의 매력도 분명 있어 보인다.

그렇다. 내가 이 장황한 서론을 늘어 놓은 것도 바로 슬로우 시티 와 관광 상품의 연관성을 말하고 싶어서이다. 슬로우 시티에 속한 주민들이야 사실 오래전부터 '느리게' 살아왔다. 나는 종종 농촌을 빗대어 '느리게 움직이는 시계'라고 말하기도 한다. 변화에 대해 신 중하다 못해 둔감하다고 느낄 때도 종종 있으니 말이다. 그런데 도 회지 사람들에게 '슬로우 시티'가 주는 느낌은 신선해야 한다. 아니 충격적이어야 한다. 무엇이든지 '빨리빨리'에 익숙해져 있는 우리 국민들은 알게 모르게 그 폐해를 지금 고스란히 당하며 살고 있다. 그런 도회지 사람들이 이 슬로우 시티, 청송에 왔을 때 가던 걸음을 멈추고 아니 걸음만 멈출 뿐만 아니라 자신이 살아온 삶의 궤적도 다시 한 번 돌아보게 하는 그 어떤 것은 없을까?

앞서 언급한 청송객주에서 '외씨버선 길'이라는 약도 한 장을 구할 수 있었다. 그 약도에서 단번에 나의 눈길을 끄는 것이 있었는데 소위 '슬로우 시티 길'이었다. 자세히 보니 평소에도 자주 다니던 길이었는데 왜 이런 이름을 붙였을까? 고택이 있어서인가. 고택은 훌륭하지만 '슬로우 시티 길'로서의 '길'은 형식적이고 정체성을 드러내기는 아쉽기만 하다.

이참에 제안하고 싶은 것이 있다. 다른 지역에서 찾아보기 힘든 그리고 슬로우 시티로서의 정체성을 좀 더 선명하게 드러내게 할 수 있는 그 무엇은 없을까? 단지 관광 상품으로만 그치지 않고 우리 삶을 좀 더 본질적으로 느리게 사는 삶을 추구하기에 적절한 것은 없을까?

내가 오랫동안 생각해 온 바를 진술하면 이렇다. 중고 박물관이 하나쯤 있으면 어떨까 하는 것이다. 이 박물관은 오로지 중고로만 채워져야 한다. 그것도 딱 한 세대 이전의 것이어야 한다. 옛날의 교과서도 좋고 장난감도 좋다. 우리 엄마들이 쓰던 주방용품 좋고 똥바가지도 좋다. 지금의 아이들은 본 적도 없을 소위 '냉장고'로 불렸던 아날로그 휴대폰도 좋다. 책받침 같은 소소한 것도 좋다. 사실 대개의 민속박물관은 아주 오래된 역사의 유품을 전시해 놓고 있기에 실감이 잘 나지 않는다. 그리 멀지 않은 조선 시대만 하더라도 역사 공부는 되어도 느리게 사는 삶과 연관성을 짓기가 쉽지 않아 보인다.

하지만 한 세대, 즉 30년 전의 중고 물품들은 지금의 기성세대들이 사용하던 것들이다. 동일한 기능을 하면서도 기기는 엄청나게 발전해 온 것을 단번에 알아차릴 수 있다. 단지 변화의 속도만 알아차리는 것이 아니라 그 가운데 담긴 오래된 추억을 회상하게 한다. 지금은 거들떠보지도 않는 장난감이라 할지라도 아버지가 자녀를 데리고 이 장난감에 서린 옛 추억을 아이들에게 얘기해 줄 수 있다. 지금은 수십만 원 하는 장난감도 우습게 아는 세대이지만 아버지는 이런 것을 가지고 놀았노라고.

그 흔한 '문화해설사'는 필요도 없다. 아버지가, 엄마가 모두 해설사다. 이 해설사가 되기 위한 연수도 필요가 없다. 그 중고품 앞에 서면 누구나 다 유창한 해설사가 될 수밖에 없다. 더 놀라운 것은 모든 해설사들의 이야기가 누구도 흉내 낼 수 없는 자기만의 개성과 멋을 가지고 있다는 것이다. 그런가 하면 한 세대를 함께 살아온 공통의 정서도 담겨져 있는 것을 느낄 수 있다. 독특하면서도 함께 공유할 수 있는 정서가 형성되는 것이다.

청송은 누구나 다 인정하는 슬로우 시티의 대명사다. 복잡한 도시의 일상을 벗어나 산을 타면서 자기를 정화하고 체력을 단련하는 것도 좋고 고택을 둘러보면서 옛 조상들의 삶을 반추해 보는 것도 좋다. 하지만 '슬로우 시티로서의 청송'은 남다른 그 무엇이 하나 더 있다면 얼마나 풍성하겠는가. 낡은 중고 물품 속에서 너무 빨리 잊혀져 버린 소중한 추억을 다시 건져 올릴 수만 있다면, 사람도 중고가 되어 언젠가 이 세상에서 사라져 버리기 전에 지금 제대로 살고 있는지를 되물을 수만 있다면 중고 박물관은 행복 박물관이 되지 않겠는가.

리철훈

장려상

　사람마다 자기가 하는 일을 거슬러 올라가면 거기엔 반드시 하나의 계기가 있다. 직업이면 직업, 예술이면 예술, 각자 저마다의 자기 분야에서 어느 순간인가 바꿀 수 없었던 하나의 운명적 계기가 있었다는 사실을 발견하게 된다. 그 시점에서 보면 앞으로 당길 수도 없고 뒤로 밀 수도 없었던 단 한 번의 운명적 계기가 있어 마침내 그 사람의 일생을 좌우하고 마는 경우다.
　뒤돌아보면 나도 예외가 아니다. 지극히 평범하고 단순한 가운데 나 자신도 모르게 다가온 하나의 계기가 있었다. 지금에 와서 생각해 보면 아무것도 아닌 그것이 이렇게 나의 운명을 바꾸어 놓을 줄 누가 알았겠는가 싶다.
　정말 꿈에도 예측하지 못했던 일이다. 그것은 바로 적막한 시골 마을에 하염없이 쏟아지던 봄밤의 빗소리다. 그 봄비 소리가 결국엔 내 운명을 바꾸어 놓는 하나의 계기가 될 줄이야. 지금도 그날 밤을 생각하면 귓가에 빗소리가 들리는 듯, 꼼짝없이 과거로 끌려가 잠을 이루지 못할 때가 있다.

사람에겐 타고난 소질도 중요하지만 소리 없이 다가오는 운명적 계기 또한 그에 못지않게 중요하다고 믿는다. 나에겐 봄밤의 빗소리가 바로 그런 것이었다고 생각한다.

밤새도록 쏟아지던 그날의 봄비! 다시 기억하기조차 싫은 악몽 같은 스토리다. 이따금 집안에 관혼상제 같은 일이 생기면 아버지께서 서울에 가시는 날이 있었다. 그럴 때 집에는 어머니와 여동생, 그리고 나뿐이었다. 형들은 공부 때문에 서울로 떠나고 늘 혼자여야 하는 고독한 시간, 이것이 바로 내 어린 시절의 전부였다. 남자라고는 아버지와 나뿐인데 아버지가 없는 날엔 어딘가 좀 허전했다. 특히 밤에는 대문을 잠그고도 무서웠다.

달력으로 5월이었다. 그날도 아버지께서 서울에 가시고 없었다. 그 당시는 도둑이 심했다. 더구나 5월은 보릿고개의 중턱이다. 쌀 도둑, 닭 도둑, 나무 도둑, 장쁠 도둑, 가난했던 시절이라 도둑도 많았다. 이런저런 이유로 아버지가 없는 저녁이면 늘 불안했다. 그날따라 밤새도록 봄비가 쏟아졌다.

칠흑 같은 적막 속에 빗소리는 삼간 대청의 집안을 불안과 공포로 휩싸이게 했다. 왜 그렇게도 무서웠을까? 시골에서 살아 보지 않은 사람은 알 수 없다. 밤이 깊어질수록 어둠 속의 대청마루 공간은 울림통 같았다. 앞마당에 떨어지는 빗소리가 어찌 그리도 크게 들리는지 도저히 불안해서 잠을 이룰 수가 없었다. 안방에서 두런거리던 어머니와 여동생은 잠이 들었는지 아무 소리도 없다. 건넌방에서 혼자인 나는 희미한 등잔불을 끄고도 잠이 오질 않았다.

흔히 도둑은 바람이 불거나 비가 오는 날 밤에 많았다. 그날도 끊임없이 쏟아지는 빗소리의 공포 때문에 밤새도록 시달려야만 했다. 바람결에 여기저기서 들리는 삐걱 소리는 대문을 여는 소리도 같고 부엌문을 따는 소리도 같았다. 어디 그뿐인가? 빗소리에 섞여 간헐적으로 흔들리는 판자 소리는 살금살금 샛문을 따는 소리도 같았고 사랑방 뒷문을 여는 소리도 같았다. 게다가 외양간에서 소가 뿔로 벽을 긁는 소리도 살그머니 도둑이 미닫이 광문을 여는 소리처럼 들렸다.

이불 속에서 새우처럼 잔뜩 몸을 움츠린 나는 불안한 긴장 속에 빗소리의 공포와 싸워야 했다. 그렇게 얼마를 지났을까? 불안에 떨다 지쳐 맥이 빠져 있을 때였다. 벌써 날이 새는지 어둠 속에 창문이 허옇게 보였다. 비가 오는데도 동이 틀 무렵이 되자 창호지를 바른 동쪽 창문이 훤하게 새벽을 알려 주었다. 용케도 때를 맞춰 닭들이 깃을 치며 울음을 터트렸다.

이상하게도 그 소리가 들리는 순간, 차차 가슴이 진정되었다. 새벽은 새로운 용기가 치솟는 희망의 시간이었다. 기진맥진 불안과 공포의 터널 속에서 밤새도록 허우적거리다 간신히 빠져나온 느낌인데도 까닭 모를 힘이 솟았다. 가슴을 짓누르던 불안과 공포도 힘없이 사라져 버렸다. 마음이 느슨해지기 시작했다. 오히려 땅을 찍는 것 같던 공포의 빗소리가 마치 배고픈 병아리 소리처럼 애처롭게 들렸다. 그리고는 이내 잠이 쏟아졌다.

결국 어둠 속에 빗소리의 공포는 모두가 도둑에 대한 불안과 긴장 때문이었다. 생각해 보면 그날 밤의 공포와 불안은 순박한 시골 어린 소년에게 정말 감당하기 힘든 고통이었다. 내 딴엔 아버지를 대신해서 집안을 지키겠다고 긴장했던 것인데, 그렇게 밤새도록 공포에 떨게 될 줄은 차마 몰랐다. 따지고 보면 봄비란 대지의 잠든 생명을 일깨우는 달콤한 생명수가 아닌가.

그 후, 몇 년이 지나서다. 또다시 봄은 찾아왔다. 아마 중학교 3학년 때쯤일 것이다. 어버이날 기념 교내 백일장 행사가 있었다. 아무 준비도 없이 등교한 나에게 백일장 행사는 별로 관심이 없었다. 일찍 끝나면 빨리 집에 돌아가 부모님 일을 도와야 한다는 생각뿐이었다. 친구들은 호숫가 나무 밑에 모여 앉아 무엇인가를 열심히 쓰고 있었다. 쓰다가 틀리면 지우고 또 쓰면서 꽤나 조잘거렸다. 열심히 쓰는 그들의 모습이 마냥 즐거워 보였다.

도장이 찍힌 8절지 누런 종이를 들고 나는 한참 동안을 망설였다. 이 큰 종이에 무엇을 써서 채우나? 하도 막막하고 답답해서 고개를 들어 멀리 탁 트인 봄 하늘을 멍하니 바라보았다. 하늘 아래 펼쳐진 보리밭 풍경이 정답게 보였다. 그 순간, 문득 그날 밤의 빗소리가 떠올랐다. 오래전의 일인데도 기억이 생생하게 살아났다. 갑자기 텅 비었던 머릿속이 꽉 찬 느낌이었다. 홀로 나무 그늘에 앉아 미친 듯이 써 내려갔다.

아버지가 없는 집안에서 혹시 도둑이 들까 무서워 잠 못 이루던 봄 밤의 빗소리, 공포의 터널을 지나 새벽이 돼서야 불안에 떨던 가슴이 진정되고 누그러진 마음, 마치 빗소리가 병아리 소리처럼 들리기에 안심하고 눈을 붙일 수 있었던 하룻밤 공포 속의 경험, 단지 이것을 숨김없이 고백적으로 썼을 뿐이다.

어설펐던 이 한 편의 글로 상賞을 받을 줄은 꿈에도 몰랐다. 나는 '빗소리'란 제목의 이 글로 난생 처음 전교생 앞에서 상을 받았다. 내가 받은 상은 장려상이다. 최우수 하나, 우수 둘, 그리고 장려상은 세 명이었다. 시골 학교에서 받은 보잘것없는 '장려상', 그러나 이 상의 가치가 얼마나 큰 것인가는 먼 훗날에야 그 깊은 의미를 깨달을 수 있었다.

전혀 독서에 관심이 없었던 나였다. 그때부터 나는 위인전도 읽고 소설도 읽게 되었다. 흥미진진한 문학적 경험은 아마 그때부터 시작된 것이 아니었나 생각한다. 그러니까 엄밀히 말하자면 내면 깊숙이 잠재돼 있던 내 소질을 처음으로 발견하게 된 것은 바로 그 한 장의 상장 때문이었다. 나는 지금도 그렇게 믿고 있다.

그 누구도 순박했던 시골 소년이 이 방면으로 진출할 것을 믿거나 예측한 사람은 아무도 없었다. 단지 나는 그것이 마음속으로 끌리기에 이탈하지 않고 오직 그 길을 따라갔을 뿐이다.

내 생에 직업은 교직이다. 대학에서 국문과를 졸업하고 국어 교사가 되어 그동안 수많은 학생들에게 국어를 가르쳤다. 그리고 나머지 시간은 늘 혼자서 읽고 쓰는 것이 전부였다. 순박한 학생들에게 국어를 가르치며 읽고 쓰는 것, 이런 것들이 나에겐 즐거움의 다였다. 결국 지금까지의 내 인생을 지배하고 있는 가장 큰 테마는 바로 이런 즐거움이 아니었나 생각한다.

특히 교장이 되어 학생들에게 상장을 수여할 때도 나는 이런 과거의 경험을 반추하며 혹시라도 어린 시절의 나와 같은 학생이 있을까 싶어 정성을 다해 시상하고 칭찬했다.

결국 '장려상' 상장 하나가 나의 운명을 바꾸어 놓은 계기가 되었다고 말할 수 있다.

문상기

흔적

 분단 이후 처음 트였던 금강산 길이 다시 막힌 지도 오래됐다.
 많은 사람들이 그곳에 다녀왔다고 자랑하는데 나에겐 아직 그럴 기회가 없었다. 앞으로 설령 그럴 행운이 따른다 해도 별로 가 보고 싶지 않다는 게 솔직한 나의 심경이다. 다녀온 사람들은 대개 금강산의 아름다운 경치에 대한 찬탄보다도 그쪽 안내원들의 경색된 통제로 당했던 행동의 부자유와 불쾌하고 불편했던 경험을 여행담에 내비쳤다. 그러나 정작 내가 금강산 관광에 흥미를 잃게 된 것은 그것 때문만이 아니다. 당시 어느 신문에선가 '금강산 전역 67개소에 총 4천 자 바위 글 새겨'란 제목의 기사를 읽고 난 뒤부터였다.
 "암벽에 새겨진 거대한 글자들은 김일성 부자의 지시사항을 비롯해 선동 구호, 적기가 등이며 이 밖에 주체·자립·자위·속도전 등의 단어도 포함돼 있는데 한결같이 붉은색으로 채색돼 있다."며 금강산에서 가장 넓은 바위 봉우리인 바리봉에 새겨진 "천출명장 김정일

장군"은 글자 하나가 가로 25m, 세로 34m, 깊이는 1.5m가 넘는다고 했다. 상상을 초월하는 크기다. 그러나 명승지를 체제 유지를 위한 선전장으로 이용한다는 정치적 이유보다 더 실망스러운 것은 억만 년 풍상, 인고의 세월이 다듬어 낸 자연의 절경을 무참히 흠집 낸 인간의 어리석음이었다.

명승지의 암벽이나 커다란 기암괴석의 곳곳에는 거의 빠짐없이 글자들이 새겨져 있는 것을 볼 수 있다. 다녀간 사람들의 이름을 비롯하여 절경을 읊은 유명한 한시의 구절 같은 것들이다. 당대의 명필이나 역사적인 인물에서부터 무명 시인 묵객들이 남긴 즉흥시도 있고, 장난삼아 끄적인 치기 어린 낙서 등 각양각색이다.

울산 반구대 암각화 같은 유적은 고고학적 가치가 있는 문화재라 치더라도, 그 밖의 어떤 유명한 분이 남긴 암벽 글자라 해도 자연경관을 훼손한 낙서가 분명하다는 생각에 미치면 마음이 개운치 않다. 그 글씨가 아무리 명필이고 심금을 울리는 명문장이라 해도 바위틈에 고고히 뿌리 내린 작은 소나무 한 그루, 구석지에 다소곳이 핀 진달래 한 포기, 이름 모를 한 떨기 야생화의 아름다움에 어찌 견줄 수 있으랴. 자기를 자랑하고 싶은 하잘것없는 인간의 어리석은 속내만 드러내 보일 뿐이다.

지구상에 존재한 수많은 인종 가운데서도 북아메리카 인디언만큼 자연을 아끼고 사랑한 사람들은 없었다고 한다. 그들은 땅은 살아 있는 생명체라 믿었다. 땅이 곧 자연의 어머니이고 생명을 지닌 온갖 짐승과 나무와 풀, 그리고 산과 바위, 강, 바람을 일으키는 공기도 영혼이 있으며 어머니인 땅과 생명을 공유하고 있다고 믿었다. 그들은 인간을 품어 생명을 유지하게 해주는 풍요로운 자연을 외경심으로 대하고, 존중하고, 영혼으로 소통함으로써 균형과 조화를 이루어야 한다고 생각했다. 내가 어릴 때 즐겨 보며 사실처럼 믿었던 미국의 정통 서부영화에서처럼 역마차를 습격하여 약탈하고, 적의 머리 가죽을 벗겨 가는 잔혹하고 호전적인 야만인의 모습과는 사뭇 거리가 멀다. 그들은 오히려 문명화된 서양인보다 훨씬 도덕성이 강하고 평화를 사랑하는 사람들이었다고 한다. 인디언에 대한 부정적인 편견은 정복자인 백인들의 입장에서 만들어졌다는 게 학자들의 일반적인 견해다.

"인디언들은 자신들이 수천 년 동안 살아온 미 대륙의 자연환경을 하나도 파괴하지 않고, 어지럽히지도 않고, 물려받은 그대로 남겨 놓고 떠났다. 마치 강물 속의 물고기들처럼, 공기 속의 새들처럼 자연과 하나 되어 살다가 그대로 남겨 두고 떠났다." 1923년 퓰리처상을 받은 미국의 여류소설가 윌라 캐더(Willa Cather, 1873~1947)의 말이다. 자연을 무참히 흠집 내는 인간들에게 꼭 들려주고 싶은 말이다.

'쇼생크 탈출'이라는 미국 영화는 몇 번을 계속 봐도 감동이 새롭다. 개봉한 지 20년이 다 돼 가는 오래된 영화지만 요즘도 케이블 TV에 자주 방영된다. 주연배우 팀 로빈스와 흑인 배우 모건 프리먼의 연기가 압권이다. 그 영화에 이런 장면이 있다.

쇼생크 감옥에서 도서실 사서 일을 보던 브룩스라는 늙은 죄수가 가석방돼 인근 도시의 숙박 시설에 잠시 머문다. 출옥한 장기수들이 사회생활에 적응하도록 정부에서 마련해 준 임시 거처다. 그러나 평생을 감옥 생활에 길들여진 노인에겐 바깥 세상의 자유가 오히려 고통스러울 뿐이다. 친구들이 있는 감옥으로 다시 돌아가고 싶어도 뜻을 못 이룬 그는 끝내 거기서 자살한다. 죽기 전 목을 매달 대들보에 주머니칼로 이런 글자를 새긴다. "브룩스가 여기 있었다(BROOKS WAS HERE)." 뒤이어 가석방된 감옥 친구 레드도 그곳에 머물다 떠나면서 그 글귀에 잇대어 이런 글자를 새긴다. "레드도 여기 있었다 (SO WAS RED)."

혈혈단신인 늙은 죄수들이 누구에게 보이려고 이런 글귀를 새겨 놓았을까. 그들은 왜 머물었던 자리에 이런 흔적을 남기고 싶어 했을까. 자신이 이 세상을 떠난 뒤에도 누군가 그를 기억해 줄 것을 바라는 마음, 덧없는 삶을 조금이라도 보상받으려는 안타까운 몸짓인 것 같아 가슴이 아렸다.

바위 벽에 새기든, 나무기둥에 새기든, 그런 흔적만이 한세상 머물었다는 징표는 아니다. 작은 모래뱀이 사막을 기어가도 모래 위에 가느다란 물결무늬 자국을 남긴다. 아무리 하찮은 인간이라도 생의 거친 벌판을 건너노라면 티끌 같은 자취는 남게 마련이다. 어떤 사람의 삶의 자취는 인류 문화 발전에 위대한 공헌으로 기억되는가 하면 또 어떤 독재자의 삶의 흔적은 인류를 전쟁의 재앙으로 끌어들인 저주의 표징이 되기도 한다.

스쳐 지나가는 인연에도 흔적을 남긴다. 지금까지 살아오면서 나는 많은 사람들을 만났고 또 헤어지기도 했다. 좋은 인연에는 아름다운 추억이, 궂은 인연에는 아팠던 상처의 자국이 선명히 남아 있다. 이런 기억들은 또한 내 마음의 벽에 새겨진 그들의 삶의 흔적 한 부분이기도 하다.

나도 내가 사랑했던 사람들의 가슴속에 내 삶의 흔적이 조금이나마 남아 있기를 바란다. 그 흔적이란 다만 내가 그들을 깊이 사랑했다는 기억이기를 바라며, 그것 하나만으로도 충분할 것 같다.

민화자

성취를 통해 삶을 가꾸고
실패를 통해 삶을 완성

이 남자는 누구일까요? 그는 나이 스물두 살에 실직했고, 1년 뒤에 정계에 입문해 주의원에 입후보했다가 낙선했습니다. 다음에는 사업에 손을 댔다가 실패를 했죠. 그리고 27세의 젊은 나이에는 신경쇠약에 걸리고 말았습니다. 그러나 다시 일어나서 34세에 하의원에 출마하지만 또 낙마했습니다. 5년 뒤 절치부심의 마음으로 다시 도전했지만 또다시 낙선했습니다. 포기할 법했지만 그는 용기를 잃지 않았습니다. 오히려 목표를 좀 더 높이 올려 46세에 상원의원에 출마했습니다. 그 결과 역시 낙선했습니다. 그 후 다시 이번에는 부통령에 입후보했지만 실패합니다. 수십 년간의 실패와 좌절 끝에 50회 생일을 앞두고 다시 상원의원에 출마했습니다. 이번에는 어떻게 되었을까요. 역시 또 패배하고 말았습니다. 그러나 그는 결코 포기하지 않았습니다. 2년 뒤 그는 대통령 선거에 입후보했고, 마침내 미합중국 대통령이 되었습니다. 그가 바로 에이브러햄 링컨입니다.

그에 비해서 인생에서 단 한 번도 실패를 경험하지 않은 사람이 있습니다. 빈센트 포스터는 빌 클린턴 대통령의 백악관 자문위원으로 임명되기까지 아주 순탄한 길을 걸었습니다. 그는 직업적으로 아주 작은 좌절도 겪은 적이 없었습니다. 그야말로 탄탄대로를 걸어왔습니다. 그런데 대통령 자문위원을 맡으면서 클린턴 행정부와 자신의 사무실이 조사를 받게 되었습니다. 그는 자신이 제대로 관리를 하지 못해서 대통령을 보호하는 데 실패했다고 느꼈습니다. 이전에는 한 번도 느껴 보지 못한 낭패감이 그를 엄습했습니다. 결국 그는 자괴감을 견디지 못하고 스스로 목숨을 끊어 버렸습니다.

실패는 부족한 사람들이나 겪는 특수한 상황이라기보다 사람들이 세상을 살아가면서 겪는 자연스러운 현상입니다. 오히려 실패를 겪지 않는 삶이야말로 희귀한 삶이며 특수한 삶인 것이지요. 태어나면서 우리는 실패를 통해 삶의 기술을 배웁니다. 걸음마를 배우는 아기는 무려 2천 번 이상 넘어지는 것을 반복한 다음에야 비로소 힘들게 걷게 됩니다. 그리고 크면서 자전거 타기나 수영 등 다양한 활동에서도 숱한 작은 실패를 이겨 내야 합니다. 어른이 되어서도 그 크기는 다르겠지만 똑같은 형태의 실패를 겪고 이겨 내면서 삶은 성장합니다. 우리에게 주어지는 실패는 이처럼 자연스럽고 일반적인 상황입니다.

과학자이자 발명가인 찰스 F. 캐터링은 이렇게 말했습니다. "처음부터 잘되는 일은 아무것도 없다. 실패, 또 실패, 반복되는 실패는 성공으로 가는 길의 이정표이다. 당신이 실패하지 않을 수 있는 유일한 길은 당신이 아무런 시도도 하지 않는 것이다. 사람들은 실패하면서 성공을 향해 나간다."

발자크는 이렇게 말했습니다. "불행을 불행으로 끝내는 사람은 지혜가 없는 사람이다. 불행 앞에 우는 사람이 되지 말고, 불행을 하나의 출발점으로 이용할 수 있는 사람이 되라. 불행을 모면할 길은 없다. 불행은 예고 없이 도처에서 우리를 기다리고 있다. 그러나 불행을 밟고 그 속에서 새로운 길을 발견할 힘은 우리에게 있다. 불행은 때때로 유일한 자극제가 될 수 있다. 우리는 자신을 위하여 불행을 이용할 수 있다."

이 이야기는 『작지만 강력한 디테일의 힘』(왕중추 지음, 올림)에 소개된 일화입니다. 숱한 실패들을 공부로 삼아온 어느 취업생의 일화입니다. 어느 대기업에서 관리직 사원 1명을 채용한다는 공고를 냈습니다. 스펙 짱짱한 많은 지원자들이 이력서를 제출, 네 차례나 이어지는 서류 전형과 필기시험에서 6명이 통과했고, 최종 면접을 치르게 되었습니다. 다섯 번째 최종 면접은 사장이 직접 하게 되었습니다. 그런데 면접실에 들어온 지원자는 7명이었습니다. 이상하게 생각한 면접관이 물었습니다.

"면접 대상자가 아닌 사람이 있나요?"

그러자 맨 뒷줄에 앉아 있던 청년이 일어서며 이렇게 말했습니다.

"접니다. 1차 서류 전형에서 탈락한 지원자입니다. 저에게 면접을 볼 수 있는 기회를 주십시오."

"1차 시험에도 통과하지 못했는데, 최종 면접에 참가하겠다는 말인가요?"

"남들은 가지지 못한 재산을 제가 가지고 있기 때문입니다. 그러니 제가 바로 큰 재산이지요."

그러자 모두들 크게 웃었습니다. 그래도 그는 아랑곳하지 않고 말을 이어갔습니다.

"저는 대학도 겨우 나왔고, 또 그리 대단한 직업을 가진 적도 없습니다. 그것도 무려 열두 회사에서 일한 경력이 있습니다."

"십 년간의 업무 경험은 내세울만 하군요. 하지만 10년 동안 열두 번이나 회사를 옮겨 다녔다는 것은 결코 기업에서 환영받을 수 있는 경력이 아니죠."

"저는 회사를 옮겨 다니지 않았습니다. 열두 번 모두 회사가 문을 닫는 바람에 어쩔 수 없이 나온 것입니다."

이때 문 앞에서 차를 따르던 노인이 면접관에게 차를 따라주었습니다. 그 지원자가 계속 말을 이었습니다.

"저는 지금까지 일했던 열두 회사에 대하여 아주 소상하게 파악하고 있습니다. 동료들과 함께 파산 직전의 회사를 살리려고 동분서주한 적도 있습니다. 비록 회사의 파산을 막지는 못했지만 저는 그 과정에서 실패와 실수의 모든 면면들을 알게 되었고, 그 안에서 다른 사람들은 전혀 알지 못할 것을 많이 배웠습니다. 모두들 성공만을 추구하고 있지만, 저는 실수와 실패를 피할 수 있는 방법들을 알고 있습니다."

말을 마친 그가 면접실을 나가려는 듯 문 쪽으로 가다가 다시 고개를 돌려 말했습니다.

"십 년간 몸담았던 열두 회사들이 저에게 사람과 일, 그리고 미래에 대한 예민한 통찰력을 심어 주었습니다. 한 가지 예를 들어 보겠습니다. 사실 오늘의 진짜 면접관은 앞에 계신 분들이 아니라, 바로 이 차를 따르는 노인이십니다!"

그러자 노인은 흠칫 놀라더니 이내 부드러운 미소를 지으며 이렇게 말했습니다.

"좋아! 자네를 채용하겠네. 내가 면접관이란 사실을 어떻게 알았는지 알고 싶기 때문이야."

사람들이 성공을 통해서 자신감을 얻는다면, 실패를 통해서 지혜를 얻습니다. 실패의 경험 없이 성공만으로 얻어진 자신감은 곧 자만심으로 자라기 십상입니다. 그렇다고 실패가 반드시 지혜를 의미하지는 않습니다. 실패의 충격에 매몰된다면 실패는 상처와 고통으로 남습니다. 물론 오랜 시간 지난 후에 상처와 고통도 어떤 교훈을 남기기는 합니다.

실패를 지혜로 받아들이느냐, 고통으로 받아들이느냐의 분수령에 있는 것이 책임의 소재입니다. 실패의 책임을 외부의 다른 사람, 다른 환경에 돌리게 되면 고통만 남기게 됩니다. 객관적으로 보기에 다른 사람이나 외부에 의해 실패했다고 하더라도, 어떤 관점에서 보느냐에 따라 책임 소재는 달라질 수 있습니다. 즉 사람들은 무조건 믿은 것, 갑작스런 환경 변화의 변수를 미리 예측하지 못한 것을 들어 자신의 책임으로 돌릴 수도 있는 것입니다. 좀 더 깊은 성찰에 이르면 '나에게 일어나는 모든 결과의 원인은 나에게 있다'는 깨달음에 이를 수도 있습니다. 이렇게 될 때 나에게 일어나는 모든 일에 대해서 어떤 경우라도 나의 책임으로 돌릴 수 있게 됩니다. 그랬을 때 성찰이 일어나며, 배움이 일어나며, 지혜의 눈을 뜨게 됩니다. 어쩌면 그 사람의 그릇의 크기는 성공의 크기보다는 실패의 크기를 담아내는 정도에 좌우되지 않을까요.

토마스 에디슨은 천 개가 넘는 발명품을 만들어 냈습니다. 누군가 그에게 한 발명품을 만들어 내기까지 만 번의 실패를 거듭했다는 사실을 지적하자 에디슨이 대답했습니다. "나는 실패한 것이 아닙니다. 단지 효과가 없는 만 가지 방법을 시도했던 겁니다." 그의 배포는 숱한 실패들이 헤엄치고 놀 만큼 널찍했던 것입니다.

한 사람의 삶을 가꾸기 위해 신이 왼손에 들고 사용하는 도구가 성취라면, 한 사람의 삶을 완성시키기 위해서 신이 오른손에 들고 사용하는 도구가 실패입니다.

　신은 그렇게 두 손을 모아 우리에게 축복을 주고 있습니다.

박근후

부다페스트(Budapest)의 저녁 노을

우리 인류가 사는 이 세상은 참으로 아름답고 황홀하며 즐겁고 행복한 세상이라 할 수 있다.

이처럼 마음에 드는 세상에서 한 백 년 살고 싶은 마음은 나만의 생각이 아닌 것 같은데 나이는 한 살 한 살 쌓여만 간다.

내가 젊은 시절에는 외국 여행을 많이 다니면서 그 나라의 음식과 풍습, 고전적 건축물, 그 나라의 아름다운 풍경 등을 샅샅이 감상하고 다니던 시절이 생각나고 나와 같이 뜻을 함께하며 다니던 멋있는 벗이자 시인은 다시는 우리와 함께할 수 없는 저세상으로 먼저 떠났지만 헝가리 부다페스트에서 붉은빛을 토하며 사라지는 석양 노을을 바라보니 옛날 하와이 와이키키 해변에서 바라보던 황홀한 노을과 먼저 가신 벗이 새삼스럽게 생각난다.

헝가리는 천혜의 자연 그대로 억만 년 이어 내려온 끝없는 지평선地平線이 참으로 아름답고 신비스러운데 높고 낮은 산이 전혀 없고 온천지가 자연 그대로 숲으로 이루어졌는데 풀을 먹고 사는 초식동물을 한 마리도 보지 못하고 귀국하게 된 것이 신비스럽다.

부다페스트의 영웅광장에도 석양 노을이 스며드는데 광장 중앙에는 천사 가브리엘이 36m의 밀레니엄 기둥에 날개를 펴고 석양 노을이 짙어 가는 거리를 바라보고 있다.

가브리엘은 헝가리의 신성한 왕관을 들고 기둥 밑으로는 헝가리를 세운 마자르 족의 부족장 6명을 태운 기마상이 늠름하니 서 있고 광장 한가운데 무덤은 헝가리를 위해 희생당한 무명 용사의 묘가 자리 잡고 있으며 기둥 양쪽으로 자리 잡은 동상들은 위대한 헝가리의 지도자 14명의 동상이 당당하니 서 있다.

헝가리의 수도 부다페스트는 부다(Buda)와 페스트(Pest)란 두 도시가 형성되었는데 14세기경 부다에는 헝가리의 수도가 들어서고 페스트는 상업의 중심지로 구별이 되다가 다뉴브 강에 세치니라는 다리가 놓여지게 되면서 1873년 서쪽의 부다와 동쪽의 페스트가 합쳐 수도 부다페스트로 부르게 되었다. 페스트에는 고층 빌딩이 없는 대신 신비롭고 영롱한 고풍스런 건물들이 많이 있으며 부다 지역은 상업의 중심지로 발전하게 되었다고 한다.

헝가리 역사를 고찰하면 부다 지역은 원래는 로마의 한 주였다고 하며 한때는 독일인이 많이 거주하였으나 헝가리 사람들이 독일인을 서쪽으로 밀어내고 이슈트반이 국가를 세우고 기독교를 정식으로 공인하였기 때문에 초대 기독교 왕이 되었다고 한다.

그러나 몽고의 침입으로 인구의 절반이 희생당하는 바람에 수도를 부다 언덕으로 옮겼는데 이때부터 지속적으로 외세의 침입을 받았다고 한다.

헝가리는 지리적으로 볼 때 서쪽은 오스트리아, 서북쪽은 체코, 북쪽은 슬로바키아, 북동쪽은 우크라이나, 동쪽은 루마니아, 남쪽은 크로아티아 등과 국경을 맞대고 있어 항시 불안한 환경에서 국가가 존재하고 있다.

내 나이도 80고개를 넘어선 고령에 접어들었으니, 몸 전체가 부실한데 최후의 만찬처럼 헝가리에 파견 중인 막내사위가 근무하고 있음을 기회로 아들이 적극적으로 추진하는 바람에 동유럽을 관광하기로 내심 결정은 했지만, 출발일이 다가서니 마음이 편치만은 않았다.

2014년 4월 29일, 인천공항에서 아들의 환송을 받으며 오스트리아 빈을 향해 이륙한 지 11시간여 만에 빈 공항에서 막내사위의 영접을 받으며 헝가리 부다페스트까지 231km를 자동차로 이동하여 막내딸과 사랑스런 손녀의 따뜻한 영접 속에 여정을 풀었다.

헝가리 명승고적을 샅샅이 답사하고 5월 1일 음악의 도시 빈에서 이틀째 접어들었는데 백마 두 마리가 이끄는 쌍두마차를 타고 왕의 행차처럼 수많은 군중 속을 뚫고 옛 빈의 거리를 구석구석 누비면서 안내자의 자세한 설명을 들었다.

화려하면서도 특색이 있으며 웅장하고 고색창연한 옛 거리를 왕처럼 행차를 마치고 Albrecht hotel에서 또한 밤이 저물어 갔다. 세브른 왕궁의 방 40개를 차례로 관람하고 모차르트의 생가와 ―지금은 집 전체가 모차르트 박물관으로 개조되어 사용하고 있는데― 어느 방에서나 모차르트의 곡이 은은하게 울려 퍼지니 연주하는 장면을 상상하여 보기도 하였다.

고색창연한 건물들이 구시가지를 메웠는데 음악의 도시답게 상쾌하고 아름다운 선율이 지금도 건물 곳곳에 배여 있는 것 같은 느낌을 받았다.

요한 스트라우스의 고향이기도 한 빈의 거리에서는 그가 작곡한

'푸른 도나브 강'의 선율이 물결처럼 출렁거리고 있는 것 같은 느낌이 들기도 하였다.

　나는 참으로 행복했다. 평생의 꿈이었던 빈의 거리를 하나밖에 없는 아들딸 내외와 손녀들까지 3박 4일의 일정을 모두 소화하면서 체코(Czech) 프라하(Praha)에서 다시 합류하기로 하고 손녀들의 귀여운 재롱과 맛있는 현지 음식을 먹으며 황홀하고 만족한 나날을 이어가는 일은 하늘만큼 땅만큼 행복하고 감사할 따름이다.

박승병

그리운 공주 생각

 나의 고향은 예산이다. 공주와 인연을 맺은 것은 1955년 봄, 공주사범학교에 입학하여 3년간 공주에서 학창 생활을 하면서부터다. 당시 공주의 모습은 다른 지역이나 마찬가지로 매우 열악했다. 6·25 전쟁이 끝난 지 얼마 되지 않아 국민소득 65달러로 버티던 시절이다.
 처음 공주에서 인상 깊었던 것은 금강대교이다. 실은 이 다리는 1932년 충남도청이 대전으로 옮겨 가면서 공주 사람들의 상한 마음을 달래기 위해 선물로 만들어 준 것이다. 공주의 강북지역인 장기, 의당, 우성, 사곡, 신풍, 유구 지역 주민들이 공주군청 소재지로 일을 보러 다니는 데 편리함과 즐거움을 한껏 주었다.
 그러나 내가 공주에 와서 본 금강다리는 성한 다리가 아니었다. 6·25 전쟁의 상흔이 그대로 남아 있었다. 1950년 7월 12일, 미군 24사단 34연대가 폭파하여 두 동강이 나 있었고, 금강의 바닥에는 소련제 북한군 탱크가 나자빠져 있는 모습을 보기도 했다.

백제의 고도 가운데 하나인 공주에는 옛날 무덤들이 많았다. 많은 무덤이 도굴을 당했는데 일본 사람들이 그러했다는 얘기를 들었다. 국립 공주박물관 정원에는 두상이 없는 부처의 모습이 있었다. 어린 나는 그 모습을 보면서 누가 저런 못된 짓을 했을까 매우 의심스러웠다.

일찍이 조선의 대시인 서거정徐居正 선생은 공주의 아름다운 풍광을 십경시로 써서 노래했는데 그 이후 또 신유申濰 선생 같은 분도 십경시를 새롭게 써서 세상에 알렸다. 그만큼 공주의 경치가 아름답다는 얘기다. 다른 고장은 주로 팔경시인데 공주만 유독 십경시인 것이다.

읍내 지역의 고적으로는 공산성과 쌍수정이 인상 깊었다. 그곳은 조선 인조 임금 2년에 평안 병사 이괄이 난을 일으키자 임금님이 이를 피하여 몽진오신 장소이다. 마땅히 행궁이 차려지고 임금님과 연결된 많은 이야기가 전해지고 있었다. 나는 친구들과 어울려 공산성에 자주 놀러 갔었다. 마땅한 유원지나 위락 시설이 없던 시절이라 공산성은 그대로 우리들의 동산이요, 젊은이들의 데이트 장소였다.

공산성에 가 보면 쌍수정뿐만 아니라 공산성 동쪽 제일 높은 지역에 자리한 광복루도 인상 깊었다. 당시만 해도 우리는 광복루가 김구 선생과 관계가 깊다는 것을 알지 못했다. 조국 광복 이후 상해 임시정부에서 돌아온 김구 선생이 이시영 선생과 함께 공주에 들른 김에 공산성에 올라, 누각 이름을 그렇게 바꾸었다는 사실을 안 것은 그 뒤의 일이다.

공주에 지내면서 또 인상 깊었던 것은 공주문화원이다. 공주문화원은 전국에서도 일찍 개원한 선진 문화원으로 김영옥 선생이 초대 원장으로 재직하고 있었다. 공주문화원 개원 1주년 행사를 눈여겨보았다. 1955년도 12월 19일부터 26일까지 기념 음악 연주회, 기념 서

예전시회, 개원 1주년 사진전, 가마니치기 시상식 등을 감명 깊게 보았다.

충청도 감영 소재지이기도 했던 공주는 먼 옛날 우리 박씨의 선조님들과도 밀접한 관계가 있다고 들었다. 17대조 박광영, 15대조 박호원(청백리), 14대조 박정현(『승정원 일기』복원) 같은 어른들이 공주에서 충청 관찰사 벼슬을 지내기도 한 도시이다(『충청감영 400년』기록 참조).

부끄러운 나의 이야기를 해볼까 한다.

예산의 우리 집에서 보리쌀 두 말과 된장, 고추장이 든 그릇을 어깨에 메고 금강 모래사장을 걸어 처음 노 젓는 배를 타고 금강을 건너 자취하던 반죽동 집으로 걸어가는 모습이 나의 당시 모습이다. 못 먹어 허약한 체구에 검정 물들인 무명 옷감으로 지은 교복을 입고 학교에 다녔다.

우리 학교는 주변의 경관이 수려하고 고풍스러우며 윤택한 곳이었다. 푸른 솔숲이 우거져 있고 새들이 지저귀는 월락산月落山(오늘날 이름은 일락산인데 그 당시엔 월락산이었다.) 아래에 자리 잡고 있었다.

1학년 담임 변국환 선생님은 송요찬 장군보다 군사학교 선배로 퇴역하여 사범학교 교관으로 근무하셨다. 가장 많이 말씀하신 내용은 공公과 사私를 분별하라는 것이었다. 본인의 교직 생활 중 공적으로 열성을 다하는 교사로 신뢰받는 생활을 하려고 노력했고 사적으로 가정생활에서 가족을 사랑하고 아끼며 매사에 여법하게 살자는 노력을 했다면 모두가 그 선생님의 가르침 덕분이다.

그 시절 우리 학교에서는 한국에서도 빼어난 선생님들이 계셨다. 뛰어난 교육관과 지도력, 참스승의 길을 올곧게 사신 분들로 존경하고 감사를 받기에 충분한 어른들이었다. 이제는 모두가 작고하시고, 김원경(전 서울대 교수), 나도승(전 공주교대 교수) 두 분만 생존하고 계신다.

내가 입학하기 전인 54학년도까지만 해도 전교학생위원장, 학도호국단 대대장이 모두가 여학생이었다고 한다. 처음으로 전교학생위원장에 장기옥(3학년, 전 문교부 차관), 학도호국단 대대장에 정연학(3학년), 소대장으로 성열준, 이수진, 백만기 친구(모두 1학년)들이 뽑혔다. 가장 존경하는 3학년 선배로는 양기택(전 충남도 장학관) 형이 있었다. 같은 고향 예산 출신으로 평생 동안 나를 잘 이끌어주시어 항상 감사하게 생각하는 마음이다.

일반 학교에서는 없는 일로 부속초등학교와 합동운동회를 매년 개최하였다. 졸업 후 현직에서 근무할 때 운동회의 계획, 진행, 평가의 모든 과정을 학생이 실습하는 효과를 얻기 위함이라 생각한다. 경기 종목으로는 곤봉 체조, 텀블링(짝짓기 체조), 기마전, 줄다리기, 달리기 경기, 위장대 묘기 같은 것이 있었다.

2학년이 되면서 신학기에 새 선생님을 맞이했는데 성경제 선생님(전 충남도 장학관)이셨다. 그분은 서울사범대학을 수석으로 졸업하시고, 국립학교 교장의 특채로 부임하신 분이었다. 개인적으로는 초등학교 6년 선배이시고, 같은 면(예산 대술면) 분으로 학생들에게 항상 분발하여 공부하도록 지도하셨다. 그때 선생님의 사택을 심방하며 예쁜 아기의 귀여운 모습도 보았던 기억이다.

3학년 원종린 선생님(전 공주교대 교수)은 나의 교직 생활 43년 동안에 추수 지도와 사랑을 가장 많이 주시고, 본인의 정년퇴임 문집 『교단의 추억 그 보람』에 글도 써 주셨으며, 글쓰기 공부를 해보자고 말씀하셨다. 선생님이 작고하신 뒤, 나는 계간지인 《화백문학》에 〈원종린 선생님 영전에 바치는 글〉로 문단에 등단하기도 했다. 선생님이 제자를 수필가로 세워 주신 셈이다.

선생님과 선배님 이야기 다음으로 친구들 이야기를 또 해본다. 2년 동안 같은 책상에 앉아서 공부했던 이무(전 충남도 장학관) 친구는 공주 장기면 송선리 출신으로 학창 시절 공부하는 데 많은 도움을 주었던 친구이다. 비록 동급생이었으나 연상이기도 해서 평생을 두고 형님같이 여기며 지내는 막역지우莫逆之友이다.

그는 벌써 고등학교 1학년 때부터 한恨으로 소설을 쓰는 특별한 재주를 지니고 있는 사람이었다. 학교 졸업 후 교직 생활을 하는 동안 전국에서 수업을 제일 잘하는 명품 선생님으로 유명했다. 친구는 1958년에 학교를 졸업하고 동년 3월 신학기에 발령을 받아 43년간 충남의 교육 행정과 어린이 교육에 매진하다가 영예롭게 퇴임하였다. 퇴임 시 나 자신, 황조근정훈장을 이무 친구와 함께 받은 걸 매우 영광으로 생각한다.

다음은 기쁜 인연으로 나태주 후배에 관한 기억이다. 나태주 후배는 교사로서 승진의 1차 관문으로 꼭 거쳐야 하는 코스인 교감 자격 연수과정(1985년도)에서 초등학교 교감 자격시험 합격자 63명 중에 만난 사람으로 공주교육대학에서 240시간의 연수를 받았다. 연수를 받을 때 두 반으로 편성되었던 연수생 학급 중 한 학급의 회장을 내가 맡아서 했다. 그리고 나태주 후배가 총무의 일을 맡아 봉사해 주었다. 그는 이미 시단에 등단하여 개인 시집을 갖고 있었으며 1979년도에는 흙의 문학상 대통령상을 받은 시인이었다. 듣기로는 원로시인 박목월 선생이 주례까지 서 주셨다는데 당시 남매를 두고 있었다.

각광받는 시인으로 계속 활동하고 있고 교직 생활에서도 전문직을 거쳐 교장이 되었으며 세월의 흐름은 어쩔 수 없어 오래전에 그도 교직에서 정년퇴임을 하여 지금은 공주문화원장으로 일하고 있다.

　이렇게 학교와 은사님들과 친구, 후배를 다시 생각해 보니, 공주의 모습이 눈에 새롭게 보인다.

　이제는 많은 분들이 세상을 떠나고 아름다웠던 친구들도 노인이 되어 불편한 생활을 하고 있다. 어디에 계시든 두루 건강하시고 평안하시기를 비는 마음이다.

박정례

돌아갈 수 없는 세월

　세월은 잘도 흘러 80여 년 생애라는 긴 여정을 지나왔다. 수많은 나날들에 얼마나 많은 역경을 참고 견디며 굽이굽이 파도를 헤쳐 가며 여기까지 왔던가.
　아직도 고해의 길이 남았을까. 왜 여전히 이리도 가는 길이 힘들고 멀기만 한지. 오를 길이 얼마나 남았는지. 아직 넘어야 할 산이 있다니. 끝도 없는 저 높은 고개를 얼마나 더 넘고 넘어야 하는 것인지.
　이제는 너무 지쳤는지 피곤하구나. 고달픈 이 육신을 언제까지 끌고 다녀야 할지. 그냥 이 자리에 앉아 움직이지 말았으면 싶다. 하지만 아직도 넘어야 할 산이 많으니 이대로 주저앉을 수가 없구나.
　참으로 인생의 길은 험한 길인가 보다. 청춘의 고생은 사서도 한다지만 사서 고생할 만치 여유도 없었다. 세월은 흐르고 흘렀어도 삶은 여전 고달프기만 하니 아직도 사서 할 고생이 남았단 말인가.
　인내하며 가야만 할 길이 얼마나 남았는가. 80이 훌쩍 넘어 버린

이 시점에서. 저 언덕길을 향해 서서히라도 갈 수가 있을까. 그래도 끝내 가야 할 길이라면, 마음 비우고 묵묵히 웃으면서 가리라.
하지만 중생인지라 더러는 내가 가는 길이 멀게만 느껴진다. 누구를 위해 저물어 가는 노쇠한 몸을 이끌고 가야 하나. 때로는 모든 것 다 버리고 저 고개 위에 앉아 흐르는 물결 따라 저 많은 산천이나 바라보며 바람처럼 나는 새들을 벗 삼아 훨훨 날아갔으면….
날 수만 있다면 저 멀리 아득한 곳으로 날아가 버리고만 싶으니 아직도 나는 수행이 부족한 중생인가 보다.

우리 시대를 살아온 사람이라면 누구나 그렇듯이 내 삶에도 마디마디 고비마다 소설 같은 이야기들이 참 많다. 하지만 그것도 세월의 흐름에 맡겨 흘러보낸 탓인가. 이제야 생각하니 그냥 이 세상에 한 여인으로서 태어나 살아간 이야기일 뿐 특별한 것이 아니구나 싶다.
다만 그 평범함에 꽂힌 고난들을 잘 견뎌 온 탓인지, 늦은 나이에도 지구촌을 고루 돌아볼 수 있었던 시간을 많이 가질 수 있었던 것은 참으로 내 인생의 멋진 보너스가 아닐 수 없었다고 하리라.
호사였다면 호사이리라.
대부분의 여행이 혈육의 정에 이끌려 지구촌을 돌게 된 것이지만 기회가 닿을 때마다 많은 곳을 찾아보고 돌아보면서 우물 안에서는 미처 생각해 보지 못했던 넓은 세상, 여러 민족들의 세상살이를 보고 느낄 수 있었다.
또한 부처님의 향기를 찾아 떠났던 여행들을 통해 신심을 북돋을 수도 있었기에 참으로 내 인생의 중요한 체험이었다고 하겠다.
여행과 순례에서 얻은 체험으로 하여 인간의 욕망이 얼마나 허망한 것인가를 깊이 느낄 수 있었고, 비로소 욕망의 껍질을 한 꺼풀 한

꺼풀 벗을 수 있었다. 그리고 진정으로 콸콸 쏟아져 내리는 수돗물처럼 번뇌들을 씻어 버리고 마음 깊은 곳에서 우러나오는 내면의 평화를 맛볼 수가 있었다.

사람이 생각할 수 있는 깊이는 무진장한 듯하다. 건전한 사상과 건강한 육체만이 참사랑의 원천이요, 근본이라 여겨진다. 가정과 이웃에 대한 사랑으로 충만한 아이들로 키우기 위해 심혈을 기울여 왔다.
허나, 여전히 무엇인가 나의 역할에 미진함이 있었던 것은 아닌가 하는 마음이 찾아와 자꾸 뒤를 돌아보게 된다. 이토록 충분히 나이 먹은 노인이 되었음에도 불구하고.
그러나 이제는 고달픈 삶과 애환의 줄기에 연연해하지 않고 그 모든 것을 아름다운 추억의 길로 묻어 두고 남겨 두련다. 그리고 그 감회 깊은 추억들을 내일을 다시 여는 연분홍 봄빛이 될 수 있도록 하루하루 건강을 다지며 살아가련다.

그래, 아무리 험한 길이라 하더라도 아직 나에게 주어진 길이 남아 있다면 열심을 내어 기쁜 마음으로 가리라. 부처님께서 주신 길이라고 생각하며 따뜻한 마음과 사랑을 감쌀 수 있는 마음을 키워 가며 저 높은 산 위에 오르리라.
무엇이 두려울까. 이제 무언가를 두려워할 나이는 이미 지나 버린 때인 것을. 마음 비우고 욕심 없이 기쁜 마음으로 모두를 사랑하며 가겠노라. 가다 보면 좋은 길이 나올 것이니 높은 산도 낮아지고 험한 고개도 가볍게 갈 수 있다고 믿으며 흥에 겨워 살리라.
이 모든 게 아직 못다 한 수행이려니 믿으며 즐겁게 기쁜 마음으로 남은 여생 살아가겠노라고 오늘도 거듭 다짐해 본다.

박종윤

여기 있구나

햇살이 유난히 눈부신 어느 날 아침, 약속 시간에 맞춰 가려고 바삐 서두르는데 내 허리춤 열쇠고리에 꽂혀 있어야 할 '승용차 열쇠'가 보이지 않았다. 그래서 신발을 신으면서 아내에게 빨리 좀 찾아 달라고 부탁을 했다. 아내는 큰방, 서재 등을 뛰어다니듯 찾아다니다가, 얼마 후에 그냥 오며 아무리 찾아도 보이지 않으니 나보고 다시 찾아보라는 것이다.

"없는데…."

허리춤을 보여 주는 나를 물끄러미 바라보던 아내가 크게 웃으며 "왼손에 들고 있는 물건이 퍽 낯익은 것 같네요." 하기에 얼른 쳐다보니 열쇠가 쥐어져 있지 않는가. 무안하여 얼른 "내가 찾았구만." 하고 바삐 밖으로 나왔다. 옛날이야기에서나 나옴직한 일이 간혹 내 현실에 일어나니 '나도 인간 퇴물에 가까워지는구나.' 하고 중얼거리며 매우 씁쓸한 마음으로 외출했다.

손에 열쇠를 쥐고서 한참 동안 찾다가 손에 들려 있는 것을 발견하고 '여기 있구나.' 하면 '건망증'이라 하고, 찾은 후에 이것을 '어디에다 쓰더라.' 하면 '치매'라고 한단다. 그렇다면, 나는 치매의 경지까지는 아직 가지 않았음을 퍽 다행으로 생각한다.

요사이는 왜 이런 건망증이 자주 일어나는지 나도 모르겠다. 오랜 친구나 지난날의 동료, 제자를 만났을 때도 이름이 입 속에서는 뱅뱅 도는데 막상 입 밖으로는 나오지 않는다. 언젠가는 길거리에서 전에 함께 근무했던 절친한 분을 오랜만에 만났는데 이름이 잘 떠오르지 않았다. 그래서 "반갑습니다. 박 선생님인데…, 성함이…."라고 하자 "벌써 나를 잊었느냐."고 하며 매우 서운해하였다. 바로 집에 와서 주소록을 보고 확인한 후에, "죄송하다."고 전화를 한 일이 있다. 그 후 '무엇이 나를 그분에게 죄송하게 만들었나.' 내 자신에게 씁쓸한 질문을 던지기도 했었다. 세수할 때 시계를 풀러 놓고 이 방 저 방 왔다 갔다 하며 찾는 일, 안경, 휴대전화 찾는 일, TV 리모콘 찾기 등 하루 일과 중에서 찾는 회수가 잦아지고 있다. 이렇게 요사이는 크고 작은 기억력 감퇴를 스스로 느낄 수 있어 나를 우울하게 한다.

40세를 지날 무렵이면 건망증이 나타나기 시작해서 "저 사람 얼굴은 알겠는데, 이름이 뭐더라?"고 갸웃거리게 된다. 45세쯤 되면 출근할 때 아내가 우체통에 넣어 달라고 준 편지를 도로 갖고 돌아오기가 예사다. 50세쯤 되면 '회사에 가서 아무개한테 전화해야지.'라고 생각했다가도, 나중에는 전화를 했는지 안 했는지 긴가민가해진다. 55세쯤 되면 시계를 손에 들고서도 어디 있나 두리번거리고, 60세가 되면 "요즘 내가 건망증이 심해서…."하고, 양해를 구하게 된다는 이야기가 있다. 이 얘기를 듣고서, 나의 건망증이 나이에 따른 자연스런 현상으로 생각되어 조금은 위로가 되었다.

나이가 들면 뇌의 기능은 떨어지는데, 세상사의 많은 복잡한 것을 처리하기에는 역부족力不足이기에 단기 기억장애 혹은 뇌의 일시적인 검색장애를 보인다고 한다. 이는 기능이 약해진 뇌에 무리를 주지 않게 하기 위한 신神의 배려라고 생각된다. 그래서 늙었다고 한탄하기에 앞서 이를 자연스럽게 받아들이고, 이를 보완하는 방법을 강구해야 하지 않을까.

우리 집 달력은 온통 붉은 글씨, 혹은 진한 사인펜으로 행사 계획, 애경사, 약속 시간 등이 빽빽이 적혀 있다. 나는 이런 메모로 내 건망증을 보완하며 생활하고 있다. 잡동사니가 그득한 책상 서랍 속을 잘 정리해 놓으면 쉽게 물건을 찾을 수 있듯이, 실타래처럼 뒤엉킨 복잡한 머릿속을 한 가닥으로 단순화시킨다면 쉽게 기억해 낼 수 있으리라 생각된다. 따라서 잡념이 들어올 틈바구니를 주지 않고, 오직 곧게 자기가 하는 일에 온 마음을 쏟는다면 어느 정도 건망증을 줄이지 않을까.

프랑스의 의학자 드망쥬는 "뇌의 나이가 그 사람의 나이다."라고 하였다. 나이가 들면 기억력은 쇠퇴하지만 판단력, 종합력, 이해력 따위는 경험에 의해서 갈수록 충실해진다. 사람이 나이가 들어감에 따라 인격이 다듬어지고, 성숙해지고, 노련해지는 것은 뇌의 작용이다. 따라서 자기 삶에 충실하다면 뇌는 오랫동안 건강하리라. 수년 전에 타계한 최태영 박사는 70대는 나의 한창 때였으며, 나이가 늙었다고 느낀 것은 아흔이 넘어서였다고 술회述懷했다. 102세에 『한국고대사』를 집필하고, 105세에 "나의 죽음을 남에게 알리지 마라." 하고 조용히 눈을 감았다고 한다.

'천수天壽를 다 누린 그분의 건망증은 어느 정도였을까.' 잠시 생각에 잠겨 본다.

박종철

수필작가의 시대정신

 문학은 시대의 산물이자 증인이다.
 그 시대의 정신이며 정서다. 작가의 의식 속에는 사회상에 대한 식견과 통찰과 비평정신이 깃들어 있어야 한다. 작품이 일상의 사소한 생활 이야기나 서정성에만 안주한다면 문학의 본질을 약화시키고 독자로부터 외면받게 될 것이다.
 세상에서 일어나고 있는 숱한 문제점과 사건들, 정치, 경제, 종교, 환경, 문화 등이 갈등하고 충돌하는데도 애써 외면하고 방관하는 태도는 작가의 양심을 저버리는 행위다. 최근 수필문단에 많은 수필작가가 등장하고 수많은 작품들이 쏟아져 나오지만 정작 시대의 문제점을 지적하고 개선하여 아픔을 치유하려는 작품은 만나기 어렵다.
 에드워드 뉴턴은 에세이는 끊임없이 번쩍이는 사상, 한결같이 웅변적인 문체, 꿰뚫어 보는 통찰의 눈이 있어야 한다고 밝혔다. 수필가는 체험과 사실 묘사에만 사로잡히지 말고 입체적인 시각으로 사물에 대한 통찰력을 지녀야 한다.

 한국 사회는 갈등과 분열의 전시장을 방불케 한다. 공격과 비방을 일삼고 신뢰와 치유의 기능을 상실한 위기 상황이다. 선동, 편 가르기, 적개심, 불법의 광기 등 사회 혼란을 부추기며 국가의 정체성을 잃어 가고 있다.

 민주주의는 허울뿐 넘치고 처져서 그 가치를 상실한 지 오래다. 사회 정의는 곤두박질치고 불법이 판치는 세상이 되었다. 조상은 부관참시를 당하고 양심가는 매도되어 물에 빠진 생쥐처럼 초라하게 되었다.

 역사란 수레바퀴는 진흙탕에 빠져 허우적거리고 정의와 진리가 설 자리를 잃었다. 이조 시대의 당쟁을 어찌 그리도 빼닮았는지 한마디로 개판이고 난장판이다. 역사를 올바로 세우지 못하고 지도자를 기르지 못하는 나라는 미래가 없다. 슬픈 역사의 주인공이 될 뿐이다. 그래서 오늘이 불안하고 내일이 두렵다.

 포크너는 문학은 인간이 어떻게 극복하고 살아가는가를 가르친다고 하였다. 문학은 시대의 거울이요, 대변자다. 사회의 불안을 걸러 주고 신선한 바람을 일으켜 주는 메신저 역할을 담당해야 한다.

 수필은 예술의 경계를 넘나들 수 있는 통합 문학이다. 수필이야말로 금세기의 혼돈을 치유할 수 있는 예술이다. 수필의 영역을 넓히기 위해 몇 가지 제안을 한다.

 칼럼수필을 쓰자. 시사수필은 현장에서 일어나고 있는 사건을 다루기 때문에 독자와의 접근성이 용이하고 논리적인 비평을 곁들이고 있어 대중과의 소통과 공감대를 형성할 수 있는 장점을 지니고 있다. 사실적이고 구체적이며 합리적이기 때문에 설득력이 강하여 이성적인 판단을 유도할 수 있다.

예를 든다면 모 일간지 김광일 논설위원은 명 칼럼리스트이다. 그의 칼럼은 사건의 문제점을 지성적으로 통찰·해부하여 해결의 실마리를 제시해 준다. 비평에 문학성을 가미하고 있어 높은 경지의 수필 세계를 구축하고 있다. 그의 글에는 흡인력이 있고 포용력이 있어 널리 읽히고 있는 칼럼수필의 전범이라고 할 수 있겠다.

차제에 서구 에세이의 개념을 전폭 수용할 필요가 있다. 논리적이고 이성적인 서구 에세이의 이식이 필요하지 않을까. 사회 비평정신이야말로 수필이 추구해야 할 대안이기도 하다.

단수필의 시도가 한 방법이다. 이미 수필문학사에서 단수필을 연재하고 있어 단수필의 의미가 많이 전파된 상태다. 《수필문학》에서 계속 발표하고 있는 조정제, 원준연 작가의 단수필을 주목해 볼 필요가 있다.

혼탁한 영상매체의 굴레에서 벗어나기 위해 문체의 혁신이 요구되는 때이기도 하다. 단수필은 인터넷에 매몰되어 있는 젊은 세대들을 올바른 정신세계로 이끌 수 있는 한 가지의 방안이 될 수 있다. 짧은 시간 큰 울림을 전달할 수 있는 장점을 지니고 있기 때문이다. 쪽지수필은 시적 감성과 웅변적인 호소력과 경구적인 자극제를 두루 지니고 있어 개척해야 할 분야다.

동수필을 권장해 본다. 체험, 흥미, 재미를 소재로 삼아 청소년 세계를 파고든다면 충분히 매력적인 수필이 될 수 있다. 청소년들의 흔들리는 정서를 순화시켜 주고 스마트폰에서 해방시켜 줄 수 있는 한 방법이 되지 않을까. 동수필은 동화적이고 친화적인 화술을 동원하여 청소년들에게 인성을 길러 주고 꿈을 심어 줄 수 있는 정신 교육의 한 방법이 될 수도 있다. 한국 어머니들의 교육열이 식지 않는 한 동수필 시장의 확보는 무난할 것이며 환영받을 수 있는 수필로 자리매김할 수 있을 것이다.

　김우종 평론가는 수필은 시나 소설과 달리 빈틈없는 명석한 논리를 생명으로 삼고 매력으로 삼는 산문 예술이라고 하였다.

　수필 시대의 부름에 답하기 위해 칼럼수필, 단수필, 동수필 등을 개척하여 수필 세계의 지평을 넓혀 가야 할 것이다. 수필 속에는 문드러지지 않는 사상의 뼈대가 세워져야 하고 뜨거운 피가 흘러야 한다. 수필작가는 깨어 있는 시대정신으로 정의를 옹호하고 진리를 지키기 위해 혼신의 힘을 다하여 수필 창작의 문을 계속 열어 나가야 할 것이다.

박지연

1달러의 기적

지난 2011년 사업보고서 분석이 나왔다.

10대 그룹 상장사 81곳 가운데 금융 계열사를 제외한 직원의 평균 연봉이 가장 높은 곳이 눈에 띄었다. 평균 연봉이 가장 높은 곳은 현대자동차가 1위로 평균 8,900만 원을 받는 것으로 나타났다. 이는 작년 대비 11.2% 증가한 액수였다. 다음은 기아자동차 연봉도 작년 대비 2.4% 늘어난 8,400만 원이었고 현대모비스도 13.6% 오른 8,300만 원을 기록하여 2011년 평균 연봉은 1위에서 3위까지 모두 현대차 그룹에서 차지했다.

현대자동차와 내가 탔던 기아자동차는 나를 설레게 했던 회사들이다. 2009년과 2010년 미국 오하이오 주 수도 콜럼버스에 있는 막내네 집에 머물러 있었던 일이 떠올랐고 2013년과 2014년에 갔을 때도 여전했다.

우리 막내는 대학을 나와 전공을 바꾸어 1995년 오하이오 주의 주립대에서 공부할 때 한국은 1997년 IMF 구제금융을 받는 어려운 시기였다. 떠날 때 800원대였던 환율이 1,960원으로 무려 2배 이상 올라 많은 유학생이 귀국할 수밖에 없었지만 막내는 중도에 포기치 않고 피나는 노력으로 의과대학을 마칠 수 있었다.

졸업 후 공군 조종사인 사위와 오키나와에서 3년의 임기를 마치고 병원이 있는 콜럼버스에서 둥지를 마련하고 엄마를 초대한 것이다. 그들은 나를 위해 캐나다의 관광과 나이아가라까지 구경시키고 귀국길에 그간 어려움을 이기고 공부하며 정들었던 털리도를 나에게 보여 주기 위해 둘러보게 하였다. 사위와 같이 스터디하던 도서관, 공학관, 법학관, 기숙사며 의과대학까지 들렀다. 인내심으로 이뤄낸 막내가 대견하여 나는 벅차오르는 감동에 찼다. 막내를 도와 준 미국의 대학에 한없는 감사를 드리며 하염없는 눈물이 볼을 타고 흘러내린 적이 있었다. 우리 아이를 길러낸 오하이오의 이 도시를 나는 한시도 잊을 수 없었다. 더구나 아이의 후배가 현대모비스에서 근무한다는 소리를 듣고 더욱 정겹게 그곳을 지나갈 수 있었다.

콜럼버스의 시내를 오가면 낮이면 낮대로 밤이면 혼다, 닛산, 토요타의 간판과 나란히 광고 조명등이 까만 밤하늘에 높이 반짝반짝 별처럼 한글도 선명하게 빛나 현대자동차와 기아자동차의 불빛이 내 시선을 잡아 가슴 뜨겁게 한국인의 자부심을 드높여 주었다. 큰 도로에는 늘 현대자동차와 기아자동차가 빠르게 질주하는 모습을 쉽게 볼 수 있어 가슴이 뿌듯했다. 아— 미국 동북부 이곳까지 우리의 자랑스러운 브랜드 현대자동차를 만나다니 마치 친척을 만난 듯 반갑기 그지없었다.

최근 미국 경기가 봄바람에 조금씩 살아나며 현대자동차의 3월 판매고도 사상 최고인 점유율 9%를 탈환했다는 소식이다. 글로벌 금융 위기 이후 얼어붙었던 소비 심리가 조금씩 풀리며 자동차 판매량이 전반적으로 늘어나 보인다. 막내 시어머님도 옵티마를 타고 있었다. 국내에서는 K5의 이름인 기아차 옵티마의 인기도가 높아 30.2% 늘어난 5만 7,505대는 미국 진출 후 처음이다. 현대자동차는 12.7% 늘어나 6만 9,728대로 두 회사는 총 12만 7,233대가 팔려 월간 기준 사상 최대 실적을 올렸다.

미국의 3대 자동차업체인 GM과 포드와 더불어 크라이슬러가 살아난 것도 자세히 보면 현대모비스 덕분이다. 지난 2006년 원가 절감을 위해 크라이슬러 그룹의 경영진이 화성 모비스 모듈 공장을 방문했을 때 품질의 높은 수준에 놀라 현대모비스에게 미국에서 투자할 것을 간청했다. 크라이슬러는 그 당시 공장 부지 3만 8,372m^2를 기가 막힌 1달러에 임대한다는 놀라운 조건도 제시했다. 그야말로 무료로 땅을 제공해 가며 모비스를 유치하겠다는 다급하고 확실한 요청이었다.

오하이오 주 털리도에 온 현대모비스는 크라이슬러의 기대에 부응해 2011년 16만 5,000대분 모듈을 공급하며 2009년 대비 두 배 이상 성장했다. 바로 지난해 오하이오 모비스의 매출은 8억 5,000만 달러로 상승했고 앞으로 곧 10억 달러를 달성하리라는 시점에 와 있다. 오하이오 털리도에 자리한 모비스 공장은 크라이슬러의 주력차인 '지프 랭글러'의 부품인 '컴플리트 섀시(Complete chassis)'를 1시간당 40대를 생산한다. 이 컴플리트 섀시는 차의 뼈대를 이루는 섀시 프레임에 엔진, 변속기, 브레이크, 핸들, 서스펜션 등 300여 가지 부품을 정착시키는 모듈이다. 사실상 바퀴와 뚜껑을 뺀 모듈을 컨베

이어 벨트로 바로 옆에 있는 크라이슬러 조립공장으로 옮겨지는 이 시스템으로 크라이슬러는 물류비를 크게 절감할 수 있다.

우리 현대모비스가 생산한 '지프 랭글러'는 경기 회복과 함께 레저용 차량 수요 증가로 불티나게 팔리고 있다. 이러한 주력 차종의 인기로 크라이슬러 판매량은 전년 대비 34.2%나 증가해 GM과 포드에 이어 크라이슬러의 부활이 눈부신 것도 바로 현대모비스와 잘 맞아 떨어진 협력 관계 덕분이다. 이럴수록 오하이오 모비스 공장은 품질 관리 수준도 엄격하기로 정평이 나 있어 현대모비스는 글로벌 부품업체로서 위상을 제대로 정립하고 있다. 현대모비스는 오하이오 털리도뿐 아니라 미시간 주 디트로이트 공장도 있어 지난해 이명박 대통령이 방미 시 격려한 바 있다.

1달러의 기적은 미국 자동차 크라이슬러의 활기찬 부활뿐 아니라 부품 생산공장으로 우뚝 선 현대모비스의 기적이다. 현재 남미 시장의 공략으로 브라질에 모비스 공장을 건설 중이라니 이제 남미에도 기적을 이룰 것이다. 국내에서는 FTA 발효 이후 외국에서 선전하는 현대자동차와 기아자동차의 덕분에 직원들의 연봉이 국내 최고 수준이라니 자랑스럽다.

또 한국기업평가사가 기아자동차와 현대모비스의 신용 등급을 상향 조정하여 현대자동차와 같게 되었다. 그간 현대모비스의 빠른 성장으로 수익성과 영업채산성이 큰 폭의 흑자로 돌아섰고 올여름에도 주문량이 밀려 휴가도 반납한다는 현대모비스의 기쁜 소식은 이역만리 고국에 뜻 깊은 낭보가 아닐 수 없다. 수출로 사는 우리에게 현대모비스는 희망이요, 자랑스러워 가슴 벅찬 박수를 보낸다.

박찬홍

김동길 교수의 일담을 듣고

2014년 3월 19일 06시 50분경, TV를 켜니 채널 19번에서 방송되고 있는 김동길 교수와 김동건 아나운서와 가수 조영남이 대담하는 '낭만 논객' 시간이었다. 김동길 교수는 박정희 대통령 시에도 안기부에 끌려가 고초를 당했고 전두환 대통령 시에도 끌려가 고초를 당했지만 지금 와서 그들을 욕하지 않는다는 것이다.

비록 나 자신은 고초를 겪었지만 그들이 있었기에 세계 최빈국에서 10대 경제 대국이 되지 않았냐면서, 박정희 대통령의 집념이 경제적인 기반을 다져 놓았고, 그 바탕 위에서 전두환 대통령의 카리스마가 한강의 기적을 이룰 수 있었다는 것이다.

요즈음 전두환 대통령이 추징금 환수 문제로 온 국민들의 지탄을 받고 있지만 그에게도 공과는 있기 마련인데, 공은 완전히 감추어지고 과만 가지고 난리를 피운다는 것이다. 전두환 대통령의 공을 보면 단군 이래 처음으로 무역수지 흑자를 기록했고 88올림픽을 유치해 온 세상에 대한민국의 위상을 알리지 않았냐면서, 그 당시에 있었던 일화를 소개했다.

전두환 대통령 재임 시절 형무소에서 형을 살고 나온 얼마 뒤에 청와대로 초청이 되어 들어갔더니 풍성하게 차린 저녁 밥상에 자기만을 초청하였더라는 것이다. 대통령과 이순자 여사와 셋이서 식사를 마친 후 대담 중에 "김 교수님 집 냉면이 아주 맛이 있다던데요." 운을 떼길래 초청하겠다는 약속을 한 다음, 날짜를 잡아 통보를 하니 50인이 오겠다는 연락이 와 부수 인력까지 100인분을 준비했는데, 전두환 대통령 혼자서 사리 3인분을 맛있게 들더라는 것이다.

냉면이 끝나고 후식으로 빈대떡을 내오니 빈대떡까지 맛있게 드시고 우리 집사람 주겠다면서 남은 것이 있으면 좀 싸 달라고 해 싸 주었다면서, 전두환 대통령의 소탈한 성격을 소개한 후 김영삼 대통령 시절에 겪은 이야기도 한 토막도 곁들였다.

김영삼 대통령의 초청을 받고 청와대로 들어가 칼국수 한 그릇을 얻어먹고 있는데 "나는 부정한 돈을 한 푼도 받은 바 없다."고 하더라는 것이다. 그 말을 듣는 순간 아들이 받은 돈은 부정한 돈이 아니냐고 묻고 싶었지만 칼국수 한 그릇 얻어먹는 죄로 아무 소리 못하고 나왔다면서, 내가 깨끗해야 남도 나무랄 수 있다는 의미심장한 말을 했다.

그러면서 그는 요즈음 돌아가는 세태를 걱정하면서, 자기는 과거에 받은 억울한 죄과에 대해 재심再審을 청구하지 않는다는 것이다. 그 당시는 그 당시의 법에 위배되었기 때문에 형을 살았지, 법이 바뀌었다고 이미 살고 나온 이상 돈 몇 푼 받기 위해 그런 짓 안 한다고 하는 말에 공감이 갔다.

맞는 말이다. 법이란 그때그때의 여건에 따라 변하는 것인데, 법이 바뀌었다고 그때의 범죄가 지금에 와서는 죄가 되지 않는다면, 그 당시 법을 만든 국회의원들이나 그 법으로 판결한 판검사들이 역으로 범죄자가 된다는 말이 아닌가.

실제로 그러한 사례가 너무도 많은 것 같다. 과거에는 국가보안법이나 집시법 위반으로 형을 받은 사람들이 재심을 통해 민주 투사로 변신되어 국가의 유공자가 되고 또 금전적 보상을 받은 사람들이 얼마나 많은가.

그뿐만이 아니라는 것이다. 요즈음 국회의원들을 보면 너무나 한심하다면서, 싸움을 하려면 국회의사당 안에서 해야지 툭하면 밖으로 뛰쳐나가 볼썽사나운 꼴을 보이면서 불안한 사회를 조성하는 것은 시정되어야 할 문제라는 말은 시의적절한 말이었다.

사실이 그런 것 같다. 누적된 민생 법안은 처리하지 않고 반대를 위한 반대뿐만이 아니라 시민들을 선동해 제2의 광우병 촛불 집회를 유도하기 위해 별짓을 다 해 보지만, 이제는 시민들이 호락호락 넘어가지 않는 명분 없는 짓들을 하고 있으니 말이다.

김동길 교수는 과거 젊었을 시절에는 진보적 논객이었는데 나이가 들어서인지, 아니면 사고가 바뀌어서인지 보수 논객이 되고 말았다. 어쩌면 그것이 올바른 사고인지도 모른다. 젊었을 적에는 욱하는 마음에 남들이 하니까 따라 할 수도 있고 학생들에게 인기를 끌기 위한 수단일 수도 있었겠지만 노년에 들어 유유자적悠悠自適할 시기에 자기의 양심을 속이겠는가.

이 세상에는 어떠한 물체든 음陰, 양陽이 있기 마련이다. 인간이 신이 아닌 이상 공과功過인들 어찌 없겠는가. 그런데 사람들은 자기의 허물은 생각지 못하고 남의 허물만 붙들고 늘어지는 악습을 가지고 있는 것 같다. 하지만 그것도 젊어서이지 노년에 들면 모든 것을 내려놓고 바른 양심으로 돌아가야 한다. 참은 참이고 거짓은 거짓이기에 말이다.

　노 교수의 구수한 담소를 들으면서 나도 한번 과거를 돌이켜 본다.

박춘석

주례사主禮辭 유감有感

내가 예식장에서 주례사를 한 것이 지금까지 무려 520여 쌍에 이른다. 다른 사람에 비하면 좀 많은 편인지도 모른다. 하지만 언젠가 모 일간신문에서 본 기억이 나는데, 모인이 700여 회 이상 주례사를 했다는 기사를 읽은 적이 있다. 이에 비하면 결코 많은 편은 아닌데, 내가 처음 주례사를 한 것은 고등학교 교감을 하던 때이다.

본인이 주례사를 하리라곤 꿈에서도 생각해 본 적이 없다. 주례사하기 전의 예식장에서 주례사를 하는 사례는 여러 번 보았지만, 이들은 한결같이 신혼부부에게 행복을 심어 주는 주옥같은 주례사였다. 구구절절이 감동을 주고 하객들도 이에 동감하여 우레 같은 박수를 보낼 때면, 장내는 행복의 물결이 넘쳐흐르고 이에 주인공은 흡족한 미소를 머금은 채 주례사를 경청하고 있음을 흔히 보곤 하였다.

그런데 나는 둔재여서 대중을 사로잡을 언변이 없고, 특히 신랑 신부에게 미래의 행복을 설계하여 주고, 그 설계도에서 화목과 평화를 누리며 아름다운 행복의 열매를 수확하는 복된 가정을 일구어 나가라는 미사여구를 표현할 재간이 없기 때문에, 혹여 주례사의 부탁이 있어도 단호히 거절할 수밖에 없었다.

그런데 어느 날 교감을 하고 있을 때, 나의 이웃 아주머니께서 큰아들이 이번에 결혼하게 되었는데, 교감 선생님께서 주례사를 하여 달라는 부탁을 나의 안사람을 통하여 들어온 것이다.

다음 날 다시 찾아온 아주머니께 "저는 지금까지 주례를 서 본 적이 없을 뿐만 아니라, 저는 자격 미달입이다. 새로 출발하는 신혼부부에게 행복하고 아름다운 이야기를 해주어야 하는데, 전 구변이 없어 주례사를 할 수 없습니다." 하고 정중히 사절하였다.

그런데 다음 날 아주머니와 예비 신랑까지 다시 찾아와서 "교감 선생님이 주례사를 안 해주시면 저는 결혼할 수 없습니다. 결혼 못 해도 좋은가요?" "아주머니 저의 입장도 좀 이해하여 주십시오. 일생에 한 번밖에 없는 인륜대사의 좋은 일에 자격이 없는 사람이 어떻게 할 수 있겠어요. 그 대신 제가 훌륭한 주례 선생님을 소개하여 드리겠습니다. 저의 학교 교장 선생님을 소개하여 드리겠습니다."

그런데 한사코 나보고 서 달라는 것이었다. 정말 난감하여 막막하기 짝이 없었다. "아주머니 그러면 집사람과 다시 상의하여 가부간 내일까지 말씀드리겠습니다." 하니 "그러면 교감 선생님이 주례사를 하여주시는 것으로 믿고 돌아가겠습니다." 하고 돌아가기에 후유 하고 한숨을 내쉬며 차 한 잔을 마시고 나서 아내와 상의하였다.

"저렇게 모자가 와서 졸라 대니 어떻게 하겠어요. 주례사를 안 해 주면 결혼을 못 한다느니, 교장 선생님을 소개해 드린다 해도 막무가내며 교감 선생님이 서 달라고 하니, 가까운 이웃을 너무 거절한다는 것도 그리 모양새 좋은 일이 아닌 것 같아요. 당신이 안 해보셔서 어려웁겠지만 제 생각엔 잘하실 것 같으니 승낙하세요."라고 말하니 정말 안 할 수도 없고, 할 수도 없으니 이럴 땐 어떤 묘수가 없을까…. 하는 수 없이 아내의 말을 따르기로 하였다.

  이것이 내가 주례사를 하기 시작한 첫걸음이었다. 주례사를 하기로 결심을 하고 나니, 마음이 무거워짐을 느끼지 않을 수 없었다. 새롭게 출발하는 신혼부부에게 좋은 덕담을 많이 해줘야 그들이 일생을 살아가다 뜻하지 않은 어려운 고비를 만났을 때, 결혼식을 연상하며 하나씩 하나씩 꺼내 쓰도록 해줘야 하는데…. 에라 모르겠다. 여하간 좋은 단어들을 많이 나열하여 구사하도록 하자. 행복, 사랑, 건강, 화목 등을 열거하여 신혼부부에게 감명을 주고 하객들의 동감을 얻는 쪽으로 주례사를 하기로 결심을 굳히었다. 그 후 10일 뒤에 예식장을 찾았다.

  우선 어수선한 장내를 엄숙하고 관중들의 분위기를 고요 속으로 유도하기 위해선 신랑 신부의 이름을 인용하여 3·4조의 정형시를 짓기로 하고 관중들로부터 운자를 띄우도록 하여 시작詩作을 알리었다.

    우선 신랑부터 하겠습니다. 신랑!
      김!→ 김씨의 문중에서 귀엽게 태어나서
      세!→ 세상을 밝게 하여 행복을 누려 가며
      일!→ 일생을 변함없이 영원히 살고 파라
    다음은 신부의 운자를 띄워 주세요.
      이!→ 이렇게 좋은 날에 하객을 모시고서
      행!→ 행복을 약속하는 기쁨을 맞이하니
      자!→ 자신의 아름다운 미래가 보이도다

이렇게 식장의 분위기를 정숙시킨 다음 주례사에 들어갔다.

결혼이란 인생의 가장 어려운 시험이라 했습니다. 이 시험에 합격하기 위해선 부부가 다 함께 부단한 노력과 창조적인 연구를 쌓아 나가야 합니다. 행복이란 어느 날 누가 선물로 가져다주는 것도 아니요, 또는 자고 나면 하늘에서 떨어지는 것도 아닙니다. 이같이 행복이란 쉽게 얻어지는 것이 아닙니다.

행복은 꾸준한 노력과 지혜와 믿음과 용기로 쟁취해야 하는 인생 최고의 가치요, 정성과 피땀으로 구축해야 하는 공든 탑입니다. 행복한 결혼생활은 부단한 노력과 지혜를 필요로 하는 것입니다. 그러므로 이 행복을 구축하기 위해선 신랑과 신부가, 즉 남편과 아내가 주어진 자기 위치에서 자신의 임무를 충실히 이행해야 합니다.

부부가 한 가정을 이루어 행복하게 살아가려면 여러 행복의 조건을 갖추어야 합니다. 지난날 우리 선인들은 오복이란 말을 자주 썼습니다.

오복이란 1. 수壽, 2. 부富, 3. 강녕康寧, 4. 유호덕攸好德, 5. 고종명考終命입니다. 그러나 오늘날 이 오복을 다 갖추고 살아가는 사람은 흔치 않습니다.

그러므로 저는 현대적 조건으로 우선 건강과 경제력, 자녀 등에 관하여 말하고자 합니다.

인생살이에서 무엇보다도 가장 중요한 것은 건강입니다. 이 건강을 잃으면 모든 것을 다 잃게 되는 것입니다. 건강은 인생의 행복을 구축하는 토대가 되는 것이고, 또 행복의 꽃을 가꿀 수 있는 인생의 밭이 되는 것입니다. 건강이란 이 평범한 재산은 인생을 아름답게 가꾸어 주는 행복의 밭입니다. 그러므로 항상 건강 관리에 힘써야 합니다.

다음은 경제력에 대하여 말씀드리겠습니다. 지나친 물질주의는 금물이지만, 보통 사람이 살아가는 데 필요한 경제력을 말합니다. 의식주를 해결하고 자녀 교육에 소요되는 경제력이 필요합니다.

끝으로 자녀에 대해 말씀드리고자 합니다. 자녀는 결혼한 부부의 기쁨의 원천이요, 미래의 목적이라 했습니다. 그러므로 자기 능력에 알맞은 적당한 자녀를 두어 교육하고 육성시켜 미래의 국가 일꾼으로 배출시켜야 할 의무가 있는 것입니다.

이와 같이 저는 건강, 경제력, 자녀 등에 역점을 두고 말씀드린 것입니다.

성격과 취미와 학력과 사고방식을 달리하는 두 청춘 남녀가 화합하여 사랑과 조화와 행복을 가꾸어 나간다고 하는 것은 결코 쉬운 일이 아닙니다. 부부는 항상 부단한 노력과 창조적인 지혜와 이해와 양보로써, 사랑의 밭을 일구어 나가야 하는 것입니다.

남자는 일에 살고 여자는 애정에 산다고 했습니다. 남자는 자신의 개성과 능력을 마음껏 발휘할 수 있는 일자리를 찾았을 때 최대의 보람을 느끼고, 여자는 향기로운 애정의 꽃이 만발하는 가정을 이루었을 때, 최대의 행복과 보람을 느낀다고 하였습니다.

마지막으로 근세 조선 인조대왕 때의 무신이자 시인이었던 박인로의 고시조 한 편을 낭독하고 마치겠습니다.

사람 내실 적에 부부 함께 생겼으니
천정배필이라 부부같이 중할소냐
백년을 하루같이 여고슬금 하여라

오늘의 주인공인 신랑 김세일 군과 신부 이행자 양은 가장 현대적이고 이상적인 한 쌍의 부부가 되시기를 간곡히 바라면서 이상 주례사를 마치겠습니다.

이상이 나의 첫 주례사이다. 주례사를 마치고 나니 장내서 우렁찬 박수소리가 들려왔지만, 나는 진땀이 흐르고 얼떨떨해졌다.

이 주례사가 계기가 되어 교장이 된 후엔 하루에도 4, 5건의 주례사 부탁이 들어올 때도 있었으나, 시간이 중첩되어 다 들어줄 수는 없지만, 오전 오후의 한 시간 간격으로 하루 세 쌍의 주례사를 한 적도 있었다. 일반인을 비롯하여 학교 직원, 졸업생에 이르기까지 전국 각지의 대도시는 물론이고, 심지어 외국(일본, 대만)까지 가서 주례사를 하기도 하였다.

본교 졸업생이 외국에 진출하여 그곳서 결혼하는데, 주례사를 하여 달라고 왕복 비행기표를 사서 보내 오니, 이리 맹랑한 일이 어디 있단 말인가. 갈 수도 없고 안 갈 수도 없으니 말이다. 일본, 대만을 가 보지 않았다면 호기심에서라도 핑계대고 얼싸 좋다 하며 가고 싶겠지만, 나는 일본에서 신물 날 정도로 살았고, 대만도 수없이 다녔는데 선뜻 가겠다는 말이 나오지 않았으나, 비행기표까지 사서 보내는 갸륵한 성의를 무시할 수도 없으니…. 왜 이런 일이 생기는가. 학교장이 매년 졸업반 3학년에게 한 번 이상 특강을 하는데, 여러분들이 학교를 졸업하고 나가 사회생활을 하다 결혼 적령기가 되면 좋은 커플을 만나 결혼을 할 터인데, 내가 주례사를 하여줄 테니 지금 예약을 하지 않으면 안 된다는 말을 농담으로 하였다. 순진한 여고생이 액면 그대로 받아들이고는 졸라 대니 달리 변명의 여지가 없으므로 '말이 씨가 된다'는 것을 실감하게 되는 것이다.

나의 주례사에는 세 가지 유형이 있는데, 그것은 A, B, C급으로 나눈다. A급은 대졸 이상의 신랑 신부가 대상이고, B급은 고졸자의 신랑 신부가 대상이며, C급은 고졸 이하의 신랑 신부가 그 대상이다.

  대부분 A급이 많은데 주례사를 마치고 나면, 뒤로 조용히 찾아오는 인사가 있는데 미안하지만 그 주례사의 내용을 알려 달라고 하는가 하면 또 어떤 이는 열심히 기록하기도 한다. 주례를 오래 또는 많이 하다 보니, 여러 가지 괴이한 일들이 일어나곤 한다. 어느 때는 주례사 중에 신부가 갑자기 쓰러지는 일이 생기는가 하면, 느닷없이 4, 5명의 건장한 청년들이 주례자 앞으로 다가와서 신부를 납치해 가는 비인륜적인 사태가 벌어지는 일도 겪곤 하였다. 제한된 지면 관계로 더 언급할 수 없으니 이를 유감으로 생각하며 여기서 마치기로 한다.

박춘자

컬렉터가 되는 길

 컬렉터란 그림이나 골동품 또는 여러 가지 애장품을 수집하여 즐기는 사람들을 일컫는 말이다. 수집은 거창한 재벌가나 사회적 명예를 누리는 사람만이 뜻을 세워 시작되는 것이 아니다. 무엇보다 작품에 대한 사랑과 애착을 바탕으로 꾸준히 수집하여야 한다. 세월이 가고 계절이 바뀌듯이 시대적으로 자연스럽게 관심을 가지고 지켜보는 것이 컬렉터가 되는 지름길이다. 컬렉터는 투자 가치에서 시작되는 것이 아니다. 물건의 예술적인 가치를 인정하고 그것을 만든 예술인의 개성과 정신세계를 아름답게 느끼면 된다. 그 대상을 통해 자연스럽게 감성을 불러온다. 즉 작품과 나의 심상의 밑바닥에 깔린 예술적인 충동을 불러일으키는 작품을 만났을 때 구매욕을 일으키게 된다. 그러기까지는 많은 작품을 감상하러 박물관이나 미술관, 또는 상설 화랑과 전시장을 찾아야 한다. 물론 가장 중요한 것이 경제적인 뒷받침이 있어야 가능할 것이다. 그러나 대부분 컬렉터를 보면 사람이 살아가는 데 필수적인 것을 제외하고 나머지 경제력으로 작품 구입에 열정을 쏟는 것을 볼 수 있다.

간송 전형필 선생은 선대로부터 물려받은 땅을 처분해서 문화재급 작품을 사 모았다. 우리의 소중한 문화재가 외국으로 팔려 가는 것을 안타깝게 여기고 선생의 재산을 모두 고미술품 수집에 바쳤다고 한다. 그 결과 개인의 소장품에 그치는 것이 아니다. 미술관으로서 우리와 함께 공유할 수 있는 역사가 이루어지고 있어 감동적이다. 그러나 반드시 문화재가 될 수 있는 것만이 수집의 가치가 있는 것은 아니다. 컬렉터가 되어 있을 때는 이미 수년이란 세월이 흘렀고, 작품 수를 합치면 투자한 돈이 꽤 많은 액수에 이르게 된다. 그러는 동안 계절과 분위기에 맞추어 안방의 벽면이나 거실 벽에 걸어 놓고 온 가족이 감상하게 된다. 사랑하는 분신과도 같은 작품은 쏟은 열정만큼 가정을 따뜻하게 하고, 그로 인해 밝은 생활을 하게 된다.

내 집을 방문한 손님들도 자연스럽게 그림이나 고미술품에 눈길을 주게 된다. 그러면서 스스로 품위 있는 컬렉터를 만들어 간다. 풍류를 즐기던 옛 선인들의 작품에서 우러나는 감동과 여유로움을 배우게 되며, 가족들에게 미술품의 역사나 지식을 자연스럽게 익히게 하는 동기가 되기도 한다. 그러면서 미술품을 보관하는 멋과 가치를 알게 되고 컬렉터로 거듭나게 된다. 미술품, 즉 우리의 문화를 지키며 사랑할 줄 아는 심성이 생겨 아름답고 풍요로운, 멋있고 품위 있는 삶을 누리게 할 것이다.

컬렉터가 되기까지 몇 가지 지켜야 할 사항이 있다. 어떤 기준으로 작품을 선정해야 비교적 저렴한 가격으로 수준급의 작품을 구입할 수 있을까 하는 것이다. 예술은 곧 창작이라고 한다. 남의 그림을 모방해서 그리는 것을 작품이라 할 수 있겠는가? 먼저 구입자의 자세가 올바른 정신이어야 한다. 다수의 컬렉터가 작가의 유명세에 대해 지나친 편견을 가지고 있다. 또 유명세를 타기 시작한 작가나 유명해진 작가의 작품에 대해서 상당히 무비판적이다. 그러다 보니 작품은 보이지 않고 작가의 이름만을 기준으로 작품을 구입하는 경우도 있다. 작가가 인정받고 유명해지려면 몇 가지 요인이 있다. 작품의 견고한 바탕과 색감은 기본이다. 그리고 철학이 담겨 있는 구상과 작가적인 양심과 정신세계가 곁들인 작품이 인정을 받는 것이다. 모든 작가의 작품이 모두가 최상의 수준급일 수는 없다. 유명작가의 작품 중에서도 졸작도 있을 수 있다. 지나치게 작가의 이름에만 의존하면 눈앞에 있는 좋은 작품들을 놓쳐 버리기가 쉽다. 또한, 미술작품을 단순한 투자의 대상으로 생각하지 말아야 한다. 미술품에 대한 투자는 장기간의 투자와 더불어 미래에 대한 정확한 예측과 시기마다 형성되는 환경이 맞아야만 성공할 수 있다.

　미술품 구매를 투자로 생각하다 보면 좋은 작품을 구입할 수 있는 가능성을 좁게 만들어 줄 뿐이다. 또한, 미술 장르에 대한 편견을 버려야 한다. 최근에 와서 많은 인식의 전환을 보이고 있으나 그래도 다수의 의식 한편에는 여전히 편견이 자리하고 있다. 이러한 미술 장르에 대한 편견으로 인해 다양하고 수준 있는 작품이 균형 있게 발전하지 못하고, 작품 선정에서 시야를 좁게 만든다. 작품과 같이 있는 시간을 많이 가져야 할 것이다. 바쁜 현대인의 생활 속에서 미술품을 사랑하지 않으면 삭막한 일상이 될 것이다. 시간을 짜 두었다가 틈틈이 전시장을 찾는 것도 좋은 방법이다. 미술품에 대한 안목은 하루아침에 생기는 것이 아니다. 오랜 세월을 비교, 수집하는 과정에서 기준과 안목이 생긴다. 그러는 가운데 작품을 좋아하게 되는 이유도 늘어나게 된다.

미술의 이해를 돕는 미술 전문서적과 화랑에서 구할 수 있는 전시 팸플릿에 미술평론가의 비평이 실려 있다. 미술품 구입 시 참고로 하면 든든한 지침서가 되는 것을 느낄 수 있다. 이런 정보를 꼼꼼히 읽다 보면 수집에 대한 전문가적인 안목을 키울 수 있을 것이다. 또한, 참신한 화랑을 찾아 화랑 주인의 조언을 얻어 마음에 드는 작품이 있다면 구입하면 된다. 점차로 자신의 취향과 안목에 자신감을 가지게 되며 작품의 멋도 찾아볼 수 있다. 좋은 작품은 초보자의 가슴에도 감동을 줄 수 있다고 한다. 어느 작가도 작품을 제작할 때 특히 비구상 작품은 작가 나름대로 의도한 바가 있을 것이다. 그런 작품은 작가가 감상자의 느낌이나 상상을 참견할 수 없기에 감상자는 더 많은 자유를 누릴 수 있다.

구입한 작품을 후손에게 물려주려면 작품이 변질되지 않게 잘 보관하여야 한다. 통풍이 잘 되는 곳에서 습기를 방지해야 하며 때가 묻지 않게 보관하여야 한다. 이 외에도 컬렉터가 되는 많은 방법이 있겠지만, 이상의 것만 인지해도 나름대로 안목과 기준을 만들 수 있다. 기본적인 지식만 익혀도 어렵지 않게 미술작품을 구입하고 즐기며 우리의 미술 문화를 발전시키고 보존하는 데 크나큰 기여를 할 수 있다. 미술품은 절대로 허영과 사치가 아니다. 경제적인 사정은 미술품 구입을 위해 스스로 기회를 만드는 과정을 통해서 가능하게 된다. 그러다 보면 이미 자신이 미술품의 컬렉터가 되어 있음을 발견할 수 있을 것이다.

배병수

행복한 사회

 우리나라는 세계에서 109번째로 작은 나라(99,720km^2)이면서 자랑할 만한 천연자원도 없는 나라이다. 1950년 6월 25일의 동족상잔의 사변을 겪고 난 후에 아무것도 없을 만큼 먹고살기 어려웠던 나라였다. 게다가 분단국이면서 정전 협정으로 휴전되어 남과 북은 항상 대치 상태에 있다. 하지만 이제는 최첨단 전자기기와 화학, 자동차와 조선, 그리고 건설과 각종 기계에 이르기까지 눈부신 발전에 세계가 놀랄 정도로 발전한 나라가 되었다.
 모든 것은 스스로 되지는 않는다. 각 행정부서와 국민의 피나는 노력과 열정으로 맺은 결과이다. 이제는 국민소득 2만 불이 넘었고, 국력도 신장되어 선진 대열에 우뚝 올라선 나라로 변모하였다.
 그동안 우리는 물질이 풍요로워지면 삶의 질과 행복도 함께 비례하여 좋아질 줄 알았다. 그런데 우리의 정신세계는 오히려 퇴보하였다. 짧은 기간에 급속도로 발달하며 산업사회로 진입함에 따른 부작용이다. 예전에는 물질이 풍부하면 가족 간의 화목과 이웃과의 정도 모두 돈독해질 줄 알았다. 그런 생각은 모두 착각이었다. 우리는 자본주의의 질서에 따라 자본은 귀한 대접을 받게 되고, 주위 사람은 돈이면 안 되는 게 없을 것이라 여기는 사람까지도 있다.

물질만능주의는 심성을 각박하게 만들고, 빈익빈 부익부의 경제 논리로 빈부의 차이와 사람의 갈등은 갈수록 심화하고 있다. 이웃과 사회뿐 아니라 가족끼리도 이해 관계가 있는 일이면 이기주의로 변모하게 된 것은 참으로 어처구니없는 일이다.

하지만 대다수 국민이 지금도 의리 없는 악한 사람보다는 선한 사람이 많은 것이 참으로 다행스럽다. 지난겨울에도 연말 이웃 돕기 성금에 이름을 밝히지 않는 거액의 익명 기부자들이 많았고, 학생과 종교단체, 그리고 일반 시민도 불우 이웃 돕기의 바자에 참여하는 사람이 많다. 언제나 뜻밖의 자연재해가 있을 때에도 앞을 다투어 도움을 주는 자원봉사자들이 줄을 잇는 것을 보면 아직도 훈훈한 마음으로 살 만한 사회라고 여겨진다.

자원봉사는 우리나라뿐 아니다. 아프리카와 동남아 등 오지까지 찾아가서 여러 고난을 감수하면서 자원봉사를 하는 그들을 볼 때 그분들이야말로 천사인 성싶다. 평소에 나도 미력한 힘이지만 이웃을 위한 봉사는 할 수 없을까 하고 몸을 기웃거려 보았다. 마침 결정을 못하고 있을 때 국가인권위원회에서 노인 인권 지킴이단을 모집하기에 활동한 지 4년이 되었다.

모든 일이 자발적으로 활동하며 긍정적이면 즐거운 일이다. 인권위원회 노인 지킴이단에서 봉사하는 곳은 주로 요양원이었다. 방문할 때마다 여러 어르신의 모습을 바라보면서 곧 나의 미래 모습을 보는 것 같아 씁쓸한 마음이 들었다. 요양원에 계신 대다수 노인은 표정이 밝지 못하였다. 어느 어르신이나 먼 산을 바라보는 것인지 초점 잃은 눈매에 멍하니 시간을 보낼 뿐이었다. 요양원에 계신 분도 한때는 방실방실 웃는 유아기를 지나 청소년기와 장년기를 거치는 동안 늠름한 패기와 산업 일꾼으로 사회에 봉사했던 분들이시다.

주위에 있는 아름다운 꽃도 시들면 낙화하지 않던가? 모든 만물이 순환하는 이치를 깨달으면 꼭 서러워할 일은 아니지만, 다음 생을 준비하는 과정에서 창조주는 인간에게 너무 혹독한 과정을 주는 것 같아 안타깝게 생각했다.

그럴 때마다 나는 이것이 인생이란 말인가? 자문해 보기도 했다. 앞으로 나에겐 여생이 어느 정도인지는 알 길이 없으나 후회 없이 행복한 시간을 보내야겠다는 생각이다.

행복한 삶을 바라는 것은 나 혼자만의 바람이겠는가? 사람이면 누구나 행복해지길 원할 것이다.

국제연합(UN)은 '2013 세계 행복보고서'를 발표한 바 있다. 전 세계 156개 국가를 상대로 국민의 행복도를 조사한 결과는 1위는 덴마크, 2위 노르웨이, 3위 스위스, 4위 네덜란드, 5위 스웨덴 등 북유럽권 국가들이다. 국민성이 낙천적이고 긍정적인 사고와 관련이 있을 것 같다. 미국은 17위, 한국은 41위, 일본은 43위, 중국은 93위였다.

요즈음 우리 주변에 건물은 높아졌지만, 인격은 더 낮아졌고, 고속도로는 넓어졌지만, 시야는 더 좁아졌다고 말한다. 또한 집은 커졌지만, 가족은 더 적어졌고, 학력은 높아졌지만, 품격은 더 떨어졌으며 지식은 많아졌지만, 판단력은 더 모자란다고 말한다. 인간의 수명은 늘어났지만, 어떻게 살 것인가를 잊어버렸다고 말한다. 이제는 우리도 즐겁고 건강하며 잘 살기 위해 한번쯤은 깊이 생각해 볼 일이다.

나라와 사람마다 행복의 기준은 다르다. 하지만 물질의 과다와 학식의 유무를 떠나 자신이 하는 일을 보람 있고 행복하게 생각한다면 바람직한 삶이라 할 것이다. 게다가 사랑하는 사람과 함께 시간을 보낸다면 금상첨화일 것이다.

그러기에 나의 행복한 삶을 위해 관대한 성격과 매사에 긍정적이고 협조적이며 활기찬 모습으로 생활하고 싶다. 게다가 말은 적게 하며 남의 말을 경청하자고 다짐도 해본다.

그리고 이 세상 제일 중요한 보물은 나 자신임도 이제야 깨달았다. 그러기에 건강을 위한 운동과 미래의 생활도 보다 관심을 두어야 할 일이다. 그뿐만 아니라 나의 이웃도 모두 행복한 삶이 되길 바란다. 그래서 행복하다고 느끼는 사람이 주위에 많을수록 우리나라는 한층 행복한 사회가 될 것이며 그를 바라보는 나도 행복한 삶이 될 것이다.

서금복

그 남자의 이사

 우리 집에 세 들었던 남자가 이사를 갔다. 일 년만 살 거라고 하더니 2년 6개월이나 살았다.
 3년 전 여름, 우리 앞에 나타난 그의 첫인상은 심상치 않았다. 떡 벌어진 어깨, 스포츠형 머리, 검게 탄 얼굴을 탄탄하게 받치고 있는 사각 턱…. 게다가 그는 여름 땡볕에도 검은 양복을 갖춰 입고 왔는데, 우리를 향해 인사하는 모습이 아무래도 영화에서 많이 본 모습이었다. 그와 같은 과科 사람들 앞에서 말끝마다 "네, 형님!" 하면서 90도 각도로 고개를 꺾는 모습이 자꾸만 떠올라 우리 집은 시설이 그렇게 좋은 편이 아니니 다른 집을 선택하라며 연신 도리질을 했다. 그러나 우리 부부의 노력에도 불구하고 그 남자는 개울이 바로 코앞인데다 작은 폭포 소리까지 들리는 것이 마음에 든다면서 내일이라도 당장 이사 오겠다고 했다. 덧붙여 우리가 주말에만 내려오니 텃밭과 마당에 아무도 얼씬 못 하게 잘 지켜 주겠다고 했다. '얼씬'이라는 단어에 더욱 놀란 우리는 기어코 우리의 속마음까지 내보이며 버텼지만, 그도 물러서지 않았다. 그러면서 우리 동네 근처에 집 지을 땅을 사 놨으니 잘해야 1년만 살면 될 거라고 우리를 안심시키기까지 했다. 마음 약한 우리 부부는 "좀 더 생각해 보자." 며 반승낙을 한 후 그를 돌려보냈는데 우르르 몰려다니며 주먹 다툼하는 영화에서 본 장면들이 떠올라 밤새도록 잠을 이룰 수 없었다. 결국, 다음 날 아침 부리나케 부동산 사무실로 달려가 세를 아예 놓지 않겠다고 했는데 그는 이미 계약금을 걸어 놓고 간 상태였다.

그렇게 해서 그가 우리 집 2층으로 이사 오던 날, 이혼하고 혼자 산다는 남자의 짐은 어마어마했다. 소파, 냉장고, 침대 등 살림살이 규모가 그 남자의 체격과 닮아 있는데다 러닝머신과 산악자전거 등 운동기구만 해도 한 살림이었다. 다행히 그가 안고 온 강아지 두 마리가 그 남자에 대한 경계심을 조금 풀어 주었다. 광복절에 태어났다는 '광순이'와 눈송이 같은 털빛을 가졌다는 '송이'를 보며 짐승을 사랑하는 사람치고 나쁜 사람 있겠는가 하는 믿음으로 그를 대했다.

물론 그는 우리의 믿음을 저버리지 않았다. 인사성도 밝았고 스쿠버다이빙을 하며 잡아 왔다는 가파도의 우럭을 몇 마리씩 주며 소금에 구워 먹으라고 친절하게 일러 주기도 했다. 또 우리가 텃밭에서 일을 하고 있으면 황학동에서 샀다는 성능 좋은 오디오로 여러 장르의 음악을 틀어 주기도 했다. 주로 재즈였지만 가끔은 베토벤의 힘찬 합창곡, 조관우의 흐느끼는 목소리도 들려주었다. 개울이 보이는 나무 탁자에 앉아 삼겹살을 구워 함께 나눠 먹기도 하고 커피를 마시며 이런저런 이야기를 나누기도 했다. 이야기 부분 부분을 통해 그동안 그의 삶이 순탄치 않다는 것은 짐작하고도 남았지만, 이야기를 하면 할수록 그에게 예의 바르고 순수한 면이 있다는 걸 알 수 있었다. 우리와 처음 만났던 그 무덥던 날, 그가 정장을 입고 온 까닭이 "집에 올 사람이 누군지 봐야 세를 줄 수 있다."는 우리 부부에게 잘 보이기 위해서였다고 해서 우리는 잔에 담긴 커피가 튀어나올 정도로 웃음을 터뜨리기도 했다.

그렇게 1년쯤 지났을 때 "아주 맘에 드는 땅을 샀다."며 어린애 같은 얼굴로 자랑스럽게 말을 했다. 집 지을 땅도 있는데 무슨 땅을 또 샀느냐고 물으니 훗날 자기의 꿈인 노인복지센터를 할 만한 좋은 땅이 나와서 결정하고 오는 길이라고 했다. 그래서 자기 집 짓는 건 당분간 미뤘으니 우리 집에 좀 더 머물러야 할 것 같다고 했다. 이번에 산 땅은 그의 말에 의하면 거의 계곡 하나는 되는 것 같았다. 역시 소심하고 겁이 많은 우리와는 다른 과科라 노는 물도 다르다며 그에게 '축하한다'는 말은 했지만, 막연하게 너무 많은 욕심을 부리는 게 아닌가 하는 걱정이 들기도 했다.

사실 우리 부부는 그의 직업이 뭔지 확실히 모르고 있었다. 명함에는 조그만 건설회사의 임원으로 되어 있었지만, 일정하게 출근하는 것 같진 않았다. 어쩌다 평일에 내려가 보면 이사 오기 전에 한 약속대로 그의 차가 텃밭과 마당을 지키고 있을 때도 잦았다. 그리고 점점 그를 만나는 횟수가 줄어들었고 어쩌다 만나면 그전과는 달리 많이 말라 보여서 우리 부부는 다이어트를 웬만큼만 하라고 농담처럼 걱정스러운 마음을 비추곤 했다.

그러던 그가 지난겨울 병원에서 전화를 했다. 자신의 병이 생각보다 깊다면서 계곡을 사며 사기를 당한 것이 아무래도 병의 원인이 된 것 같다고 했다. 서둘러 병문안을 가 보니 그의 얼굴이 몰라볼 정도였다. 광대뼈와 턱뼈가 두드러진 네모난 얼굴에 퀭한 눈이 우물을 깊게 파놓았다. 그런데다 쉬지 않고 딸꾹질을 하면서 연신 가래를 뱉고 있는 모습이 몹시 괴로워 보였는데, 그 와중에도 우리 부부에게 찾아와 줘서 고맙다며 음료수를 권했다.

여기저기 땅을 사며 얼마나 많은 사람과 부대꼈을까. 사기를 치고 외국으로 도망간 사람을 잡아들이기까지 얼마나 마음이 아팠으면 전신에 암덩어리가 번지도록 몰랐을까. 아직도 세상에 대한 노여움과 분노로 차 있는 그에게 그까짓 땅이 다 뭐냐, 속히 건강이나 되찾으라고 당부하며 병실을 나섰지만 얼마 지나지 않아 그의 아버지와 형이 와서 이삿짐을 꾸려야 했다.

"눈이 오시네." 하던 사람들도 "그놈의 눈 또 오네."라고 고개를 절레절레 흔드는 한겨울이었다. 그의 짐은 이사 올 때보다 늘었는지 그의 러닝머신이 커다란 이삿짐 차에 합류하지 못 한 채 베란다에 버려져서 눈을 맞고 있었다. 어쩐지 그 모습이 병원에 누워 있는 그를 닮은 것 같아 자꾸만 눈을 쓸어 내려도 폭설은 그가 키우던 강아지 송이의 털빛 이불을 거두려 하지 않았다.

그리고 며칠 후 그의 소식을 들었다. 46년 동안 이 세상에 세 들었던 남자가 저세상으로 이사 갔다는 소식을. 그런데 그의 이삿짐에 합류하지 못한 것은 러닝머신뿐이 아니었다. 동네를 지나면서 보니 그가 그토록 애면글면 사 모았던 땅들도 그를 따라가지 않았다. 자기들은 본래 이사와는 상관없다는 듯 게으르게 누워 겨울 햇살과 느긋하게 이야기를 나누고 있었다.

서영자

갈매못 순교 성지 순례

　유월 초하루 아침 8시 30분에 신당동 천주교 전 신자가 충청남도 보령시에 위치한 오천항鰲川港 가까운 갈매못 성지를 향해 관광버스 17대로 대이동을 했다.
　요즘 날씨가 섭씨 30도를 오르내리는 무더위가 계속되기에 염려를 했지만 아침 공기는 시원하고 더운 낮 기온도 견딜 수가 있었다.
　성지 순례는 일상적인 관광 여행이나 나들이가 아니라 거룩하신 하느님과 성인들 그리고 순교자들을 만나는 뜻깊은 시간들이 되어야 할 것을 다짐했다.
　순교한 성인들의 발자취를 따라서 신자들은 차 안에서 기도와 묵주신공 5단(빛의 신비)을 바치며 가고 있었다. 차창 밖에는 6월의 성하盛夏가 온 산야山野를 짙푸르게 물들이고 광활한 경기평야 연초록 빛 논에 모가 자라고 아직 모심기를 못한 논에는 모판을 둔 곳이 한두 군데 보였다. 아름다운 금수강산이 풍년을 예약하는 듯 싱그럽다.

차는 서해안 고속도로를 따라 광천 IC에서 우회전하고 오천 방향으로 팻말을 보면서 보령방조제를 경유하여 달렸다. 오천항 해변을 끼고 한참 깊이 들어가니 조그마한 어촌 마을이 있었다. 우리는 마당이 잔디로 잘 가꾸어진 넓은 갈매못 성지에 도착했다. 갈매못 성지는 충남 보령시 오천면 영보리 산9-53번지로 우리나라에서 유일하게 바닷가에 위치한 순교 성지이다.

옛 성지에 속해 있는 영보리마을 뒷산 산세는 '목마른 말이 물을 먹는 모습'과도 같은 '갈마葛馬 음수형飮水形'의 명당이라 하여 갈마연葛馬淵이 모여 만들어진 갈마연동에서 나온 말로 '갈매기 연못'이라는 우리말로 유래되어 전해지고 있다 한다.

기념관에서 수녀님의 이곳 지형적인 설명과 순교 성인을 처형한 그림을 보면서 설명을 듣고 성물 판매소, 사무실을 둘러보고 두 딸에게 줄 나무로 깎은 묵주 두 꾸러미를 사고 갈매못 성지 책을 샀다.

12시가 가까워 1조가 식당에서 점심을 먹는 동안 2조는 잔디로 된 정원에서 예수님 수난기도 14처 십자가의 길을 합송했다. 교대로 질서정연하게 많은 신자들이 잘 움직였다. 산에서 내려오는 시원한 바람은 더위를 한결 식혀 주고 말없이 우울해 보이는 바닷가에는 고깃배 한두 척이 한가롭다. 순교자들의 처형장으로 핏빛이 얼룩졌던 바닷가 모래사장을 보면서 숙연한 마음에 가슴이 먹먹해 왔다. 홍선대원군이 서양 오랑캐를 내친다고 1866년 3월 30일 서해 외연도外烟島에서 가까운 오천 수영水營으로부터 4km 떨어진 갈매못 성지에 끌고 와서 프랑스 선교사 안 다블뤼 주교, 오 메트로 오 베드로 신부, 위앵 민 루가 신부, 황석두 루가 회장, 장주기 요셉 회장 등 이름이 전해지는 5명의 순교자, 그리고 500명에 이르는 이름 모를 순교자가 처형당했다고 한다. 그때 먹구름이 천지를 뒤덮고 은빛 무지개가 사방을 비쳤다고 한다. 소름이 끼치도록 참혹한 피바다의 비린내 나는 살육 현장이 가슴이 메도록 아파 온다.

외연도를 바라보면서 처참하게 죽어 간 가슴 아픈 역사의 한 토막이 생생히 살아서 많은 신자들의 신금을 울린다. 그 후 7월 한더위에 우리나라 초대 신부님이었던 김대건 신부님이 26세의 젊은 나이로 한강 백사장에서 목이 처형된 시신을 아무도 거두지 않은 며칠 후 달밤에 어느 신자가 지게에 싣고 재를 넘었다는 옛 고향 신부님 강론에 눈물을 머금었던 기억이 새삼 떠오른다.

신자들이 갈매못 성지 수풀 산에 피신하다가 포졸들에게 붙잡혀 참혹하게 죽어 간 발자취를 따라 산길을 닦아 놓은 길을 숨차게 올라가니 소나무 숲이 울창했고 산 일부를 헐어서 지은 성당이 자리하고 있다.

오후 2시에 이 바오로 주임 신부님의 미사 집전이 있었고, 순교 150주년, 병인박해 150주년을 기념하여 5성인 가매장을 조성하고 순교탑(종탑)도 2016년에 완공할 계획이라고 한다.

미사를 마친 후 제대 뒤편에 있는 개폐식 벽을 열어젖히니 소나무와 갈매못 바다가 보였다. 성당 뒤편에는 유리로 벽을 설치해서 많은 신자들이 성당에 들어갈 수 없을 때 벽문을 열어젖히고 유리벽을 통해 산언덕 돌에 앉아 성당에서 미사를 집전하는 것을 함께 참례하게 되어 있었다. 처음 보는 독특한 건축 양식이었다.

산언덕 청정한 소나무 숲은 순교한 성인들의 올곧은 기상을 대신하듯 푸르게 뻗어 있었다.

순교자의 참혹한 죽음으로 지킨 신앙을, 오늘을 살아가는 우리들은 경건한 마음으로 지켜 가며 세상의 한 줌 빛과 소금으로 살아갈 것을 다짐해 본다.

소성자

이웃사촌 은하 엄마

　영국의 극작가 버나드 쇼의 "우물쭈물하다가 내 이럴 줄 알았지"라는 묘비의 글은 모든 인간이 얼마나 후회와 번민으로 한생을 마감하는지 뜻있게 살라는 풍자의 의미를 새삼 느낄 수 있었다. 지난 세월이 마냥 부끄러워 지우개로 '싹' 지울 수만 있다면 얼마나 좋을까? 우연히 은하네가 우리 앞집으로 이사 오게 된 건 내겐 큰 행운이었다.
　성공의 첫출발에서 실패하는 것은 대개 사소한 것에 목숨을 걸기 때문이라고들 했다. 하지만 이사 온 은하 엄마는 대범하면서도 재치 있고 뛰어나게 아름다워 탤런트 뺨치게 예뻤다. 어느 날 식사 좌석에서 "우리 집사람은예, 성격이 급해가 신혼 초에 외출해서 돌아오모 신발 한 짝은 안방에, 한 짝은 부엌으로 날아가는 기라예."
　"당신은 마누라 흉 보는기 취미가?" 꽥 소리를 지르자,
　"그게 아이고… 성질이 급해가 마늘 두어 번 썰어 불고기 해주마 그게 그리 맛있는 기라예…."

깊어 가는 어느 화창한 가을날 동네 분들과 양평에서 밤을 따고 개울가에서 '은하 엄마표' 불고기를 먹는데 눈 깜빡하는 사이 금방 동이 나자 은하 아빠의 말씀이 확실하게 입증이 되었다. 다른 분이 해 온 '전통 불고기'는 완전 '천덕꾸러기'였으니까….

창조적이고 어떤 고정관념의 틀에서 벗어나 자유분방한 은하 엄마의 삶은 허허롭고 고달픈 주위 사람들에게 늘 생기를 불어넣었고 베푸는 손길이 넉넉해 즐거웠다.

북유럽 노르웨이에 갔을 때 집집마다 창가에 드리워진 하얀 레이스 커튼 사이로 아기자기한 소품, 화초, 영롱한 샹들리에의 아름다움에 취해 있을 때 가이드가,

"북유럽 사람들은 여름이 짧고 추운 겨울이 길어 가족들이 가정에서 많은 시간을 보내기 때문에 항상 집안을 예쁘게 꾸미고 살아요."

그러한 유럽인들의 합리적인 생활양식에 공감하며 문득 꿈과 낭만으로 집을 꽃동산처럼 눈부시게 꾸미고 사는 은하 엄마 생각이 나자 피식 웃음이 나왔다.

"행님아, 사람들이 나는 맨날 싸돌아다니는 종 알고 겉으로 얌전해 뵈는 행님은 집구석에서만 있는 종 알고…. 얌전한 고양이 부뚜막에 먼저 올라가는 거 모르나! 나만 손핸 기라…."

그 후 우연한 기회에 판문점 시찰을 은하 엄마랑 같이 가게 되었다. 군부대 정문에서 헌병들의 '충성' 거수경례를 받자 생소한 분위기에 주눅이 든 채로 사택으로 안내되었다. 근엄하신 사단장님 앞에 앉자 모두 경직된 무거운 분위기에 질식할 것 같았다. 그때

"사단장님예… 제가예… 사단장님을 젊은 오빠라고 부르면 안 되겠능교!"

"…허허허…."

긍정인지 부정인지 모를 어이없는 듯한 야리꾸리한 미소를 흘리시는 사단장님을 보는 순간 우린 해방된 민족처럼 배꼽을 잡고 웃었다. 은하 엄마의 순간적인 기지가 우리를 살린 것이다. 시찰을 마치고 온 후 은하 엄마는 속초로 시집간 은하 시조모님이 돌아가셨다고 황급히 내려갔다.

"행님아, 내가 속초 온깨네 시부모님이 딸을 우찌 그리 잘 길렀냐꼬 난리가 낭기라… 고맙다꼬…."

"왜…?"

"우리 은하가 돌아가신 시할매가 치맨데 자진해서 매일 목욕시켜 드리고 청소하고 만삭의 몸으로 끝까지 지극정성으로 모셨다카네…. 요즘 며느리 아이라꼬."

평상시에도 딸들에게 세상을 지탱해 나갈 수 있는 가치관을 심어주는 게 남다르다고 생각했었는데 역시나였다. 어느 날 은하 엄마가 딸집에 가니 비지땀을 흘리며 시동생 와이셔츠 다림질하는 것을 보고 울화통이 터지려는 순간 침묵의 의미를 눈치챈 딸아이가

"엄마, 저는 기쁜 마음으로 시동생 뒷바라지하고 있어요. 그래서 복 받아 아빠 사업 날로날로 번창하고 얼마 전 병원에서 사경을 헤매던 우리 아들 극적으로 살아났잖아요."

"니… 내 딸 맞나?"

할 말이 없어 열쩍은 미소만 지었단다. 근검절약으로 한평생을 사신 어느 부유한 노인이 자장면 한 그릇이 아까워 안 사 먹고 수십억 통장을 끼고 다니다 쓰러지셨단다. 병명은 아이러니하게도 '극심한 영양실조.'

그분이 병실에 누워 수십억 통장을 얼굴에 덮고 밤새 '꺼이꺼이' 우셨다는 말에,

"나는 그리 안 살끼라…. 돈은 써야 내 돈이제, 죽을 때 한 푼도 못 가져간다꼬!"

요즘 양수리에 그림 같은 별장을 사서 사업가 사위, 검사 사위, 손주들 가족끼리 누릴 수 있는 풍요로움을 만끽하며 지낸단다. 은하 엄마가 불같은 정열을 자신의 삶 속에 투영시키며 당당하게 살 수 있는 원동력은 단연 은하 아빠의 지극한 사랑의 힘이었다. '여자 팔자는 뒤웅박 팔자'라더니…. 책을 손에서 놓지 않으시는 존경받는 인격자로 성당의 사목회 회장으로 은하 엄마를 끔찍히 사랑하시는 은하 아빠.

"나는예, 눈 뜨마 오늘은 저 양반 어떻게 기쁘게 해줄까? 하루 중 그게 제일 큰 과제라예…."

데일 카네기의 '현명한 사람에게는 매일매일이 새로운 삶이다.'를 반영하듯 은하 엄마야말로 매일매일을 축제일처럼 온몸으로 삶 자체를 즐기며 살고 있다.

오랜 세월 속에 은하 엄마와의 보석 같은 인연으로 지친 내 영혼이 위로받고 내 삶의 '길라잡이' 역할을 해주었기에 그저 고맙고 감사할 따름이다.

'따르릉, 따르릉' 정적을 깨는 전화 벨소리.

"행님아, 퍼뜩 온나, 칼치국 끼리 났다카이…."

죽어서 우물쭈물하다 내 이럴 줄 알았지…. 버나드 쇼의 묘비명처럼 후회하지 않으려고 '리모콘'이 되어 즉시 달려간다.

기쁜 일, 좋은 일에 어김없이 불러 주고 '희로애락'을 거의 같이 한 형제보다 가까운 '귀여운 여인' 은하 엄마는 진정한 나의 이웃사촌임을 되새기면서….

손수여

문학과 사람
―그래도 남아 있는 젖 주랴

　문학이 사람이다. 우리는 어떤 사람이기를 바라는가? 사람은 서로 닮은 많은 공통점을 가지기도 하지만 서로 다른 차이점을 가진다. 그래서 백인백색이란 말이 나온 것도 그만큼 서로 다른 점을 인정하기 때문이다. 바로 이 다른 점, 그 사람만이 지닌 독특한 면을 우리는 '개성'이라 한다. 우리가 바라는 것은 문학에서만은 개성이 뚜렷해야 한다. 이 다른 그 사람만이 지닌 개성을 문학에 어떻게 반영하고 표현하느냐가 관건이다. 그래서 우리는 문학을 삶의 투영이요, 소산물이라고 한다.
　무엇보다 중요한 것은 사물에 대한 관찰력이고 이것은 좋은 글을 쓰는 바탕이다. 예사로 지나치지 않는 날카로운 시선이 평범한 일상에서도 새로운 글감을 얻는다. 같은 사물을 두고도 어떤 시각, 어떤 관점으로 바라보느냐에 작품의 성패가 좌우된다. 또 작품을 쓰는 작가에 따라 문체나 내용도 크게 달라진다. 그 사람의 얼굴과 표정에서 정감이 가고 말씨에도 인정이 묻어나서 인간미가 넘치고 품격이 있는 사람이 있다. 이런 사람이 쓴 작품과 그렇지 못한 사람 간에는 작품도 당연히 다를 수 있다. 마치 꽃이 그 꽃만이 갖는 독특한 향이 있고 음식에도 맛깔스런, 각기 다른 맛과 향이 있듯이 사람마다 다른 그 사람만의 향기가 작품에 우러나야 한다는 말이다. 굳이 말하자면 문학은 울림이 있어야 한다는 까닭이 여기에 있다.

울림, 곧 감동이 없는 시나 수필은 무미건조한 언어의 나열에 불과하다. 마치 향기 없는 꽃과 다를 바가 없다. 아무리 정제된 언어를 사용했더라도 독자에게 감명을 주지 못하는 글이라면 좋은 작품이 되지 못한다. 이 점이 문학은 문법이나 어법에 맞게 쓰는 언어 배열의 글이 아니기 때문이다. 무미건조한 글이 되지 않기 위해서는 반전과 긴장감이 있어야 한다. 연기자는 평이한 내용을 연출해서는 인기를 끌 수 없으며, 서커스단의 곡예사처럼 힘들어도 외줄 타기에 목숨을 건 아찔한 순간순간이 박수갈채를 받듯이 작품 속에 긴장감이 없어서는 흥미를 갖지 못한다. 내가 쓴 작품이 마치 이런 유의 글은 아닌지 되돌아보게 된다.

주말 어느 날 모처럼 시간을 내어 선소가 있는 고향, 동대봉산에 올라 본다. 이랑과 골을 낸 산 능선을 보고 흡사 '뒤돌아 누워 계신 엄니의 모습'을 연상하며 오르고 있다. 그 능선은 곧 엄니의 휘어진 등이다. 등을 타면 어릴 적 업어 일렁절렁 흔들어 주시며 잠재우기도 하고 깨면 젖을 물려 주셨던 그 어머니, 이젠 자식도 그 연세를 넘어 손자를 두었는데도 여전히 엄니의 젖가슴은 그리워진다. 금방이라도 말라빠진 엄니 새가슴으로 보듬으시며 그래도 남아 있는 젖 주랴 하실 것 같다.

신봉름

출가외인

　출가出家라는 어휘는 그저 단순히 집을 나가는 출가와 종교에 귀의하기 위하여 부모로부터 태어난 속가俗家를 떠나 승려가 되는 출가와 세간世間을 떠나서 수도원으로 들어가는 천주교의 교리에 의한 출가 세 가지 형태가 있다.
　그러나 시집갈 가嫁라는 뜻의 출가出嫁는 친정집을 떠나 남의 가문으로 시집가서 평생을 그 집에서 살아야 한다는 뜻으로 규정되어 있다. 출가외인出嫁外人의 사전적辭典的인 의미意味로 보면 동양에서 행하여지던 봉건사상에 근거한 명칭이다.
　시집가면 딸은 태어나서 자라 온 집이건만 가족구성원에서 빠져 남이나 마찬가지라는 말이다. 남존여비사상男尊女卑思想에 의하여 남성의 권리나 지위 등을 여성보다 우위에 두어 존중하고 여성을 천시하는 사회적 약속 및 태도였다.
　역사를 거슬러 보면 고려 시대만 하더러도 여자가 시집을 가는 것이 아니라 남자가 장가를 갔다고 한다. 또 장가가서 처가살이를 하다가 자립할 능력이 생기면 그때 분가를 시켜 한 가정을 이루게 했다는 기록도 있다. 그래서 장가간다는 말이 오래도록 전해 오고 있다. 조선 시대부터 유가儒家의 전통사상은 딸은 봉건적 가족제도에 의하여 친정 부모 밑에서 자라다 처녀가 되면 시집 보내 가부장적 제도에 의하여 시집살이를 강요당했다.

지금 이 시대는 남녀 평등 시대다. 평등을 넘어서 여성 우위의 시대라고 말하고 있다. 유행가의 제목에 '여자의 일생', '여자이기 때문에'라는 말들이 있었는데, 불과 수십 년 사이 엄청난 격세지감을 느낀다.

평등이니 여성 우위의 시대라는 말들을 들으며 나도 시집살이라는 말과 틀을 벗어나 보려고 문득문득 생각이야 간절하지만 시부모님 산소에 갈 때마다 묘역에 클로버가 잔디를 밀치고 나오는 모습을 보면서 속상해하며 행운의 풀이 아닌 미움의 풀로 보이는 것은 왜일까? 정작 나를 낳아 주신 친정 부모님 묘소를 가 본 지는 너무 오래다. 불효막급이다.

시부모님 묘역에 꽃나무도 심고 싶고 치장도 해드리고 싶어 이런저런 생각을 하다가 보면 쉽게 잠들지 못할 때가 더러 있다. 그럴 때면 나도 모르게 출가외인이라는 속박에서 벗어나지 못하고 있다는 느낌이다. 억지로 변명하자면 나는 칠 남매 집안의 맏며느리이기 때문이라고 자위해 보지만 마음 한구석은 언제나 북풍이 불어온다. 춥다.

지난 삼월 여느 때와 마찬가지로 부모님 기제사는 우리 집에서 지내고 동생들은 그 주말에 부모님 산소에 모이기로 했다. 이태 전에 묘역을 넓히면서 묘목도 심었지만 형편상 남의 손에만 맡겨 두고 끝까지 관리를 못해서 살아 있는 나무가 몇 그루뿐이었다. 그래서 이번에는 남의 손을 빌리지 않고 우리 손으로 묘역을 가꾸기로 마음먹었다.

　남편과 의논하여 교외에 있는 조경 전문가를 찾아 조언을 듣고 묘역 울타리는 명자나무로 결정했다. 또 봄꽃으로 화려한 영산홍과 그 외의 종류도 구했다. 또한 묘역 주변을 지나다니시는 마을 주민분들을 생각해 유실수도 몇 그루 준비하여 차에 실을 수 있는 한도까지 준비하여 내려갔다. 이번에는 뿌리를 잘 내려서 싱싱하게 자랄 수 있도록 힘들게 물을 흠뻑 주었다. 모두들 고향 떠나 뿔뿔이 흩어져 사는 터라 서둘러 돌아서며 제발 잘 살아 주기를 빌었다.

　다음 날부터 이제까지 건성으로 듣던 일기예보에 제발 비가 내려 주길 기원하며 온 신경을 집중하여 듣다가 영남 지방에 비가 내릴 거라는 예보에 그렇게 반가울 수가 없었다. 비가 자주 내려 심어 놓은 나무들이 튼튼하게 자라야 할 텐데 하는 조바심이 자꾸만 생긴다. 남편은 이런 내 모습이 안쓰러웠던지 잘 자랄 테니 걱정 말라며 다독여 준다. 남편의 말을 듣고야 조금 마음이 편해진다.

　오늘도 집 주변의 공원을 걷다가 지난해 시에서 많은 예산을 들여 만들어진 골프장 둘레 길로 들어섰다. 빨리 개장부터 하려는 욕심에 서둘러 조성한 꽃길의 다년생 꽃나무들 중에 죽은 나무가 많아 다시 꽃나무를 심고 있는 중이다. 어떤 꽃을 어느 위치에 심는가를 살핀다. 마음은 또다시 지난번 심은 나무들이 잘 자라는지 궁금해지고 예쁜 꽃나무를 보니 자꾸만 욕심이 생긴다. 묘역을 더 아담하고 예쁘게 꾸미고 싶은데 멀리 떨어져 있어 몸이 따라 주지 못하여 마음만 그곳으로 향한다.

　요즈음 이상하게도 부모님 산소 생각을 많이 하고 있다. 그것은 나이를 먹어 가고 있다는 증거일 것이다. 푸르던 지난 세월 속에서 나란 존재는 없었다. 오직 가족을 위해 새벽부터 잰걸음으로 서둘러야만 했다. 이제 한숨 돌리며 온전히 나를 살피니 어느 사이 부모님 떠나실 때의 모습 가까이 나도 가고 있음을 알아차린다. 머지않은 날 한 줌의 뼛가루로나마 부모님 발치에 묻히고 싶다는 마음일 것이다.

여자는 시집가면 온전히 그 집 귀신이 되어야 한다는 어릴 때 들은 말이 여성 상위 시대라고 말하는 이 시대에도 출가외인의 굴레를 벗어나지 못하는 나의 생각은 올망졸망 자라는 손자손녀의 그늘이 나를 놓아 주지 않기 때문일 것이다.

신진탁

산사나물[山寺菜]의 향취

긴 가뭄이 계속되었다. 계곡물이 자작자작 말라붙을 때에 엊그제 내린 비로 제 모습을 되찾은 물소리와 신선한 녹음이 제법 청량한 산사를 찾았다.

흑색 바탕에 황금색 대웅전이라 쓰고 오방색으로 고풍스럽게 단청을 갖춘 산사였다. 그러나 사찰 둘레엔 흙담이 켜켜마다 남겨진 채 냄새며 멋들이 그 옛날을 슬며시 그립게 한다.

부도를 본다. 우주와 인생의 진리를 개시함에 순종하여 중생을 화도化導하는 교법에 오직 산사에 청춘과 정열을 몽땅 받친 스님이시여…. 그 결과가 신통神通이십니까? 아니면 병통病通으로 내 앞에 표정을 고치며 계십니까? 스님은 아픔을 남몰래 숨기면서 하루에 세 끼를 제대로 먹기 힘든 시간을 쪼개 쓰는 포교승이고 보니 마치 '라아지기르 산'의 석가의 설법 모습처럼! 오장에 영양이 충분히 공급될 리 없고 만물을 볼 수 있는 파란 하늘의 눈을 지니기엔 무리일 수밖에 없습니다. 인간은 육체를 지탱하고 활동할 만큼의 음식을 먹어야 하는 하나의 동물입니다. 그러나 불법에 산사의 식생활이 충당될 리 만무하고 속세 사람들이 이 이야기를 듣고 믿을 수 있겠습니까? 한때 유명한 명승님 부도지만 이젠 말이 없다.

그러나 옆에 선 스님은 고개를 끄덕거린다. 스님! 겨울의 헐벗은 나무와 풀들은 겨울을 인내하는 것이 아니라 봄을 기다림으로써 마침내 꽃을 피우는 것이니 그 많은 영양분을 겨울철에 축적하는 것이 자연의 순리 아니겠습니까?

창건 이래 산사나물[山寺菜]들의 조리는 흔했지만 독성을 이용하고 그 해독하는 방법은 고승高僧에게서 전수한 비법이니 얼마나 많은 고통 속에서 터득한 삶의 지혜인지 잘 알고 있지만 지금까지 실행을 못해 앙금된 가슴을 안고 스님과 나는 한 공간에 벗이 되었다.

화엄경법회*도 하면서 곡차*며 복분자차*도 마시고 부월채*와 천리채*로 안주 삼고 달빛을 배경으로 하니, 산사의 숲은 더욱 신비스럽고 흥겨웠다. 따라 주는 잔엔 초저녁 조각달이 비친다. 달은 그리운 이와 긴 밤을 지낼 수 있어서 느긋했다. 잔을 채우면 비우고 비우면 채우고 이렇게 얼큰한 멋에 스님의 말씀을 들으며 가슴이 울적해진다.

오어사의 창건은 불안佛眼이 아니고선 믿기 어려운 이야기다. 원효와 혜공이 냇가에서 고기를 잡고 그 고기 안주 삼아 곡차를 마시는데 지나가는 사람들이 살생殺生한다고 야유하니, 참지 못하고 옷을 훨훨 벗고 두 사람이 냇가에 대변을 보았다. 이들이 먹은 물고기들이 대변 속에서 두 마리 중 한 마리가 환생還生하여 헤엄쳐 가는 신통스런 일이 벌어진다. 이를 본 원효와 혜공은 서로 "내 고기, 내 고기." 하며 따라가다가 멈춘 곳에 절을 세우니 오어사吾魚寺(경북 포항, 운제

산)라 한다.

나는 어느 책에서 본 기억이 난다.

중국인들은 별의별 음식 중에 하늘의 비행기와 육지의 탱크 그리고 바다의 잠수함 3가지만 빼놓고 이 세상 어느 것이든지 다 요리를 해서 먹을 수 있다고 장담한다. 이야기가 잠시 멈추고 주위를 보니 고요 속에 고요함이 깊은 산 계곡에 홀로 핀 꽃! 꽃을 보며 정열에 불타는 젊고 젊은 스님들이 애틋하게 그리워하는 여근女根을 그려 본다. 극도로 흥분한 여인의 피부 색깔, 노랑에 가까운 주황색에 성기를 닮은 원추리를 가만히 들여다보고 있노라면 지금까지의 근심과 고통을 잊으라는 뜻으로 망우초忘憂草와 망우주忘憂酒란 말이 떠오른다.

이 꽃이 활짝 피기 전의 꽃봉오리를 음건한 것으로 『본초강목』에 훤초萱草라 하였고 겨울철 나물로 아주 귀한 것이라 상좌승만이 비밀로 전수되는 금침채*와 금침반*이 있다. 또 향의 오묘함과 빛깔이 투박한 금침채탕*을 한번 들어나 보겠소? 하며 음성을 줄이니 스님은 갑갑증이 생겼는지 점점 가까이 다가온다.

허탈한 체력을 증강하고 왕성한 정력을 과시하기로 한 것인데 그 비법은 닭의 가슴살, 표고, 죽순을 갸름한 네모로 끊어서 이것을 박오가리로 묶어 금침채에 넣고 적당한 물을 붓고 은근한 불로 끓인 것이 금침채탕이다.

이것은 약간 새큼한 맛이 도나 깔끔하고 담백하여 성욕을 돋우는 묘미를 지니고 있다고 하니 서먹서먹하던 스님도 다정다감하며 유들유들한 말씨로 대화가 진행된다.

메마른 가슴에 내일의 깊숙한 꿈을 속삭일 땐 하나의 소박한 시인이 되어 한 자락 또 한 세월을 엮어 본다.

이제 달이 지고 서늘한 바람이 전신을 감았다. 상큼함은 감미롭기만 할 때에 새벽녘의 예불 목탁 소리가 삼가 옷깃을 여미게 한다.

　불타득도의 장, 고뇌로부터 풀려 중생구도의 길은 멀고 멀어도 얼마만에 신금을 울려 주는 산사나물의 향취인가? 그 향과 미각에 담뿍 담긴 나!

　우짖는 산새 소리! 졸졸졸 흐르는 물소리의 화음에 환히 트이는 산 아래 들녘에서 닭이 울고 개가 짖는다.

※화엄경법회華嚴經法會: 고스톱(화투놀이)으로 경을 보는 것에 비유함
※곡차穀茶: 곡식으로 빚은 술
※복분자차覆盆子茶: 복분자로 빚은 술
※부월채斧鉞采: 소, 돼지고기를 도끼로 다듬은 나물이라 함
※천리채穿籬采: 닭고기를 울타리를 뚫고 다니는 나물이라 함
※금침채衾枕采: 훤초나물
※금침반衾枕飯: 쌀과 훤초의 꽃잎이 섞인 밥
※금침채탕衾枕采湯: 금침채를 탕으로 한 요리

심양섭

우메보시 담그기

　내가 손수 담근 우메보시 한 알을 공깃밥 위에 올려놓는다. 밥 한 숟갈 뜨고 우메보시 한 입 베어 물고 또 한 술 뜨고 한 입 물고…. 노르불그스름한 우메보시 하나를 족히 열 번은 베어 먹는다. 그때마다 특유의 시큼짭짤한 매실 맛에 온몸이 전율하면서 졸음이 싹 달아난다. 밥을 다 먹고 났는데도 입안에 시큼한 여운이 맴돈다. 요즘 나의 식탁 풍경이다.
　여수에 사는 지인이 섬진강 매실 한 상자를 보내 줄까 묻기에 좋다고 답하고 나서 고민에 빠졌다. 매실은 섬진강 매실이 최고라지만 이놈을 처치하기가 만만치 않다. 술을 즐기지 않으니 매실주를 담글 수도 없다. 설탕에 재어 매실액을 만들면 음료도 되고 양념도 된다지만 썩 내키지 않았다. 그때 일식집에서 먹던 우메보시가 떠올랐다. 그래, 우메보시를 담그자! 매실 장아찌! 일본 사람들이 그놈 한 알로 밥 한 공기를 단참에 해치운다는 그 우메보시 말이다!

매실 선물 상자를 택배로 받고 보니 상상 이상으로 무거웠다. 십 킬로그램이나 되었다. 청매실 수백 개가 커다란 종이박스 안에 오글바글 들어앉아 있었다. 이놈들을 한꺼번에 다 우메보시로 담그기에는 너무 많다 싶었지만 다른 선택지가 없었다. 인터넷 검색으로 내가 담그는 법을 알아 놓은 것은 우메보시뿐이었다. 게다가 시간이 없었다. 여름방학인데도 나는 한국어교육능력검정시험을 앞두고 있는데다가 다른 여러 일로 인해 눈코 뜰 새가 없었다.

아내와 상의도 하지 않고 다짜고짜 우메보시 담그기에 착수했다. 그 많은 매실들을 하나하나 씻고 바구니 여러 개에 나눠 담아 아파트 베란다에 널었다. 7월의 작열하는 햇빛을 받아 청매실의 한쪽 귀퉁이가 금세 노르불그스름해졌다. 지금은 하늘로 이사 가 버린 우리 또또가 그놈을 먹으리라고는 상상도 안 했는데 두 개를 갉아먹고 서너 개는 잇자국을 내놓았다. 그 바람에 매실 전부를 다시 씻어 말렸다.

우메보시 담그기의 핵심은 두 가지이다. 하나는 소금의 비율을 정확히 맞추는 것이다. 일본에서는 18퍼센트라고 하는데 한국의 어느 여류시인은 다년간의 경험으로 터득한 노하우라며 15퍼센트를 제안한다. 매실이 십 킬로그램이니까 소금은 1.5 내지 1.8킬로그램을 넣어야 하는 것이다. 그리고 3킬로그램 정도의 김칫돌로 눌러 놓는 것이다.

항아리가 없어 김치냉장고용 김치통 두 개에 매실 한 켜 깔고 소금 뿌리고 또 깔고 또 뿌리고를 반복했다. 그런 다음에 김칫돌도 없어 무거운 접시를 쌓아 눌렀다. 랩으로 밀봉하여 뚜껑을 덮고 열흘을 숙성시킨 후 중간에 한 번 열어 누르는 무게를 절반쯤으로 줄인 뒤 다시 보름을 숙성시켰다. 적자소라는 빨간 깻잎을 첨가하면 우메보시의 색깔이 빠알갛게 되어 가장 먹음직스럽게 된다고 하지만 그것은 내년 여름방학 숙제로 남겨 두었다.

　어설프기 짝이 없는 첫 경험이었다. 그런데도 내가 보기에는 거의 완벽한 우메보시가 만들어졌다. 기적이었다. 소금에 절여진 매실 알맹이만 따로 건져 다시 사흘을 건조시킨 다음에 다시 김치통에 담아 김치냉장고에 보관하고, 유리병에 담은 한 병만 일반냉장고에 넣어 두고는 끼니 때마다 김치처럼 꺼내 먹는다. 매실에서 우러나온 원액은 따로 담아 양념으로 사용한다.

　급한 마음에 중간 숙성 단계의 놈을 몇 개 꺼내 먹었는데도 그 맛이 기가 막히다. 마치 김장철에 김장을 넉넉히 담근 것처럼 갑자기 부자가 된 느낌이다. 그래서 반찬통에 놈들을 차곡차곡 담아 모임에 가서 아주머니 회원들에게 선물하니 의외로 우메보시를 잘 모른다. 그러면서도 남자인 내가 감행한 '우메보시 거사'에는 다들 놀란다. 내 기분은 흡사 어려운 숙제를 혼자서 해낸 소년의 기분과 같다.

　나의 첫 우메보시 담그기의 점수는 과연 몇 점일까. 매실의 색깔, 사용한 소금의 질 같은 것을 곰곰이 따져 보니 썩 높은 점수는 받지 못할 것 같다. 그래도 칠십 점은 되지 않겠느냐고 자위해 본다. 내년에 한 번 더 담근다면 그때는 팔십 점을 훌쩍 넘어 받을 수 있을 것이다.

　『김치와 우메보시』라는 책을 보면 죽기 전에 우메보시를 간절히 먹고 싶어 하는 일본인 어머니의 이야기가 나온다. 한국에 와서 한국인과 결혼하여 오십 살이 넘을 때까지 살았지만 죽을 때는 수구초심首丘初心이라고 고향 음식인 우메보시를 몹시도 그리워했다는 것이다. 그러니까 일본인에게는 우메보시가 한국의 김치 격이다.

　매실에 첨가된 성분이라고는 단지 소금밖에 없는데도 우메보시가 지니는 그 독특한 맛을 과연 뭐라고 설명할 수 있을까. 매실이라는 열매를 만든 조물주의 신비가 아니고 그 무엇이겠는가. 음식은 가공한 정도가 덜할수록 오히려 더 깊은 맛을 잘 드러내는지도 모른다. 좋은 고기는 소금만 솔솔 뿌려 구워도 그 향이며 입안에 살살 녹는 맛이 그만인 것처럼 말이다.

사람도 그런 것 아닐까. 젊은이들을 보면 남녀 무론하고 다 아름답다. 꾸미지 않아도 멋지고, 살짝만 꾸며도 화려해진다. 각 사람에게는 저마다 매실향 같은, 또 우메보시의 맛 같은 개성미가 있다. 외모는 외모대로, 마음은 마음대로 독특한 멋이 있다. 저마다의 삶에서도 특유의 향기가 풍긴다.

우메보시를 담그면서 나 자신도 좀 더 성숙해진 것 같다. 요리는 사람을 철들게도 하는가 보다. 우메보시는 입맛이 없을 때 더욱 제격이다. 우메보시를 한 입 베어 물면 없던 입맛도 살아난다. 나는 오늘도 우메보시 한 알을 베어 물 때 행복도 함께 베어 문다. 나도 누군가의 우메보시가 되고 싶다.

심종은

큰 바위 얼굴

　학창 시절에 '참다운 삶은 무엇인가' 라는 생각을 갖게 했던 작품이 있었다. 그 글은 여러 인간형을 비유하며 바람직한 인간상을 찾게 하는 청소년들에게 아주 깊은 감동을 주는 작품이었다.
　살아가면서 누구나 큰 바위 같은 얼굴이 되고 싶다는 바람을 가지고 있었을 것이다. 그 큰 바위 얼굴에 대한 추억을 다시 떠올리게 하는 조각공원이 실상 우리나라에도 존재하고 있었다.
　신혼부부인 아들 내외가 새로 지은 집을 구경 삼아 찾아오면서 모처럼 아이들과 함께 인근 공원으로 나들이할 구실을 갖게 되었다. 우연찮게 조각공원을 찾아볼 수 있는 기회를 가질 수 있었던 것이 내게는 행운이었다. 그곳은 생극면 관성리에 위치해 있는 음성현대병원으로 내가 이사 가야 할 석산리 마을이 바로 그 근처에 있었다.
　병원 앞마당에 조성된 공원이 바로 큰 바위 얼굴 조각공원이다. 역대 대통령을 비롯하여 국내는 물론이고 정치와 종교계, 연예계, 체육계 등 전 분야에 걸쳐 세계 유명인사의 얼굴을 조각해 놓은 곳이다.

이 공원에 들어서면, 초등학교 국어 교과서에 수록되어 있던 〈큰 바위 얼굴〉을 생각나게 한다. 『주홍글씨』로 유명해진 나다니엘 호손의 작품 중 하나지만, 실제로 미국에서 존재하는 자연현상을 소재로 하여 만들어진 것이다.

매표소 앞에는 대형버스들이 늘어서서 성황을 이루고 있었다. 주로 단체 관광객들이 많이 찾아들었다. 정오가 가까워 오면서 내리쬐는 햇볕이 무척 따가웠다. 땀이 잔등을 타고 흐르기 시작한다.

햇살을 피할 그늘이나 쉬어 갈 만한 쉼터가 좀처럼 보이지 않아 잠시 서 있기조차 힘들었다. 땀이 금방 몸에 배어 왔다. 그렇다고 앉아 있을 수도 없었다. 그래도 조각상을 감상할 욕심에 연신 땀을 닦아가며 주위를 바라보느라 열심이었다.

매표소를 벗어나 정문으로 들어섰다. 입구에서 바로 안으로 들어서자마자, 높이 3.5미터에 이르는 인물상들이 즐비하게 늘어서 있는 것이 보였다. 석물 한 개당 무게가 대충 30톤가량 된다. 화강암으로 만들어진 것이지만 실제 인물을 옆에서 바라보듯 표정이 너무 생경하다.

대략 800여 개소의 큼지막한 석상이 놓여 있었다. 매표소를 지나 공원 내부로 들어서면서 길이 두 갈래로 나뉜다. 우리는 먼저 우측으로 방향을 잡았다. 초입에는 관광 상품도 진열해 놓고 판매도 했다.

예수, 석가, 공자, 소크라테스 등 세계 4대 성인의 모습이 시야에 들어온다. 그 외에도 마호메트, 플라톤, 아리스토텔레스, 교황 바오로 2세, 노자와 맹자 등 옛 성인과 부처, 보살 등 불교 문화를 상징하는 얼굴상들이 자리를 잡았다.

우리나라 대통령의 얼굴 모습이 실물보다 큰 덩치를 자랑하며 우리를 내려다본다. 초대 대통령 이승만 박사를 비롯하여 윤보선, 박정희, 최규하에 이어 전두환, 노태우, 김영삼, 김대중 그리고 노무현 대통령에 이르기까지 역대 대통령이 모두 있었다.

한 개 석상의 규모로 보아 미국 러시모어 국립공원에 있는 '큰 바위 얼굴(높이 18m)'에는 비할 바 못 되겠지만, 공원 전체의 분량을 통틀어 따져 보면 오히려 러시모어가 상대가 안될 만큼 헤아릴 수 없는 엄청난 물량이다. 벌어진 입이 채 다물어지지 않았다.

휴게소에 들어가 잠시 더위를 식힌 다음 이내 밖으로 나왔다. 앞에는 바로 정신병원이 있는 정원이다. 정원 안으로 들어서자 양쪽에 건물이 보인다. 본원 건물은 좌측이다. 우측은 숙소 같았다. 그 가운데로 조성한 화단에 함께 빼곡히 들어찬 것들이 모두 조각상들이다.

정자도 있었다. 잠시 쉬어 갈 수 있도록 배려한 것 같았다. 길이 24미터가 되는 나무 화석도 자연스럽게 배치해 놓았다. 아마 이것은 3억 5천여 년이나 된 만큼 가장 오래된 것이라고 한다.

그 밖에도 예수님과 12제자들에 관한 조각이 보이고, 로댕이나 자유의 여신상, 샤론 스톤이나 클레오파트라, 마릴린 먼로의 전신상 등 우리가 익히 아는 유명인들을 하나도 빠뜨리지 않았다. 특이한 인물이나 형상을 만나면 그마저 놓치지 않으려고 카메라의 작동을 시험하려는 양 연신 셔터를 눌러 대느라 한시도 가만 있지 않았다.

그곳을 빠져나오자 또 다른 별천지 세계가 펼쳐졌다. 멋들어진 풀장도 눈에 들어오고 저만치쯤 쉬어 갈 만한 처소도 마련해 놓았다. 소나무를 비롯한 200여 종의 분재라든가 바닷속 풍경, 나뭇조각 등을 양념처럼 전시해 놓은 분재원도 이곳 풍치를 한층 더 뛰어나게 만들었다.

분수대가 있는 연못 앞에는 세계적인 스포츠 스타들을 모조리 등

장시켰다. 이 공원을 처음 조성했다는 병원의 정근희 이사장은 가족들이 문병을 오게 되면 소풍 삼아 나들이하듯 스스럼없이 드나들 수 있는 시설을 병원 옆에 갖추어 놓으려는 발상에서 시작된 것이라고 한다.

큰 바위 얼굴들은 3천여 점에 도달할 만큼 엄청난 물량이다. 중국이나 인도네시아, 말레이시아, 베트남 등지에서 현지인 400여 명을 별도 훈련시켜 숙련공으로 길러 낸 다음에 작업을 벌였다고 한다. 규모가 상상을 초월할 만큼 어마어마하여 제작비나 운반비를 어떻게 조달했을지 의구심마저 들게 한다.

느끼고 배울 점이 무척 많다고 생각되었다. 교육적인 측면으로 보아 매우 효과가 클 것으로 보였다. 석물은 인물 이외에도 농기구를 비롯한 옛날의 풍습이나 생활상을 조각으로 보여 주었다. 그런 만큼 소풍 가기에도 안성맞춤인 최적의 장소라 여겨졌다. 편의시설이 미비하고 조각상에 대한 설명문이 보이지 않는다는 점이 다소 불만스러웠다.

좀 더 자세히 그리고 모든 것을 낱낱이 확인하고 싶었으나 다리가 아프다며 고만 보자고 아내가 짜증을 낸다. 다소 볼록해진 배를 부여안고 아들과 함께 흐느적거리듯 따라오는 며느리의 모습도 안쓰러웠다. 얼마 안 있으면 곧 고고성이 울리겠지.

그래도 그런 몸으로 시부모 앞에서 거드름 피우는 것처럼 걷는 며느리의 느긋한 모습에 배꼽이 웃고 있었다. 앞으로 태어날 아이의 모습을 생각해 보면서 잊혀졌던 〈큰 바위 얼굴〉에 대한 이야기가 언뜻 생각나 어린 시절의 내 모습을 다시 돌이켜 보기도 했다.

아들 내외도 초등학교 시절에 그 이야기를 들었을까. 들었다면 어떤 생각들을 하였을까. 그리고 이곳에서 큰 석상의 얼굴을 바라보며 옛날 내가 꿈꾸던 그런 일을 생각해 보기는 했을까. 앞으로 태어날 아기를 생각하며 꿈을 소원해 보기는 했을까. 많은 생각이 꼬리를 문다.

돌아오는 길이다. 앞서 걷는 아들 내외의 모습이 눈에 들어온다. 활기찬 모습이 옛날 내 자태를 보는 듯한 착각이 들었다. 화려한 것은 아니었지만 가능성이 있었기에 어린 시절의 꿈은 언제나 달콤했었다. 꼭 이루고 싶었고, 당연히 이룰 것이라고 생각해 왔었다.

이제 머리 빛깔처럼 바랜 내 모습에서 지난날의 아름다운 꿈과 희망으로 가득 찬 아름다운 소년의 자취가 이미 사라지고 없지만, 퇴색한 꿈의 못다 한 한을 이룰 새로운 인물은 바로 며느리가 잉태하고 있는 우리 아이가 아닌가 하는 생각이 들었다.

뜻대로 이루지 못한 내 꿈은 비록 희미한 그림자처럼 뒤안길로 사라질 수밖에 없겠지만, 대신 새로 태어나는 아이의 꿈만큼은 〈큰 바위 얼굴〉로 힘차게 피어오를 것이라는 신념이다. 그것도 날이 갈수록 점차 확신이 되어 가고 있음을 온몸으로 느끼고 있었다.

안경자

1984년 일본

　1984년. 한일친선사절단으로 6박 7일의 일본 여행을 하게 되었다. 일본은 한 번쯤은 꼭 가 봐야겠기에 즐거운 마음으로 동참했다. 나리타 공항을 시작으로 여행 일정은 다채로운 편이었다. 도쿄·오사카·교토·아카사카·나라·아다미·하코네 항구 등등.
　3월 중순인데 안개 낀 쌀쌀한 날씨였다. 일행은 주로 사업을 하는 남녀 25인 정도였는데 공연을 할 국악인도 여럿 있었다. 제국 호텔에 여의사와 2인룸을 배정받았다. 그녀는 나보다 20년 연상이었지만 사회생활을 오래한 탓인지 무척 세련되고 젊어 보였다.
　저녁을 먹고 함께 긴자 거리 구경을 나섰다. 마침 호텔에서는 일본 대학생들의 졸업 사은회가 있었다. 여학생들은 기모노를 입고 남학생들은 짙은색 정장 양복을 입었다. 머리 장식을 화려하게 하고 로비에서 삼삼오오 모여 낮은 목소리로 소곤대는 여학생들의 모습은 무척 아름다웠다. 사진을 찍자고 하니 흔쾌히 응해 주어 여러 장의 기념사진을 남길 수 있었다. 일본을 이끌어 갈 젊은 그들의 모습은 무척 활기차고 세련되었다. 티 없는 그들의 웃음 속에 일본의 밝은 미래가 보였다.

그 당시 우리나라엔 통행금지가 있었던 것으로 기억하는데, 긴자는 밤새 휘황찬란하였다. 명동처럼 긴자 거리도 구두, 의상가게가 주류를 이루고 있었다. 다방이 여기저기 많은 한국에 비해, 일본은 임대료가 비싼 탓인지 다방이라는 간판은 없었다. 카페는 있었지만 그곳은 우리가 들어가기엔 조금 부담스런 장소였다. 그녀와 나는 어찌나 발이 아팠는지, 쉴 곳을 찾지 못해 길가 상가 계단에 앉아 잠시 쉬곤 했다. 물가가 비싸기로 세계 2위라는 동경의 미츠코시 백화점에 쇼핑하러 들어갔다가 그 가격에 놀라 입을 다물 수가 없었다. 우리 화폐보다 10배 높게 책정된 엔화는 가격표에 10배를 곱하면 감히 살 엄두도 낼 수 없었다. 아동복 코너에 걸린 원피스 한 벌에 무려 만 엔, 우리 돈 10만 원을 하였다. 한국에 와서 그 돈으로 아이들 선물로 3벌을 백화점에서 살 수가 있었다. 숙녀복은 더 비싸 아이 쇼핑으로 끝낼 수밖에 없었다. 오히려 내가 입고 있는 빨간 바바리 코트를 어디에서 샀느냐고 쇼핑하던 일본 여자가 물었다. 한국에서 산 옷이라고 하자 너무 예쁘다고 부러워하였다. 여행 가방을 쌀 때 일본에서 쇼핑한 옷을 입으려고 간단히 쌌다가 한 벌도 사지 못해 계속 입던 옷으로만 일관해 사진 속에 한 가지 옷만 찍히는 불상사가 나기도 했다. 시내 구경을 하고 객실로 올라가는 엘리베이터 안에서 우연히 한국에서 알고 지내던 남편 친구를 만나 놀라기도 하였다. 호텔 커피숍에서 차 한잔 마시면서 세계가 좁다는 것을 느꼈다. 두고두고 그때 만난 일은 그분을 볼 때마다 좋은 추억거리가 되었다. 정말 세계는 넓고도 좁다는 것을 다시 한번 느끼게 했다.

다음 날 아침 우리는 신궁 참배를 하였다. 신궁 앞의 넓은 광장은 아침부터 참배객들로 붐볐다. 기모노 차림의 일본인들은 길가에 엎드려 절을 하였다. 우리는 구경만 하였지만 그들의 조상에 대한 극진한 마음이 엿보였다. 그리고 거리엔 행인이 없었다. 그때부터 지하철이 발달되어 지하도로 내려가니 사람들이 구름처럼 밀려다니고 있었다. 자전거와 오토바이를 타고 지하철역까지 와서 그들은 지하철을 이용했다. 지금은 우리도 지하철을 많이 이용하지만 그땐 교통수단이 주로 버스였던 때라 무척 놀란 기억이 난다. 일본인들과 우리는 생긴 것이 비슷해서 그런지, 외국 관광객이 길을 물어봐서 난처한 적도 있었다. 내가 한국인이라고 영어로 말하자 그들이 오히려 놀라는 눈치였다. 다채로운 한일 교환 행사와 리셉션, 양국 민속 공연이 끝난 뒤 우리는 일정대로 여행길에 올랐다.

일본 제2도시라고 일컫는 오사카엔 유난히 한국인이 많았다. 특히 먹거리가 유명한 거리엔 한국 간판이 여기저기 보였다. 양식과 일식으로 일관하다 오랜만에 먹어 보는 불고기와 비빔밥은 그동안의 피로를 한꺼번에 씻어 주었다.

신칸센을 타고 제비처럼 날아 도착한 교토는 경주 같은 도시였다. 대체로 목조건물이어서 그런지 볼거리는 많지 않았다. 단장의 아는 친척이 교토 근교에 살아 일부만 저녁 초대를 받았다. 시내에서 꽤 떨어진 주택가의 작은 평수의 목조주택이었다. 15평 정도 2층 가옥은 사람 하나 간신히 올라갈 계단이 있었고, 그 계단 한쪽엔 칸칸이 신발과 여러 가지 종류의 잡동사니가 놓여 있었다. 한 치의 공간도 놓칠세라 물건들이 빈틈없이 자리 잡고 있었다. 부부와 딸 둘이 기거하는 그 집이 일본의 중산층이라니 믿기지 않았다. 장롱 대신 오시리라고 하는 붙박이장이 있었다. 마침 기모노 한 벌이 벽에 걸려 있었는데, 한 벽면을 다 차지하였다. 가격을 물어보니 우리 한복의 5배는 되었다. 물론 그 화려함이 한복의 단아함과는 비교도 안될 만큼 호화스럽기도 했지만 혼자서는 입지도 못한다니 입고 벗기가 무척이나 불편할 것 같았다. 난방은 양탄자 모양의 전기장판이었는데 방을 다 깔 정도로 면적이 컸다. 소파와 식탁도 없었고, 아래 위층 다 다미 깔린 미닫이 방 두 개씩이 전부였다. 둥근 밥상에 나온 음식은 또 한 번 놀라게 했다. 조그마한 접시마다에 담겨 나온 반찬은 우리나라의 넙적한 접시에 소담하게 내놓는 반찬과는 대조적이었다. 회와 김, 토장국 등 여러 가지 반찬들은 조금씩 정갈하게 차려졌다. 조심스럽게 수저질을 하다 보니 우리나라의 식생활이 잘못돼 있음을 느꼈다. 수북이 담는 반찬도 조금씩 담아야겠다고 생각되었다. 한 뼘만 한 앞마당에 꽃밭이 있었고, 작은 주차장도 있었다. 집은 잠자는 공간으로만 이용할 뿐 레저를 즐기는 편이라 집이 클 이유가 없다 하였다. 그리고 남녀노소 모든 사람이 다 일을 하고 있었다. 그만큼 산업이 발달하였다. 노인네들은 주로 톨게이트 표 끊는 일이나 경비를 하고 있었다. 우리나라에선 지금도 젊은 사람들이 하는 일이다.

　사슴을 풀어놓은 나라 사슴공원, 관광객이 주는 과자를 주로 먹는다는 사슴에게 과자를 주다가 손가락이 물릴 뻔도 하였다. 그대로 공원 안에 풀어놓아 관광객들을 따라다녀 오히려 우리가 사슴을 피하려 했지 사슴은 사람을 전혀 무서워하지 않았다. 거리 군데군데 연기가 뿜어져 나오는 아다미 온천, 계란껍질이 산을 이루는 후지 산은 분화구가 여기저기 있어 연기를 뿜어내고 있었다. 산 전체가 구름으로 뒤덮인 것처럼 보였다. 언제 폭파할지, 잠시라도 더 이상 머물고 싶지 않았다. 사진을 찍으면서 우리는 구름 위의 신선이 된 듯했다.

　보는 사람 입장에선 무척 볼거리가 많지만, 해마다 조금씩 가라

앉고 있다는 그들의 지형이 불안하게 느껴졌다. 왜 그들이 영토를 확장하려고 혈안이 되었었는지 이해가 되었다. 그리고 가는 곳마다 무릎 꿇고 공손히 인사하는 자세는 겸손해 보여 보기 좋았다.

절이나 박물관은 생각보다 관광지 규모가 작아 시간이 많이 걸리지 않았다. 30분이면 모든 구경거리는 끝났다. 투구 모양의 뾰족한 지붕도 인상적이었다. 군국주의의 인상이 여기저기 배어 있었다. 관광지마다 나무에 종이를 접은 쪽지가 꽃처럼 가지마다 매어 있었다. 무언지 이상해서 물었더니 일본인들은 자기가 염원하는 것을 써서 나무에 달아 놓는다고 하였다. 그들의 신앙이라 하였다.

도쿄 부근의 아카사카 절에 50년 전에 타임캡슐을 묻었다는 뚜껑 위에 앉아 사진을 찍으면서 현재 우리보다 월등한 저들의 발전한 문화가 부러웠다. 우리나라는 그때쯤 남산에 타임캡슐을 묻는다고 매스컴이 요란하였다. 200년 후에 자동으로 개봉되는 시스템이 장치돼 있다고 했다. 박물관에 볼 것이라곤 소총과 대포 등 노략질할 때 사용한 무기들이 문화재라고 전시되어 있었다. 우리의 찬란했던 문화재와는 무척 대조적이었다.

짧은 기간 그들을 접하고 난 뒤 집에 와서 작은 접시에 조금씩 음식을 담아 보면서 그 후 일본을 이해하는 데 많은 도움이 되었다.

30년이 흐른 지금 국내외적으로 일본과 우리나라는 많은 변화가 있었다. 반도체와 전자산업만 해도 상상할 수 없는 현상이 일어났다. 전 세계에서 우리의 제품이 단연 일본 제품을 앞서고 있다. 우리의 문화가 일본을 많이 앞지르고 있다고 해도 과언이 아니다.

거리에서 마주쳤던 검소한 여성들의 복장이나 소박한 생활상은 깊은 인상을 주었다. 지금은 또 얼마나 변해 있을지, 기회가 되면 다시 한번 가 보고 싶다. 그때 그 일본을 기억하면서.

양대성

육지 노예

어느 늦은 밤 모 방송의 'X 파일'인가 하는 프로에서 섬 노예의 실상을 보고 울분을 토한 일이 있다. 인신매매 조직을 통해 취직을 미끼로 납치해 온 남자들을 강제 노역은 물론, 강제로 무슨 약을 먹여 이성을 잃게 하고 영양가가 있다고 하여 개 사료를 먹이며 채찍을 휘두르고 강제 노역을 시키고 있었다. 관리자란 놈들은 소주에 삼겹살을 구워 먹으며 인부들에게 고기 몇 점을 던져 주면 그것을 서로 먹으려고 다투는 모습을 즐긴다. 두 쪽 다 짐승과 진배없다. 인부들은 연고가 없거나 있은들 연락이 안 될 테고 주민등록도 안 되어 있을 테니 그러다 죽으면 허구 많은 빈터에 묻으면 그만이다. 실제로 그렇게 생긴 무덤도 카메라가 비춰 주었다.

취재진이 들이닥치니 오갈 데 없는 사람들 데려다가 먹여 주고 재워 주는 것이 무슨 죄냐는 항변이다. 서울내기들은 여성의 일정 부분만 흘겨 보아도 성희롱이라고 덤비고 학생들에게 가하는 조그마한 체벌도 인권 침해라고 호들갑을 떠는 민주주의와 법치주의와 인권이 고도로 신장된 대한민국에 어찌 저런 일이 있을 수 있단 말인가. 나라가 크기나 하나 넓기나 하나 전국이 일일 생활권인데 경찰은 어디 있고 정부는 어디 있으며 그 잘난 엔지오는 다 뭐하고 있단 말인가. 그 뒤 어떻게 되었는지는 알 길이 없으나 티브이에까지 방영이 되었으니 무슨 조치가 있었겠거니 한다.

남의 일이라 잊어버리고 있었는데 최근 외딴섬 염전의 섬 노예가 신문에 고발되었다. 예의 인신매매 조직을 통하여 정신박약자를 끌어들여 불법 강제 노역을 시켰다는 것이다. 그런 값싼 노동력을 쓰지 않으면 염전의 수지를 맞출 수 없다는 뒷말도 있고, 경영에 어려움을 느낀 염전 사장이 자살을 했다기도 한다. 참 희한한 일이다. 장사에 수지가 맞지 않으면 접으면 간단하다. 생업이 그것밖에 없던가. 바닷물이 서해안에만 있던가. 나는 김장철에 소금 20kg들이 한 포대에 만 원도 채 안 되는 가격을 보고 바닷물이 공짜라 그런가 했다. 가격을 올리더라도 그런 방식으로 사업을 해서야 되겠는가. 20kg들이 한 포대에 5만 원쯤 한대서 무슨 문제가 생기겠는가.

이런 불합리한 현실에 울분을 토하면서 우리 주변에는 섬 노예만 있고 육지에는 노예가 없을까. 내가 지어 낸 육지 노예란 섬 노예가 불법 노동 착취 행위인데 반하여 합법적인 노예를 비유적으로 일컬음이다.

나는 시골에 내려와 살면서 시골 노인들의 뒤틀린 몸매를 본다. 물리치료를 받기 위해 미어터지는 정형외과를 본다. 허리 통증, 무릎 관절 등을 치료하기 위한 행렬들이다. 그들에게 누구 하나 심한 노동을 강요한 적은 없다. 그리고 외지에 나간 자식들이 거들어 생계가 그렇게 팍팍하지도 않다. 욕심에 겨워 한시도 쉬지 않고 자기 논

밭을 가꾸다가 짬이 나면 일당 5~6만 원 받는 하루 12시간짜리 삯일을 나간다. 봄나들이니 영화 구경 같은 것은 엄두도 못 낸다.

나는 한때 인쇄골목이라는 서울 중구 인현동에서 생업으로 인쇄 출판업에 종사한 일이 있다. 그리고 5년여 만에 다시 그 동네를 갈 일이 있었다. 10여 년을 종사했으니 낯익은 얼굴들이 꽤 있다. 자전거에 무거운 짐을 싣고 낑낑대며 땀을 흘리는 배달아저씨, 식판을 두 개 세 개 겹쳐 이고 식사 배달을 하는 아주머니, 지하실 좁은 공간에서 먼지를 뒤집어쓰고 종이를 자르는 제본소 사장 같은 얼굴들이다. 모두가 정겨우면서도 그들의 상한 얼굴에 연민을 느낀다.

잘 나가던 젊어 한때 서울 신촌의 유흥가를 출입한 일이 있었다. 거기에 나오는 여성 도우미들, 그들은 자기 의사로 나왔겠지만 손님이 시키면 뭐든지 해야 하는 노예나 다름이 없었다. 그뿐일까! 이 글을 쓰는 나 자신은 완전한 자유인인가. 생각이 여기까지 이르니 마음이 착잡해진다. 입에 풀칠을 하기 위하여 열악한 환경에서 노동을 하거나, 하루 장시간의 노동을 해야 생계를 유지할 수 있는 경우는 어쩔 수 없다 치자, 다만 먹고살 만한데도 더 많은 돈을 모으기 위하여 몸을 상하게 하고 스트레스를 받아가면서 일하는 것을 나는 합법적인 노예, 자발적인 노예라 부르는 것이다. 노예이긴 매한가지 아닌가. 나는 그들을 섬 노예에 빗대어 밖의 노예가 아니라 안의 노예, 즉 육지 노예라 이름 붙여 본 것이다.

우리는 흔히 성 노예라는 말을 듣는다. 포주의 강압에 못 이겨 마음에 없는 성을 강요당하는 여인을 이름일 것이며 일제강점기의 정신대가 그 대표적인 예일 것이다. 그렇다면 오늘날의 우리네 남성들은 과연 성으로부터 자유로운가. 수많은 명망가들이 성 추문으로 화려한 무대에서 사라지고 있다. 이들 또한 합법적인 성 노예라 할 수 있다. 술, 담배도 마찬가지다. 술의 노예가 되어, 담배의 노예가 되어 몸을 망치고 인간의 품위를 떨어뜨리고 급기야는 살림을 망쳐 사회에서 도태된다.

어떻게 하면 우리는 이 노예로부터 해방될 것인가. 섬 노예같이 강제 노역에는 행정 당국이 나서서 물리적으로 풀면 오히려 간단할 수 있다. 다만, 우리 자신이 선택한 노예는 우리 자신만이 벗어날 수 있다.

그 길을 나는 가난을 길들이라고 주장하고 싶다. 대한민국은 누가 뭐래도 경제대국이고 복지국가이다. 시골에 가서 텃밭만 일궈도 웬만한 생계 유지는 가능하다. 좀 더 호화롭게, 좀 더 편하게 그것도 대대손손 그렇게 살기를 원하기 때문에 공직자는 부패에 휩싸이고 기업가는 탈법과 노동력 착취로 폭리를 취하려 하고 노동자는 무리한 노동을 하려 하고 여성은 성을 이용하여 편하게 돈을 벌려고 한다.

이러한 과도한 욕심 때문에 스스로 마음에 없는 노예 생활을 하고 있지는 않은지 모두 한번 되돌아보았으면 한다.

오수열

정의롭게 산다는 것

　요즘 들어 부쩍 정의正義에 대해 생각하는 시간이 많아진다. 아마도 세월호 참사에 얽혀 있는 각종 사회적 병리현상病理現象을 목격하면서 사회과학을 연구하고 가르치는 사람으로서 적지 않는 자괴감을 느끼기 때문일 것이다.
　뿐만 아니라 작년 여름 군사학부 교수 공채를 두고 나와 사회대의 몇몇 젊은 교수들 간에 이견이 있었고, 학내 게시판을 통해 갑론을박이 전개된 것이 급기야 쟁송으로까지 번진 것으로부터도 영향이 없지 않을 것이다.
　곰곰이 나의 지난 삶을 돌이켜 회상해 본다. '참으로 험난한 세월 속에 굴곡진 인생을 살아왔구나.' 하는 생각을 갖지 않을 수 없다.
　특히 1988년 초 대학이 민주화되었으니, 복직하라는 통보를 받고 타이완 유학에서 귀국한 이후 나의 삶은 평탄하지가 못하였다. 뭐하려고 '구 경영진 비리조사위원회'의 책임을 맡은 것인가…. 그때부터 내 삶은 평탄하지가 않았다.

6년 만에 복직하였으니 학교야 죽을 쑤든 탕을 끓이든 조용히 주어진 강의와 연구에만 충실하면 되었을 터인데 소용돌이의 한복판에 뛰어들었으니 내 몸이 성할 리가 있겠는가.

사무국의 책임자로 있을 때 어떤 금융회사로부터 얼마간의 장학금을 받은 것이 '특정경제 가중처벌법' 이라는 그 이름도 무시무시한 범죄행위에 해당되는 줄을 어떻게 알았을 것인가. 결국 돈의 냄새도 맡아 보지 않았지만, 벌금형이라는 억울한 딱지를 붙이고 살게 되었다.

작년의 일만 해도 그렇다. 학부, 석·박사 과정의 제자로 10년 넘게 내 곁에서 맴도는 김 박사가 정당하게 최종 합격하여 임용 예정자로 발표되고, 이사회理事會에 임용 제청까지 되었으니 정말로 축하할 일이었다.

그런데 이 무슨 날벼락인가. 그의 논문이 표절이라는 익명의 투서投書가 날아들더니 곧이어 다섯 사람의 집단행동이 개시된 것이다. 그 절묘한 수법과 재빠른 행동에는 감탄할 수밖에 없었다.

김 박사의 억울해하는 것을 차마 그대로 넘어갈 수 없었다. 공교롭게 다섯 사람들 가운데 상당수가 공채 때 나의 도움을 받은 바도 없지 않아, 다소 격앙된 감정이 섞여 꾸중을 하였다. 선배 교수로서 이 정도는 할 수 있을 것으로 알았고, 설마 이러한 일로 고소까지 할 줄은 꿈에도 생각지 못하였다.

정의! 바를 정正과 옳을 의義의 합성어이니, 그대로 해석하면 '바르고 옳게 사는 것'을 뜻할 것이다. 물론 나도 세상이 반드시 정의롭지만은 않다는 것을 모르는 바 아니다. '맑은 물에는 물고기가 살지 못한다' 는 말도 없지 않다는 것쯤은 알고 있다.

그렇지만 억울한 일을 당하여 분해하는 사람, 특히 그 사람이 기득

권층의 횡포에 짓밟히는 것을 보고도 일신의 안일만을 위해 침묵한다면 이 사회는 어찌 될 것인가.

어제는 오랫동안 수사관으로 일한 바 있는 젊은이를 만났다. "이러한 경우는 어떻게 처신해야 하는가."라고 최근의 상황에 대해 묻지 않을 수 없었다. 세상에나! 그의 말이 충격적이었다. "교수님, 비겁하지만 침묵하시는 것이 좋습니다." 괜히 남의 일에 얽혀들지 않는 것이 상책이라는 것이다.

세월호 사건을 보도하는 뉴스를 볼 적마다 가슴에서 무언가 끓어올라옴을 느끼고, 고위공직에서 퇴직한 후에도 유관기관에 재취업하여 호의호식하는 모습에도 메스꺼워지는 것을 느끼는 나로서는 충격적일 수밖에 없었다.

하기야 이미 오래전에 독일의 철학자 키르케고르는 "정의는 죽었다."고 단언하였고 '하버드대 20년 연속 최고의 명강의'라는 수식어가 붙은 마이클 샌델(Michael Sandel)의 『정의란 무엇인가』를 아무리 읽어 보아도 정의가 무엇인지 손에 잡히지 않으니, 정의는 영원히 신기루일 수밖에 없는 것인지 모르겠다.

우동휘

말뫼―코펜하겐 로터리
국제대회 참관기

　원래는 2000~2001년도 동기 총재 내외 20여 명이 단체로 RI 국제대회 참가 겸 동구 7개국 관광을 목적으로 등록하였으나 그간에 사정이 생겨 여러 명이 포기하는 바람에 나도 부득이 동기 총재들과의 관광은 포기하고 로타랙트 대표단 3명만 인솔하고 6월 8일 아침 10시 40분 인천발 북경 경유 KE 851기 편에 유정렬 청소년연합 이사장과 함께 몸을 실었다.
　북경공항에 11시 40분에 내려서 오후 1시 55분에 출발하는 오스트리아 항공 OS 64기를 타고 비엔나로 향했다.
　현지 시간과 한국 시간의 차이가 7시간이나 되는데도 지구의 자전하는 방향과 같은 방향으로 날아가는 관계로 9시간 이상이 걸려 비엔나에 도착한 시간이 저녁 6시 10분이었고 다시 SO 307편으로 갈아타고 저녁 7시 40분에 출발해 코펜하겐 공항에 내린 시각이 밤 9시 25분이었는데도 북극에 가까운 나라의 여름철이라 백야 현상으로 하늘이 훤했다.

일행이 묵을 코리아 하우스를 경영하고 있는 덴마크 유일의 한인 목사 오대환 씨가 반갑게 마중을 나와 주셨다.

우리가 5일간 묵을 코리아 하우스는 덴마크의 평범한 가정집으로 2층에 방 한 칸, 아래층에 방 두 칸, 홀 겸 식당, 그리고 꽤 넓은 잔디 마당에 방가로 한 채, 부엌방, 화장실, 샤워실로 지어져 있었다.

여장을 풀고 긴 여행길이라 모두들 곤한 잠에 취해 떨어졌다.

9일 아침 8시경에 로타랙트 회원 3명을 말뫼 프레컨벤션센터로 보내고 유정렬 이사장과 함께 택시를 불러 타고 벨라컨벤션센터로 등록 ID를 찾으러 갔다. 9시까지 기다려 ID를 찾아 목에 걸고 택시를 타고 스웨덴 말뫼로 향했는데 택시기사의 감언에 속아 엄청난 비용을 지불하게 되었다. 바로 역으로 가서 전철을 탔으면 한화로 1인당 만 원이면 족한데 택시비가 389크로나, 해저터널 통과료가 255크로나 합계 644 덴마크 크로나를 지불했으니 한화로 10만 원이 넘는 돈이다.

그것도 말뫼 역 근처에 내려주고 가 버려 프레컨벤션센터를 찾는 데도 한참을 헤매고 다녔다. 안내원도 없고 안내 표지도 애매하고 겨우 찾아간 곳이 어느 대학의 낡은 학생회관 같은 곳이었다.

겨우 찾아 들어가니 계단식 강의실에 150여 명의 로타랙터들의 회합이 진행되고 있었는데 백승재 MDIO 회장과 정 군, 임 양이 함께 앉아 있는 것을 발견하고 우리도 그 뒤편에 자리를 잡고 앉았다.

커피 브레이크 시간이 되어 여러 나라 로타랙트 대표들을 일일이 만나 2008 서울 인타로타 대회에 많이 참가해 달라는 홍보물 팸플릿을 제법 능숙한 영어로 호소하는 장면을 보고 흐뭇한 마음이 들었다.

점심을 그들과 함께 하려고 하였으나 타이트하게 짜여진 일정 관계로 시가지 추적 활동에 나간다기에 취재차 참석한 로타리 코리아 지 김 차장과 함께 현지식으로 때웠다.

모든 활동이 끝나는 대로 우리 일행은 말뫼 역에 와서 전철을 타고 코펜하겐 중앙역에서 내렸는데 때마침 자전거로 그 앞을 지나던 오대환 목사님을 만나 코펜하겐에서 유명한 한식집 '비원'을 안내받아 오붓한 만찬을 한식으로 했다. '비원'의 메뉴판에 한국 '라면' 한 그릇 값이 120크로나, 한화로 2만 원이라는 데 놀라지 않을 수가 없었다.

돌아오는 길엔 택시 한 대에 네 사람밖에 탈 수 없다는데 다섯 사람이 타야 한다 하니 어떤 택시기사 한 사람이 용감하게 나섰는데 벤 짐칸에 의자 하나 펼치더니 걸릴 각오를 하고 타라는 것이었다.

교통법규가 엄격하기로 유명한 덴마크에서도 용감한 기사가 있는가 보다 하고 꽤 놀랐었는데 그 난판에 짐칸에 탔던 김 양이 카메라를 놓고 내리는 바람에 귀국할 때까지 찾지 못하고 오게 되었다.

10일날 로타랙트 회합에는 로타랙터 세 사람만 보내고 우리는 유 이사장의 연수 프로그램이 들어 있는 섹션에 옵서버 자격으로 참가해 하루 종일 벨라센터에서 시간을 보냈다.

저녁에는 우정의 집에서 간단한 요기를 하고 동기 총재 일행이 도착하는 공항으로 마중을 나갔는데 비행기는 벌써 도착했으나 사람들이 나오지 않아 사방 알아보았더니 짐을 인천공항에서 심한 폭우와 악천후로 싣지 못했던 것이다.

짐도 못 찾고 20여 명이 오려던 것이 14명밖에 못 와서 단체 적용이 안 되어 여행사측이 큰 걱정을 하는 가운데 호텔로 가는 도중 코리아하우스 앞길에 버스를 잠깐 세우고 내가 동기 총재 일행을 위해 갖고 온 민속주 안동소주 2병을 전해 주어 객고를 달래라고 하였다.

11일에는 로타랙터들이 특별한 프로그램이 없다기에 온종일 다운타운 관광에 나서기로 하였다. 우선 도심 한가운데 위치한 시민공원을 둘러보고 점심은 시내 중심가에 있는 '자금성'이라는 전통 중화요릿집에서 중국식 뷔페로 했다. 식사 후 시가지를 꽤 많이 걸어서 전철도 타 보고 지하철도 타 보고 버스도 타고 해서 등록처에서 발행한 교통카드를 십분 활용하고 다녔다.
　오후 7시 30분부터 있는 세 번째 개막식에 참석하기 위해 서둘러 돌아왔다. 참가자 수가 많고 장소가 없어 부득이 개막식과 폐막식을 세 번에 나누어 치르는 기이한 광경을 연출하게 된 대회가 된 것이다.
　12일에는 한국 로타리 총재단이 주관하는 조찬회가 있어 아침 일찍 서둘러 벨라센터로 향했다.
　한국에서 온 로타리안 가족 200여 명이 RI 귀빈 80여 명을 정중히 맞았으며 김광태 RI 이사님의 소개로 RI 고위 지도자들이 일일이 호명되었고 열렬한 박수로 환영해 드렸으며 한국 로타리의 높아진 위상을 잘 반영해 주듯 귀빈들의 한국 로타리 칭찬 일변도의 축사가 이어졌다.
　장장 두 시간여의 조찬회를 마치고 시내 중심가의 왕궁을 견학한 후 다시 벨라센터로 돌아와 우정의 집에서 간단한 점심 식사를 하고 오후 4시부터 열리는 호스트 환대의 밤 행사에 참석하기 위하여 시원한 B홀에서 잠시 휴식했다.
　저녁 만찬은 스웨덴의 말뫼 남부에 위치한 트렐레버그라는 작은 항구도시의 3개 로타리 클럽이 합동으로 주관하는 호스트 환대의 밤 행사에 참석하여 북해에서 나는 정어리, 연어 등 푸짐한 바다고기 요리를 맛보았고 시원한 북해의 해변에 서서 석양이 드리운 바다 풍경에 잠시 젖어 보았다.

13일 오전에는 잠깐 시장 구경을 하고 돌아와 점심은 덴마크에선 우리 돈 2만 원을 주어야 사 먹을 수 있는 너구리 라면을 실컷 끓여 먹고 오후 2시경 공항으로 나와 오후 4시 40분에 출발하는 OS 304기 편에 몸을 싣고 인천공항에서 떠날 때의 역순으로 돌아와 14일 오후 4시 정각에 무사히 안착하여 다시 만날 것을 기약하고 서로의 갈 길을 재촉하였다.

끝으로 이번 말뫼—코펜하겐 국제대회를 한마디로 평가하라고 한다면 전례가 없는 조직적이지 못하고 짜임새 없는 대회였다고 생각한다.

그러나 중고등학교 시절에 배웠던 농업 부국인 덴마크의 개척정신의 선각자 구룬트비히와 덴마크 재건의 선봉장 달가스에 대한 깊은 인상이 나의 뇌리에 깊이 각인되어 있었기에 이번 국제대회 참가는 뜻있는 일이었다고 생각한다. 박정희 대통령 시절 우리나라가 새마을운동을 시작하게 된 것도 덴마크의 재건운동에서 배운 바가 컸으리라 믿어진다.

즉 덴마크가 이웃나라에 빼앗긴 알사스, 로랜 지방의 기름진 옥토를 "밖에서 잃어버린 땅을 안에서 찾자"라는 슬로건 아래 온 국민이 일치 단결하여 동참하게 하여 오늘날 부국 덴마크를 만들어 낸 역사를 되짚어 보는 계기가 되었음을 다행스럽게 생각하면서 이번 여행이 나에게는 나름대로 뜻이 있는 여행이었다고 생각한다.

우성영

책 읽어 주는 사람 전기수傳奇叟

　1950년대 초 군청 소재지에서 8km 떨어진 곳에 위치한 우리 마을에는 문맹자가 많았다. 아버지의 사랑방에는 겨울철이 되면 글을 모르는 마을 사람들이 긴긴밤을 더 즐겁게 보내려고 모여들었다. 선친先親께서는 이른바 육전소설이라고 불리던 고담책 서포西浦 김만중金萬重의 〈구운몽〉, 〈사씨남정기〉, 이 밖에도 군담소설軍談小說류인 〈조웅전〉, 충신과 간신의 대결 갈등 구조로 엮은 〈유충렬전〉 등의 육전소설들을 구성지게 읽으셨다. 고담책 내용에 빠져든 마을 사람들은 자기가 주인공이 된 듯이 책 내용에 맞춰 옳지 잘한다, 그렇지, 속이 다 시원하다고 추임새를 넣으며 즐거워했다. 이렇게 삼동三冬의 긴긴밤은 깊어 갔다.
　마을의 문맹자들을 위하여 선친께서는 겨울 동안 소일거리가 별로 없는 마을 사람들에게 즐거운 마음으로 봉사하였다. 그 당시는 영화도 활동사진이라 하여 등장인물들의 대사나 소리가 없는 모노드라마였다. 이러한 영화를 상영할 때는 전문적인 직업변사가 있어서 영화의 줄거리 내용과 효과음 등을 구성지게 표현하였다. 또 이와 비슷하게 전문적으로 '책을 읽어 주며 성대모사 연기도 함께 곁들여 보수를 받고 책을 읽어 주는 사람'도 있었으니 우리말로는 이야기 장사라 하였고 한자로는 전기수傳奇叟라고 불리는 직업인들도 있었다.

조선 시대의 서민층은 문맹자도 많았고, 이야기책도 거의 없던 때라 책을 읽어 주는 사람인 전기수들은 대중들에게 꽤나 인기 있는 직업이었다. 사람들에게 지식과 지혜를 전달하는 역할을 하였으므로 매우 귀중한 장사꾼이었던 셈이다. 그들은 고대소설의 내용만 들려주는 것에 그치지 않고 이야기가 끝나면 세상 돌아가는 이야기와 각종 물가변동과 시세를 들려주는 역할도 하였다. 때와 곳에 따라 고담이야기에 즉흥적으로 현실 상황을 삽입하여 이야기를 이끌어 나가야 하였으니 1인 연기를 하는 훌륭한 직업인임은 두말할 나위가 없었다.

이 이야기 장사꾼 전기수는 주로 저녁나절 마을에서 비교적 넉넉한 집에 들어가 얘기판을 벌여 줄 것을 청한다. 주인이 허락을 하면 사랑방이나 안방에 마을 사람들을 모아 놓고 다양한 고대소설을 읽어 주는데 극적 상황에 따라서 1~3명의 잽이들이 적절하게 반주 음악과 효과 음악과 추임새를 넣기도 했었다. 이들이 가지고 다니는 책들은 일명 '딱지본'이라 불렸으며 대부분 필사본이었다. 일제 시대에 들어와서는 인쇄본도 많이 등장했다.

1930년대 이후부터 서울 종로 길거리에서 한 권에 육六 전錢씩 판매하였다고 하여 육전소설六錢小說이라는 이름으로 불리던 〈장화홍련전〉, 〈춘향전〉, 〈홍길동전〉, 〈구운몽〉, 〈사씨남정기〉, 〈조웅전〉, 〈유충렬전〉 등 고대소설을 읽어 주는 것을 직업으로 삼은 이야기 장사꾼들은 그 당시에는 꽤 있었다고 하나 오늘날에는 거의 찾아볼 수 없게 되었다.

책을 읽어 주는 전기수는 조선 시대 고담책古談冊에 나오는 이야기를 전문적으로 읽어 주던 노인 또는 사람을 말하며 그 시대의 전기수傳奇叟는 사람들을 모아 놓고 재미있는 고전과 고담책을 읽어 주거나 고담의 내용을 흥미롭게 다시 편집하여 들려주고 돈을 받는 직업인이기도 하였다. 이 전기수들은 아주 긴요한 대목에서 문득 책 읽기를 그치고 가만히 있으면 사람들이 앞다투어 돈을 던져 주면서 다음 이야기를 듣고자 하였다.

전기수들이 이야기 내용을 설정한 예를 보면 경상도 지방에서는 '입아구'라고 하여 입 양쪽 볼에서 나오는 말이라고 하여 '이바구꾼'이라고도 했다. 이들 전기수는 이야기 내용을 적절히 각색하여 들려주기도 했다. 이야기 내용 중 물[水]과 관련된 이야기를 할 때 물에 들어가는 장면은 죽음을 의미하고, 물에 잠기는 장면은 매장을 뜻하고, 물에서 다시 나오는 장면에서는 부활을 의미하는 형식 등으로 이야기를 풀어 나갔다고 한다.

조선 시대 『청구야담』에 나오는 이야기를 보면 책 읽는 사람의 낭독 소리는 노래 같기도 하고, 우는 듯, 웃는 듯 호방한 선비 같기도 하고, 아름다운 여인 같기도 하였다고 말했다.

전문적으로 책을 읽어 주는 전기수는 중인 신분이었기 때문에 지배층과 피지배층의 다양한 경험을 한 탓으로 보다 진솔한 표현이 가능하였다고 하며, 목소리 연기뿐만 아니라, 몸짓으로까지 연기를 하였다. 책의 내용을 그대로 전달하는 것만 아니라 자기 나름대로 흥미진진한 대목을 뽑아 내서 필요한 부분만을 세련되게 꾸며서 들려주기도 했다.

오늘날에도 서울시설공단에서는 광통교와 장통교에 이 전기수를 배치하여 조선 왕조 5백 년의 역사와 숨겨진 이야기를 전해 주고 있다고 한다. 문명의 이기를 통한 기계음보다 사람의 따뜻한 체온이 담긴 생생한 목소리는 사람들 마음에 큰 감동을 준다고 한다. 전기수의 역할은 사람과 사람과의 관계에서 훈훈한 인정을 주고받기도 했다.

과거의 전기수는 현시대의 동화구연가와 책 내레이션을 하는 사람들과 비슷한 형태였다. 이는 서양의 호메로스의 〈오디세이〉 서사시敍事詩처럼 국민적 민족집단의 역사적 사건이나 신화神話, 전설과 영웅의 사적을 장시長詩 형태로 꾸며 시를 읊은 호메로스처럼 여러 곳을 떠돌아다니면서 낭송하거나 읊은 음유시인吟遊詩人과도 같은 맥락이었다.

유상옥

삶을 기록으로 남겨라

　나이가 80줄에 들어서니 사람들이 어떻게 생활을 해왔는지 서로 대담도 되고 토론도 되어서 가까이 모이는 모임에서 이루어지는 이야기가 흥미롭고 나 자신도 되돌아보곤 한다.
　근래에 보면 사회생활을 오래하다가 80대가 되면서 자기가 한 일에 대한 글을 쓰는 사람들이 많아지고 있다. 자기가 겪었던 어렸을 때의 일, 젊었을 때의 좋은 일, 나쁜 일 같은 것을 찾아보고 자기의 삶에 도움이 되었던 선생이나 선배들의 이야기도 찾아서 글을 쓴다. 또한 자기 삶의 규범이 되었던 분들을 찾아 글을 써서 책을 내게 된다. 그리고 책을 내게 되면 서점에서 판매할 수가 있고 평소에 알고 지냈던 사람들에게 배부하게 된다. 가끔 여러 사람들로부터 책을 받아 읽어 보면서 그분에 대한 행적, 공로, 본받을 만한 행동 등 알지 못하던 것을 알게 되어 고마운 마음이 든다.
　그래서 얼마 전에는 평소에 옛 문화재 유통 분야에서 80년간 일을 해왔던 분의 책을 읽었다. 나도 컬렉션을 했지만 그분은 남들이 컬렉션하는 과정에서 유통에 관한 많은 기여를 하였다 싶었다. 지금 연세가 95세까지 됐는데 그분이 경험했던 것을 책으로 남긴 것에 대하여 깊은 감명을 받았다. 그래서 그분을 모시고 점심 대접을 한적이 있다.

그리고 얼마 전에는 의사 생활을 하다가 정년퇴직을 하고 나서 개인병원을 따로 차리지 않고 무료 의료 봉사를 하시는 분의 책을 읽었다. 그분은 주로 대학병원이나 국·공립병원과 적어도 100km 이상 떨어진 낙후된 시골 마을에 의료 봉사를 해서 소외된 환자들을 도와주고 계신다. 아주 변두리, 예를 들면 충청도 서산, 당진이라든가 안면도, 전라도의 광양만, 강원도 산골같이 고급 의료진의 손이 닿지 않는 지역을 순회하면서 봉사활동을 하고 계신다. 그래서 그분의 책을 사서 몇 사람에게 나눠 준 적도 있고, 우리 미술관으로 초대하여 식사를 같이하며 이야기를 듣기도 하였다.

최근에는 금융계에 획기적인 공헌을 하신 분이 책을 보내 왔다. 나이는 나와 비슷한데 이분도 어려서는 거제도에서 출생하여 여러 가지 어려움을 겪으면서 공부를 했고 은행에 들어와서 금융계에서 아주 우뚝하게 성장한 분이다. 은행의 행장까지 하면서 금융계에 많은 기여를 하셨다. 나도 동아제약에 있을 때에 그분이 일하던 금융기관을 통해 자금을 융자받아 안양의 박카스 공장을 지을 때 활용한 적이 있어서 그때부터 인연을 가지고 알고 지내는 분이다. 그분은 하나은행을 만들어서 행장을 하시고 회장도 하시고 그 뒤에 우리은행의 회장도 하시다가 지금은 파이낸스 프로그램, FP협회 회장을 하고 계신다. 파이낸싱에 대해 잘 모르는 분들에게 도움을 주는 역할을 하고 계신데 그것이 국민 여러분들에게도 도움이 되고, 그 일을 맡아서 하는 분들에게도 많은 도움이 된다고 생각한다. 이런 분의 삶은 사회가 발전하는 데 좋은 기여를 한 삶이 아닌가 생각한다.

이런 것들을 보면 자기가 태어나서 공부를 하고 직장생활을 하면서 일정 기간 동안을 활동하다가 퇴임 후에 무엇을 하느냐, 그것을 자신과 사회에 기여할 수 있는 방안을 찾아서 하는 것이 사회를 활성화하고 수준을 높이는 데 도움이 된다고 생각한다. 자기가 할 수 있는 일을 찾아서 좋은 일을 하는 사람이 많으면 국가와 사회가 성장한다.

우리나라는 경제력으로 세계 8~9위에 이르고 2013년 국내총생산(GDP) 1조 2천억 불로 세계 15위에 들어가는 등 경제성장 국가가 되어 있다. 이제 세계 사람들은 한국을 떠올리면 잘사는 나라로 생각을 한다.

북한 경제가 최근 3년 연속 플러스 성장을 했다고 한다. 2014년 6월 27일 한국은행이 관계 기관 자료를 바탕으로 분석한 '2013년 북한 경제성장률 추정 결과' 보고서에 따르면 2013년 북한의 실질 국내총생산(GDP)은 전년에 비해 1.1% 늘어났다.

2013년 북한의 대외 교역 규모도 73.4억 달러로 전년보다 5.3억 달러 증가했다. 하지만 작년 북한의 1인당 국민총소득(GNI)은 137만 9,000원으로 남한(2,869만 5,000원)의 약 21분의 1에 그쳐 남북 간 경제 격차는 더 벌어진 것으로 나타났다. 작년 북한의 명목 국민총소득(GNI)은 33조 8,000억 원으로 한국의 1,441조 1,000억 원에 비해 약 43분의 1 수준이었다. 한편 2013년 남북 교역 규모는 전년보다 42.4% 줄어든 11.4억 달러를 기록했다.

2차 대전 후 여러 국난을 치르면서 한국만큼 급성장해서 잘사는 나라가 된 경우는 없을 것이다. 왜정 시대의 어려움, 그 뒤 해방 후 혼란기와 6·25 사변, 자유당 시대, 4·19, 5·16 등 여러 어려운 시기를 겪었다. 그래도 그 안에서 우리들이 각자 자신의 분야에서 열심히 하였던 일이 국가 발전에 건설적으로 기여를 했다고 생각한다.

사람이 태어나 크면서 교육받고 성장하는 1차 시기, 사회에 나와 직업을 갖는 2차 시기, 그리고 60대가 되어 퇴직을 하고 난 후인 3차 시기, 이렇게 인생을 3기로 나누어 볼 수 있겠다. 1기, 2기를 치르고 지금 3기에 들어서서 잘하고 있는지 회고해 보면서 어떤 사람이 뜻 깊게 지내는지, 지금부터 나와 사회에 공헌하는 사람이 될 수 있을지 생각해 본다.

내 주위에는 금융기관이나 학교나 기업체에서 일한 사람들이 많다. 그중에 나는 기업체에 종사하여 월급쟁이로 30년, 55세에 화장품업을 창설하여 경영자로서 잘 이끌어 오고 있다. 취미로 고미술품 컬렉션을 해서 박물관을 하나 만들었다. 국내 전시는 물론 외국(파리, 런던, 북경, LA, 오사카, 도쿄)에도 전시하여 세계적으로 한국의 미를 알리는 데 도움을 주고 있다. 또한 1980년대 중반부터 글을 쓰기 시작해서 꽤 오랫동안 수필을 써 왔다. 내 수필들이 신문, 잡지에 게재되었고 그것을 모아 책으로 만들어서 지금 6권에 달해 수필가라는 명칭도 얻게 되었다. 그러니 나는 성실한 삶을 살고 있다 하겠다.

유애선

달님이 창가에

 초여름 오후의 햇살이 늬엿한 마당에는 짙은 은행나무 그림자가 길게 늘어진다. 들과 산은 연두가 초록이 되고 농번기는 이미 시작되어 논과 밭은 주인들의 발자국 소리를 조석으로 듣는 오월이 중순을 지나 하순으로 접어들고 있다.
 요즘의 밭작물로는 고추와 참깨를 심었고 이른 봄에 심었던 봄감자, 봄콩 이런 것들은 푸릇한 잎들이 찬란한 봄볕을 받아 너울거리며 건강한 모습으로 잘 자라고 있다. 아침부터 텃밭에서 풀을 매느라 땀을 얼마나 흘렸는지, 작년에는 김을 매면서 밭고랑에 앉아 땀을 닦다가 내년에는 밭곡식을 덜 심고 일을 조금만 해야겠다고 마음 다졌는데, 그것도 봄만 되면 마음이 허물어지면서 자꾸만 새로운 것을 심고는 한다.
 온종일 일한 탓에 몸이 노곤하다. 씻은 후 저녁 먹으니 벌써 시계는 아홉 시를 넘기고 있다. 책이고 뭐고 이렇게 고단할 때는 잠이 제

일이다. 내일 또 호미 들고 해야 할 일이 있어 푹 잠을 자려고 방에 들어섰다. 그런데 하얀 달빛이 문틈으로 먼저 살며시 새어 들어와 있다. 창문을 한 뼘쯤 열었다. 기다렸다는 듯이 흘러넘치는 달빛이 쏟아져 들어와 그만 방바닥 깊숙이까지 쫘악 소리 없이 깔린다.

구름 한 점 없는 밤하늘 위에 높이 떠 있는 쟁반 같은 보름달, 몸은 솜처럼 피로하나 온 마을 가득한 월광月光을 물리치지 못하여 창틀 위에 몸을 맡기며 턱을 괴고는 달님을 물끄러미 한동안 바라본다.

심호흡을 크게 하니 시원한 밤공기가 목덜미를 간질인다. 고요와 황홀과 적막이 소리 없이 다가오는 밤, 마음과 몸 뼛속까지 스며드는데 흰 달님이 방긋 웃으며 '피곤은 무엇이야, 무거우면 내려 놓아.' 묻고 답을 하고 있는 것 같다.

때마침 텃논에서 들리는 개구리들의 합창이 소낙비처럼 큰 소리로 나를 반기고, 동네 동쪽에 위치한 꽃산에서는 뻐꾸기와 쏙독새가 번갈아 우는데 아주 가깝게 들린다. 신이 내린 자연의 향연, 어려서부터 귀에 익은 천상의 하모니를 환한 달빛을 받으며 들으니 고단도 피곤도 어디론지 슬며시 가 버리고 홀로 있지만 참 행복하다.

생각나는 것이 있다. 내 새댁 시절이다. 많은 가족들의 저녁 설거지를 마치면 꼭 해야 할 일이 있었으니 중고등학교에 다니는 시동생, 시누이 교복 다림질이다. 흰 남방에 회색 바지, 풀새는 낮에 틈틈이 해놓았다. 다리미에 넣을 숯은 저녁 밥을 지으면서 장만했다. 저녁 식사가 끝나 초저녁이 되면 바깥마당에 밀방석을 깔고는 다림질을 했는데 그때는 전깃불이 없었다. 그러나 대낮처럼 밝은 달빛이 저녁 일을 하는 나에게 유일한 빛이었었다.

시동생, 시누이 교복을 비롯하여 대가족의 여러 옷가지를 죄다 다리고 나면 달님은 서쪽으로 저만큼 옮겨 갔다. 그때쯤이면 모깃불의 연기도 차츰 가늘어지면서 주위는 바다 밑처럼 고요했었는데….

마당 귀퉁이에 긴 헛간이 있었다. 그 지붕 위에는 여름마다 흰 박꽃이 초저녁에 만발하여 밤이 지나 아침에 나가 보면 어느새 입을 다물고는 수줍어하던 모습, 또 한 가지 그리운 건 반딧불이다. 꽁무니에 빛을 달고는 반짝반짝 칠흑 같은 어둠을 누비며 여름밤을 수놓았었는데 지금은 어디로 사라졌는지 참 아쉽다.

이런저런 추억은 참 많다. 생각을 꺼내기 시작하면 자석에 녹이 슨 쇠붙이가 주렁주렁 매달려 나오듯 하는 옛 일들, 전에는 아무렇지도 않았던 일들이 지금은 고맙게 여겨지는 것이 얼마나 많은가. 오늘 같은 밤에는 달님이 고맙고 시원한 밤공기가 고맙고 그믐날의 깜깜한 밤하늘에 영롱히 반짝이는 별들이 고맙다. 동네 가운데 장승처럼 우뚝 서서 마을을 지키는 당산나무, 예전에는 여름만 되면 짙은 그늘을 만들었었다. 한낮에 땀 흘린 농군들의 피서지가 되어 동네꾼들에게 효자 노릇을 하였었다. 지금은 마을회관에 에어컨이 있어 자리를 빼앗기고는 그래도 말없이 동네 가운데에 아직도 정정한 모습으로 서 있다. 그래서 당산나무는 우리 동네의 터줏대감이며 보물 제 일 호이다.

이 밤에 어찌 동네의 이력을 다 헤아릴 수 있을까?

이런저런 생각을 미루어 내고는 창가에서 몸을 돌리니 방에 고요한 달빛이 가득하다. 자리에 누우니 뻐꾸기, 쏙독새, 개구리들은 지치지를 않는지 여전하다.

'얘들아, 너희들은 내가 잠에 깊이 빠져 꿈나라에 이를 때까지 노래를 계속 불러라….'

뻐꾹뻐꾹, 쏙독쏙독, 개굴개굴 개굴개굴…. 아직도 달님은 내 방

유애선 217

창가에 소리 없이 머무는데 곤한 육신은 세상에서 가장 무겁다는 눈꺼풀을 들어올리지를 못한다.

유영애

횡설수설

　내가 6년제 고등 여학교 다닐 때였다.
　그 시절에는 사춘기란 말이 있었었는지도 모르겠다.
　지금 생각하면 그때 내게 그야말로 사춘기가 왔었나 싶다.
　주말이면 귀가하는 남녀 학생들로 무거웠다.
　나는 밀린 하숙비며 학비에 시달리면서도 집에 갈 수 없으니 선창가 전신주에 몸 기대고 배가 차례로 통통거리고 뜨는 것을 우두커니 바라보다가 물살을 가르며 멀리 사라지면 눈물로 돌아서곤 했다.
　다른 학생들은 그리운 식구들 만나는 기쁨으로 희희낙락하는데 나는 왜 저 배를 탈 수 없을까.
　부모가 원망스럽고 우리 살림을 말아 가 버린 큰아버지가 밉고 내 나이가 미웠다. 하숙집에서는 틈나는 대로 주인의 일을 도왔으므로 하숙비 독촉은 하지 않는다. 그래도 눈치가 보여 그날은 집에 다녀오겠다고 나온 터이라 갈 곳 없이 시내를 방황하다가 극장 '희소관'

앞을 지나가는데 '현인 선생님'의 '신라의 달밤'이 귀가 울리도록 큰 소리로 흘러나오고 있었다.
　순간 언뜻 떠오르는 것이 있어 '그래 내 형편에 공부는 사치야. 저 안에 들어가 무엇이든 시켜만 주면 열심히 해보겠다고 사정해 봐야지. 그러다가 나를 인정해 주는 분이 있으면 연기며 노래며 춤이며 내 소질을 맘껏 펴 봐야지.' 하는 우매한 충동에 발이 땅에 붙어 버렸다.

　초등학교 시절 학예회, 운동회 날이면 전 종목 선수였고 교과서는 거의 외울 정도여서 여러 선생님에게 칭찬을 많이 받았다. 졸업할 무렵 어느 선생님은 '너는 커서 배우 되거라.' 하시던 생각이 떠올라 마구 가슴이 요동쳤다. 바로 그때 저 앞에서 걸어오는 낯익은 사람, 찰나 섬찟 소름이 끼치면서 나도 모르게 옆 골목으로 몸을 피했다.

　긴장 뒤에는 이완이 필요한 것처럼 한참 동안 마음을 추스르고 발걸음을 옮긴 곳이 현옥이네 집이었다. 어머니도 알고 현옥이 사변 내내 우리 집에 있었으니 당분간은 있을 수 있지 않을까?
　그러나 그곳은 적산 가옥이라서 많은 사람들이 들락거리고 게다가 이복형제들 사이가 어려운 걸 짐작했다.
　어디로 갈까. 아! 그 친구가 있지! 시골이기 때문에 학교와의 거리는 멀지만 어머니가 안 계시니 할머니 옆에서 아침 저녁으로 도와드리면 좋을 것 같았다.
　내 생각은 적중해서 온 식구들이 좋아했다. 아침에 일찍 일어나 물 긷고 아궁이에 재 담아 내고 가마솥에 물 데워 놓고 청소하면 할머니께서 밥 지으시고, 그렇게 얼마 동안은 행복했다. 그러나 온 식구들의 관심이 내게 쏠리다 보니 응석받이로 자란 철없는 친구의 변해 가는 언행에 차츰 노엽고 괴로웠다.

그 동네를 벗어나기까지는 집집마다 담장 너머로 풍기는 라일락꽃 향기가 아침 기분을 산뜻하게 할 뿐더러 높지 않은 산길을 좋은 공기 마시며 아침 저녁 쌍둥이처럼 학교에 다니는 것이 참으로 좋았다. 나는 되도록 식구들이 실망하지 않게 또 친구와의 사이도 유지하려니 자신 비굴해지고 딱히 가야 할 곳도 없는데 자존심 때문에 경솔할 수도 없어 고민 중에 뜻밖에도 좋은 기회가 찾아왔다.

'도내 체육대회' 나는 최저학년 배구선수로 합숙 훈련에 들어가게 되었다. 순간은 기뻤지만 그곳 생활도 쉽지 않았다. 모두가 4, 5학년 선배 언니들이어서 어려운데 그들의 심부름이 이만저만 아니었다. 어려운 일은 모두 내게 맡기고 칭찬은 그들이 받아도 좋았지만 때로 거북한 심부름까지도 나는 마다할 수가 없었다.

이런 기회가 아니면 누가 재워 주고 먹여 주겠는가. 몸은 고단해도 오랜만에 행복했다. 언니들은 그것도 고생이라고 견디지 못해 틈틈이 사감 선생님 눈 속이며 외출을 했다. 어쩌다 내게도 시간이 나면 용숙에게 달려간다.

그쯤 한참 눈코 뜰 새 없이 바쁜 농번기라 할머니께서 무척 기다리신다고 했다.

다행히 우리는 우승을 하고 승전가를 부르며 군산 시내를 돌았다.

그럭저럭 방학이 되었다. 나는 이번 여름방학이 마지막이라는 생각과 정든 친구네 가족에게 받은 은혜를 생각하며 여러 날 열심히 할머니를 도와드렸다. 그러던 중 고향 친구네 목선이 물건 실어 온다는 소식을 듣고 서둘러 선창으로 나갔다. 정든 군산항을 등지고 배에 오르는 착잡한 마음을 주체할 수 없어 뿌연 눈으로 손 흔들며 군산항아 잘 있으라고 수없이 뇌까렸다.

마파람에 돛도 올리지 못한 채 휘둘리는 목선 안에서 몇 시간을 멀미와 싸우며 우역우역 얼마나 시달렸는지 초주검으로 내린 조그만 포구 완포!

이런 것들이 머릿속에서 갇혀 있다가 순간순간 떠오르면 억울해서 울고 기막혀 웃는다. 고등 여학교 시절 이야기다.

그래도 시간은 얼마나 명약인지 죽을 것만 같은 아픔도 치유해 주고….

나는 이렇게 바보처럼 세월을 잡고 늘어진다. 기억이 희미해지면 잊혀지다가도 어느 날 뚜렷이 떠오르는 추억을 감당할 수 없을 때면 헛웃음으로 달래며 눈물짓는다.

유인종

보리 개떡 먹는 날

　유대인의 명절 중에 유월절은 우리의 광복절과 같은 해방 기념일이다. 그들은 4백3십 년간 애굽(이집트)의 노예 생활을 하던 중 모세라는 걸출한 지도자에 의해 서둘러 애굽을 떠나야 했다. 황급히 떠나야 했기에 미처 누룩을 넣어 부풀린 빵을 만들 여유가 없었다. 유월절에 이어지는 무교절에는 쓴 나물과 누룩 없는(무교) 빵을 간장에 찍어 먹으며 애굽의 고생을 생각한다. 7일간의 이 절기 행사는 주로 가정 중심으로 치뤄지며 자녀들은 아버지로부터 유월절의 유래와 의식에 대해 설명을 듣는다.
　이때가 3월에서 4월경인데 마침 우리나라의 보릿고개 시절에 해당이 된다. 과거에 영국 사람들의 말에 인도는 소를 잡아 먹어야 살고 한국은 보릿고개가 없어져야 산다고 했었다. 일제 35년간의 악랄한 수탈과 세계 전쟁의 역사에 유래를 찾아볼 수 없는 비참한 6·25전쟁, 그 시절에 넘어야 했던 보릿고개라는 절대 빈곤의 뼈아픈 기억을 증언할 이들이 이제는 많지 않다. 이 땅에 보릿고개가 사라진 게 불과 반세기 전 일이다.

그런데 지금은 많이 달라졌다. 우리나라 경제 규모는 세계 10위권이며 어린이 비만이 문제가 되고 너나없이 살 빼는 일이 큰 관심사가 됐다. 휴대폰이 5천5백만 대, 자가용이 2천5백만 대, 1천6백만 명이 해외 여행을 즐기는 풍요를 누리고 있다. 그런데 많은 노인들이 이 풍요 속의 빈곤에 허덕이며 핵가족의 푸른 서슬에 주눅이 들어 있고, 젊은 부모는 어린 자녀 기 죽일까 봐 버르장머리 가르칠 엄두를 못 낸다.

자본주의는 머니(money)가 최고라면서 삶의 비중과 초점을 물질에 두어 비정한 사회를 만들고 신문은 도덕 상실의 패륜 기사로 도배질한다. 태풍 앞에 여린 공기와 파도 앞에 여린 물방울은 그 거센 위세에 휩쓸려 들 수밖에 없다. 이것이 바로 무섭고도 두려운 풍조風潮라는 괴물이다. 이 풍조라는 괴력 앞에 천민자본주의가 부끄러운 줄 모르고 판을 치며 혹 누군가가 곁에서 도덕과 인간성 회복을 말하면 여지없이 경멸당한다.

돈은 도덕적으로 중립이다. 돈 자체가 나쁜 게 아니라 그것을 쓰는 인간의 도덕성에 문제가 있을 뿐이다. 티끌 모아 태산이라는 속담이 사라졌고 황금 보기를 돌같이 하라는 최영 장군 동요가 들리지 않는다. 모두가 일확천금의 한탕주의에 빠져 있다. 성경은 돈이 일만 악의 뿌리라고 말하거니와 돈을 경계하라는 교훈은 시공을 초월하는 인류 보편의 규범이다.

콩 한 쪽도 나눠 먹자고 서로를 격려하면서 모진 보릿고개를 넘어온 노인들, 그들이 오늘 이 땅에 부요한 곳간과 풍요의 결실의 주춧돌을 놓은 장본인들이다. 노인들이 바로 숨 쉬는 교과서요, 민족정신의 살아 있는 역사인 것이다. 뿌리가 없이는 화려한 꽃도 맛있는 열매도 없다. 그러므로 꽃과 열매는 모든 영광을 뿌리에 돌려야 한다. 이 민족 역사의 뿌리인 노인들이 기가 죽고 이분들의 설 땅이 없다면 다 된 세상이다.

"임자, 해봤어?" 이 말은 H기업 회장의 유명한 말이다. 그렇다. 배를 곯아 보지 않은 세대는 흘려들은 풍월로 보릿고개를 말할 수 없다. 1·4 후퇴 때 얼음판 위로 피란을 떠나 보지 않은 젊은이가 어찌 6·25 노래를 가슴 아프게 부를 수 있겠는가. 백문이 불여일견이요, 역사를 잊은 민족은 망한다고 했다. 지금 역사의 수레바퀴가 방향을 잃고 젊은이들이 버릇없는 망동을 하는데 막상 노인들은 지팡이를 휘두르며 호통칠 기력이 없다.

유태인 어머니들은 어린 자녀에게 『탈무드』를 가르친다고 한다. 『탈무드』는 유태인의 정신적 양분이며 영혼의 소중한 유산이다. 우리에게도 조상이 남겨 준 지혜와 교훈의 보고인 격언과 속담이 많이 있다. '첫 술에 배부르랴', '천 리 길도 한 걸음부터'라는 속담을 어려서부터 배워야 일확천금의 망상에 젖지 않고 과욕으로 뱁새의 가랑이가 찢어지지 않는다.

오늘의 풍요에 빠져 옛 법을 폐해서는 안 된다. 이스라엘이 고난의 역사를 상기하며 무교절을 지키는 것처럼 우리도 보릿고개의 아픈 역사를 뼈에 새기며 '보리 개떡 먹는 날'을 만들었으면 좋겠다. 그날 하루만이라도 기름진 음식을 먹지 않고 거칠게 빚은 개떡을 나누고 우리 조상들의 배고팠던 시절에 동참하며 아빠는 자녀에게 보릿고개의 전설을 전수해 주자. 조상들이 흘린 피와 눈물과 땀의 이야기를 듣는 우리의 자녀들이 내일의 역사를 이어 갈 또 하나의 뿌리이기 때문이다. 뿌리가 깊은 나무는 바람에 흔들리지 않고 좋은 꽃과 열매를 맺는다고 『용비어천가』가 노래하고 있다. 이스라엘 어머니가 『탈무드』를 가르쳐야 그 자녀가 노벨상을 타고, 우리의 아버지가 세종 임금의 『용비어천가』를 가르쳐야 후손들이 역사를 바로 알 것이기 때문만은 아니다. 삶의 바탕과 근원을 귀히 여기는 것이 인간의 마땅한 도리이기 때문이다.

설날에 세뱃돈만 건네주면 다 되는 부모, 조상의 제삿날을 기억하지 않고 여행을 떠나는 젊은이, 이를 멀찍이 비켜서서 바라볼 뿐 나무라지 못하는 힘겨운 노인, 이것이 오늘 우리의 부끄러운 자화상이 아닐까?

아무래도 이쯤에서 민족 대각성의 르네상스 절기를 만들어야 할 것 같다. 그날 우리 모두가 멀건 나물죽 사발과 거칠게 빚은 보리 개떡을 양손에 받쳐 들고, 눈물을 글썽이며 이렇게 조상의 애창곡을 함께 불렀으면 좋겠다.

    반소사음수飯疏食飮水하고
    곡굉이침지曲肱而枕之라도
    낙역재기중의樂亦在其中矣라

나물 먹고 물 마시고 팔을 베고 누웠으니, 대장부 살림살이 이만하면 족하지 않은가 라고.

윤금숙

길에서 길을 잃다

 어렸을 적 고향의 길은 물길을 따라서 가늘고도 구부러진 길이 어디에고 널려 있었다. 쇠똥더미가 무더기로 줄을 서고 양옆엔 풀섶이 무성했다. 지금 가서 밟아도 물레 소리가 들릴 듯 항시 평화로운 모습을 간직하고 있었다.
 우리네 조상들 삶의 소리가 흥건히 담겨 있고, 자유로움과 자연스러움이 맘껏 배여 있는 길! 그 길은 물을 흐름처럼 순리대로 뻗어 있었고 고개를 오르는 길은 돌고 돌아서 숨 가쁘지 않게 해주었다. 성급하고도 약삭빠른 속성들을 그저 담담하게 타이르며, 고되어도 참으며 침착하게 가도록 말없이 늘 일깨워 준 것이다.

 내가 살아온 길은 중년을 지탱하는 지금까지 그러한 길의 교훈과 발맞추지 못했다. 세계의 많은 명산 중에서도 아름다움이 으뜸이라는 금강산! 그 아래 자리한 회양고을! 그곳에서 태어나 어린 날을 보냈다. 일곱 살 되던 여름에 해방을 맞이했고, 아홉 살 되는 해엔 고향을 잃어버리게 되었다. 조상이 뿌리박아 준 터전을 버리고, 남쪽으로 이사를 하게 된 것이다. 철들어서 알게 됐지만 이삿짐을 달구지에 싣고서 삼팔선을 넘어온 것이다.

그때부터 도시에 갇혀서 오늘까지 살아왔다. 도시는 정다운 우리의 바탕을 잃은 채 살아가게 한다. 판에 박힌 듯 쭉쭉 뻗어 있는 길은 길로서의 효용은 높을지언정 답답하고 숨이 막혀 빨리 벗어나고만 싶어진다. 그 갈증은 시골 길을 그리워하게 한다. 계절따라 형형색색으로 옷을 갈아입는 자연의 순리가 항시 마음을 포근하게 하기 때문이다.

방아깨비나 메뚜기에 홀려 길을 멈추는 여유를 철이 들어선 한 번도 맛보지 못했다. 그렇게 살아온 지금까지도 내 마음속에 고이 간직해 온 잊을 수 없는 길이 하나 있다. 그것은 어둡고 처절한 역사의 뒤안길인지도 모른다.

그때 내 나이 열두 살!

우리가 청량리에 살 때다. 그 시절 난리통 속에서 겪은 한 토막 길의 이야기는 항상 내 가슴에 살아 있다.

그해에 6·25가 터졌다. 갑자기 밀어닥친 난리 때문에 모두들 살기가 어려웠고 그 좋던 인심이 삽시간에 흉흉해졌다. 어린 나이에도 하루하루가 으스스하기만 했다. 아무 데로나 피하기만 하면 살 것도 같은데 그 노릇이 쉽지가 않았다. 그러던 어느 날이었다. 어머니께서 가평에 있는 작은집에 잠시 가 있으라는 것이었다. 가평까지는 백 리 길이 된다는데 그 거리도 거리이거니와 난리통에 가족을 떠나 홀로 떨어진다는 것에 더럭 겁이 났다. 그나마 어른을 따라간다는 위안감으로 마음을 달랬지만 혼자 집을 떠난다는 설움은 내던지지 못했다. 어머니의 말씀을 거역하지 못한 나는 어머니가 싸 주신 보자기를 들고 함께 갈 아저씨 뒤를 따라 나섰다. 막 떠오르는 아침 햇살은 언제나처럼 동녘에서 경쾌하게 달려왔다. 그 찬란한 햇살더미가 온통 설움으로 달려들어 온몸을 오싹하게 하였다. 그런 채로 얼마쯤을 가는데 하늘을 찢는 요란한 비행기 소리와 폭격 소리가 천지를 진동했다. 화들짝 놀라서 뒤돌아보면 꼭 우리 집에서 불꽃이 솟구친 것 같아 몸서리를 치곤 했다. 비행기가 우리 집을 마구 부순 것만 같아 서울 쪽에다 눈길조차 돌릴 수가 없었다. 몇 차례나 폭격을 피해 길섶에 엎드리고 엎드렸다. 차츰 폭격 소리가 주춤해지는 것 같아 길섶에서 일어나 주위를 두리번거렸다. 흐트러진 시야 어느 곳에도 아저씨의 모습은 보이지 않았다. 순간 하늘이 무너진 듯 앞이 캄캄해졌다. 되돌아가면 그만이지만 입에 풀칠하기 힘들어 입 하나 덜려고 자식을 딸려 보내는 어머니의 가슴을 아프게 할까 봐 선뜻 되돌아설 용기가 나지 않았다. 이렇게 할까 저렇게 할까 망설이다가 가는 데까지 가 보자고 마음을 다잡으니 그제서야 삼복더위에도 불구하고 벌벌 떨리던 몸을 주체할 수 있었다.

  고갯길 옆으로 빠지는 샛길에서부터 묻고 물어 가며 바람만 바람만 따라갔다. 고갯턱에서 바라보이는 실꾸러미처럼 얽히고설킨 길 중에서 제일 넓은 길을 놓치지 않고 걸었다. 들녘에는 난리가 났는데도 일하는 사람들이 군데군데 많이 있어 길을 묻는데 아쉽진 않았다. 길을 알려 주는 어른들마다 어린아이가 이 난리통에 어딜 가느냐, 부모님은 어떻게 하고 혼자 위험하게 돌아다니느냐고 걱정스럽게 물어주는 말에 하염없이 눈물이 솟구쳤다.

  가다가 배가 고파서 보자기를 푸니 주먹밥 덩어리가 어머니의 마음인 양 꼭꼭 뭉쳐 있었다. 그걸 먹으면서도 가던 길을 멈추면 죽는다는 생각에 걸음을 멈출 수가 없었다. 목이 마르면 아무 곳에서나 물을 얻어 마셨다. 가도 가도 끝이 없는 길이었다. 얼마나 더 가야 되는지 모르는 답답함이 겁을 한없이 부채질하여 부풀대로 부풀었다. 해가 지기 전에 당도해야 한다는 강박관념이 걸으면서 뛰게 하고 뛰다 보면 숨이 차서 걷게 되니 온몸에서 땀이 물처럼 줄줄 흘러내렸다. 가평에 어느 정도 다다른 것도 같은데 낯익은 동네는 보이지 않고 해도 곧 꼴깍 넘어갈 것만 같았다. 무서움과 공포감에 피로까지 겹친 데다가 빨리 작은집을 찾아야 한다는 조바심이 목울대를 눌러댔다.

통곡의 덩어리가 울컥울컥 솟아올랐다. 흐르는 눈물을 훔치면서도 걸음을 멈추지 못하고 뛰다시피 걷는데 누군가가 부르는 소리가 어렴풋이 들리는 것 같았다. 힘없이 멈춰서며 두리번거리니 저만큼서 할아버지가 한 분 쫓아오시며 말을 건네셨다. 나는 설움에 짓눌려 울먹이며 그간의 사정을 이야기해 드렸다. 그 어눌한 말을 제대로 알아들으셨는지 할아버지께서는 걱정 말라고 다독거려 주시며 손수 데려다 주신단다. 그 순간 갑자기 세상이 환하게 틔었다. 구세주! 그 구세주 할아버지를 따라가며 서울에서 아침 일찍 길을 나섰다니 깜짝 놀라셨다.

할아버지 덕분에 무사히 작은집에 도착했다. 할머니와 작은어머니는 울타리 곁 대추나무 아래에 멍석을 깔고 앉아 계셨는데 평생토록 그 모습이 내 가슴에 찍혀 있다. 할머니는 놀라움과 반가움에 놀라 어리둥절하시면서 어린 것을 혼자 보낸 것을 아신 후에는 몇 번이나 혀를 차시는 것이었다. 나는 어머니에 대한 나무람이란 생각에 괜히 무안해하면서도 누적된 피로를 이기지 못하고, 작은집을 찾아왔다는 안도감에, 깊은 잠의 수렁 속으로 빠져들고 말았다.

그해 여름은 그곳에서 참 심심하게 지내다가 수복 후에야 집으로 돌아오게 되었다. 그 뒤로는 서울 밖으로 나갈 기회가 별로 없었다. 그때만 해도 몇 군데의 번화가를 빼면 서울 거리도 시골과 큰 차이가 없었지만 마음속에 획이 그어져 있었는지 괜히 시골 길이 그리웠다.

여러 가지 삶의 고갯길에서 헉헉거리노라면 6·25 때의 그 길이 항상 채찍과 위안으로 떠오르곤 했었다.

그러던 어느 날, 삶의 길목에서 바쁘던 와중에 큰맘 먹고 마음속의 그 길을 만나 보기 위해 차비를 하고 나섰다. 청량리를 지나 망우리 고개를 넘으니 옛날의 길은 흔적도 찾을 수가 없었다. 가슴속에 영원히 살아 있어 그 길을 찾아 나서면 옛날의 풍경과 추억이 선명하게 그 자리에 있을 것만 같았는데 길조차 찾을 수가 없었다. 우리들이 살면서 잃어버린 세월의 길속으로 그 길 또한 파묻혀 버린 것이다. 한 번은 꼭 가 보자 가 보자 했는데 너무 늦게 찾아왔나 하는 후회가 엄습했다.

우리들의 삶은 늘 생활에 갇혀서 이렇듯 작은 소망마저 이루지 못하고 있다. 나에게 간직된 그 소중한 추억의 길을 잃었듯이 개개인들이 잃어버린 길도 무수히 많을 것이다. 그러나 힘들지만 챙기려 들면 잃지 않는 길도 더러는 있지 않겠는가!

이기돈

산소酸素 같은 여자

　고요한 밤 저 푸른 바다 위 창공을 나는 갈매기처럼 날고 싶은 나의 삶이지만 모진 세월은 무정하게 날 뿌리치고 속절없이 달려만 가고 있다. 밤하늘에 빛나는 별을 바라보니 창밖에서 드리워지는 화사한 달빛에 동면에서 깨어난 개구리 울음소리만이 애달프기만 하다. 문밖의 앙상한 능수버들 파릇파릇 새싹이 돋아나고, 거센 춘궁에도 메마른 대지 위에 활짝 핀 개나리꽃을 보니 어느새 벌써 겨울이 가고 봄소식이 전해지고 있다.
　어제의 동지가 오늘의 적이 될 줄 모르듯, 어제의 일은 알 수 있으나 다가오는 내일은 한 치의 앞을 점칠 수 없는 것이 우리네 인생이다. 뒤돌아볼 겨를 없이 흘러간 젊었던 지난날의 세월을 실낱같은 낡아 빠진 꿈일지라도 새롭게 정비하며 살아가려 하는 것은 비단 나만의 생각은 아닐 것이다.
　동지섣달 설한풍이 얼리고 간 내 얼굴을 녹여 주셨던 따스한 부모님의 품속에 애정을 묻고, 어느덧 세월이 흘러 나도 벌써 자식들의 부모가 되었다. 아버님은 날 낳으시고 어머님은 날 기르셨기에 두 분이 아니었다면 이 몸이 존재하지도 않았을 것이라는 생각에 젖어든다. 때가 되면 흩날리는 민들레꽃과 같이 누구나 떠나야 하는 서글픔이 지난날 다하지 못한 나의 결점이 무엇이었나 한번쯤 회고해 보는 계기가 되고 또한 자식의 입장에서 오늘을 있게 해준 부모의 은공이 가슴을 파고드니 더욱더 뭉클해진다.

강물처럼 유유히 흘러가는 세월 앞에 내 얼굴에는 나이테처럼 주름만 늘어 가고, 세월 따라 가는 것이 바로 우리의 인생 삶이 아닌가 하는 생각이 든다.

인간이 세상에 태어나 이십여 성상을 살다 보면 남녀 간에 연을 맺게 된다. 한 가정을 이루기 위한 만남은 인연이라고 하고 또한 하늘의 섭리라고도 말하고 이것이 바로 천륜이라고 한다. 하지만 가치관과 의식이 서로 다른 남남이 서로 만나 한 세월을 살다 보면 즐겁고 행복한 날도 있지만, 때로는 격랑激浪 노도怒濤가 앞에 가로놓여 난관에 봉착할 때도 있게 마련이다.

사람들은 잘되는 일이나 그릇된 일에 대해 다 타고난 '팔자'라는 말을 흔히 입버릇처럼 사용하기도 하는데 그 표현이 전혀 잘못된 것만은 아니라는 생각이 든다.

우리네 인생 삶에 아무리 채워도 채워지지 않는 것은 욕망이라지만 아낌없이 주는 것은 사랑이라고 한다. 하지만 애정이 애증으로 변하여 남이 되면 서로가 아픔은 마찬가지로, 마치 태풍이라도 스쳐 지나가듯 시련을 겪어야 하는 것 또한 사주팔자가 아닌가 하는 생각이 든다.

나의 두 뺨에 흐르는 눈물은 괜한 것이 아니고 이유가 있어 우는 것이다. 그것은 원망도 후회도 아니고, 미련은 더더욱 아니다. 오로지 한 사람만 믿고 지금까지 살아온 내가 바보 같아 우는 것일 뿐이다. 메마른 대지의 타들어 가는 풀잎은 가랑비를 갈망하듯, 내 인생도 호수의 외로운 백조처럼 어렵고 힘들어 삶의 빛을 잃어가고 있을 때였다. 그때 망가진 내 모습을 바라보고 소리 없이 흘러내리는 눈물을 닦아 주고 살며시 손을 잡아 주며 내 삶의 내비게이션이 되어 준 한 사람이 있다. 그 주인공은 바로 어느 날 우연히 알게 된 나와는 띠동갑인 경주 이씨 여인이다. 그녀는 울산에서 태어나 경영학을 전공하였지만 혼인생활의 실패로 행복이란 꿈을 잃은 채 한 가정의 가족 속에서 지워진 이름으로 십수 년을 살아왔다. 비록 외롭기는 하였지만 앞만 보고 살아온 그의 삶은 성실했다.

　재혼이 초혼보다 더욱더 어렵다는 것은 자타가 다 공인하는 바로, 비록 늦게 만난 인연이기는 하지만 서로가 서로를 알고 보니 어쩜 지난날 살아온 과정이 나와는 너무나도 유사한, 아니 똑같은 삶이었기에 우리의 만남은 남달랐다.

　물론, 울산의 경상도 사투리에 강한 악센트로 상대방의 깊은 마음을 알기까지에는 이해하기 어려울 때도 없지 않았다. 한때는 괴로운 마음에 잊으려도 했지만 생일 전야 성당 앞 계단에서의 애정 어린 마음에다 진솔함이 묻어 있는 그 말 한마디로 오늘의 잊을 수 없는 여인이 되었다. 그게 그럴 수밖에 없었던 것이 피차가 실패한 대상으로서, 지난날 살아온 길로 다시 되돌아간다는 것은 죽기보다 싫었기 때문에 그러한 전철을 되풀이하지 않기 위한 검증 과정이 아니었나 하는 생각으로 이해하게 되니 아낌없이 주고 싶고 영원히 함께할 수 있는 사랑하는 사람으로 신뢰할 수 있는 계기가 되었다.

　누가 정해 준 운명인지는 알 수 없으나 조건 없는 우리의 만남이

나에게는 사랑하는 아내가 되고, 때로는 따스한 품속의 엄마가 되어, 늘 곁에서 버팀목으로 사람 인ㅅ자가 되어 준 그를 보면 사랑은 무죄로, 애정의 조건은 없다는 생각이 들며, 사랑하는 마음에 진정 고맙기만 하다.

또한 다시 태어나도 나에게는 두 번 다시 만날 수 없는 사람으로, 슬플 때나 기쁠 때나 함께할 수 있는 영원한 동반자가 되어, 지금은 그저 서로가 바라만 봐도 좋은 사람으로 오늘을 살아가고 있다.

이제 우리의 남은 여생은 아침에 피었다가 저녁에 지고 마는 나팔꽃 인생이 아닌, 사철나무가 되기 위하여 새롭게 둥지를 틀었으니 더욱더 보람 있는 삶이 아닌가 싶다.

지난날 괴로웠던 모든 것들은 미련 없이 훌훌 다 떨쳐 버리고 우리 만남의 가치를 더욱더 소중히 생각하며, 사랑만을 파일에 담아 생을 마감하는 그날까지 간직하고자 한다. 비록 뒤늦은 우리의 만남이기는 하지만 서로가 보상하는 마음으로 후회 없는 영원한 삶을 생각하니 이것이 바로 우리의 축복이자 행복이요, 나에게는 하나밖에 둘도 없는 오직 한 사람, 하늘이 준 나만의 고귀한 선물, 산소 같은 여자가 아닌가 하는 생각이 든다.

이기종

귀명창

판소리에서는 청중을 귀명창이란 말로 부르는 때가 있다. 판소리를 즐겨 듣는 사람 중에 오랜 시간 소리를 듣고 소리의 즐거움을 알고 소리의 본질과 가치를 깨닫게 되면 소리에 대한 정확한 이해와 판소리에 대한 지식을 바탕으로 소리를 제대로 감상할 줄 아는 능력을 가진 사람이 되는데 이런 사람을 귀명창이라 말하며 이는 청중의 감식 능력을 중시한 말이다.

귀명창이 있으므로 소리꾼이 소리를 잘하는지 무엇이 부족한지를 알기 때문에 귀명창이 진정한 소리꾼을 낳는다고 한다. 판소리 발전을 위해 꼭 필요한 존재이다.

득음得音이 소리꾼의 몫이라면 지음知音은 귀명창의 몫인 것이다.

판소리를 듣고 있으면 그 극적인 음악성이 듣는 이의 마음을 움직이게 되고 현장의 흥청거리는 분위기에 따라 듣는 이의 입에서 추임새가 일어나게 된다.

귀명창의 조건 중에서 빼놓을 수 없는 것이 추임새인데 추임새는 판소리에 대한 감동과 참여의 표시이고 소리꾼에게 활력을 불어넣어 주고 흥을 돋우며 더 좋은 소리를 내게 하는 촉매제가 되어 주는 상호 간의 소통의 표시이자 에너지의 교환이다. 상대를 존중하고 소리에 귀 기울이며 때맞추어 추임새를 넣는 일은 서로의 신뢰를 위해 아주 좋은 일이다. 아름다운 소통을 위해 우리 모두 귀명창이 되어야 한다. 판소리 추임새에는 '좋다', '좋지', '얼씨구', '그렇지', '잘한다', '어이', '얼쑤', '얼어' 등 즉흥적으로 적당한 감탄사를 골라서 사용한다. 판소리의 청중이야말로 음식을 담는 그릇에 비유할 수 있는데 음식과 그릇이 조화를 이룰 때 맛과 멋이 동시에 우러나오는 것이다. 이 탄성은 소리에서 다음 구절을 유발하는 데 매우 큰 구실을 한다.

지난 2월 국악방송 개국 13주년 기념식이 세종문화회관 대극장에서 열렸는데 그때 사회자인 박애리 씨가 사회를 보는 자리에서 관중들로 하여금 추임새를 넣도록 유도하고 연습시키는 과정이 있었고 중간마다 나와서 추임새를 실시하여 관중의 흥을 돋워 주기도 했다. 관중의 수준을 높이기 위해서라도 참 필요하다고 느꼈었다. 귀명창이 아마추어 비평가라 하면 고수는 전문 비평가이며 공연의 파트너이다.

판소리 중에서 고수의 구실은 명창 못지않게 중요하기 때문에 예로부터 고수의 중요성을 말할 때 일고수一鼓手 이명창二名唱 또는 수雄고수 암雌명창이란 말로 표현되어 전해 내려오고 있다. 고수는 연극 도중에 때때로 '얼씨구', '좋다' 등 추임새를 넣어 소리꾼의 흥을 돋우어 주고 연극장의 분위기를 고조시킨다.

장단은 쉽게 말하면 리듬이란 말이다. 규칙을 가지고 움직이는 소리의 흐름이다. 산조의 리듬은 일정한 형식이 없고 산만한 듯하나 나름대로 엄격한 규칙이 있고 다양한 리듬을 연출한다. 리듬은 음표의 장단, 악센트, 음의 셈과 여림, 빠르기 등에 따라 되풀이되는 흐름이다. 리듬, 가락, 화성은 음악의 삼대 요소이다.

고수는 판소리 창자에 비해서는 열악하였는데 판소리 공연 공간이 이전과 다르고 새로운 매체의 유입으로 일반인들이 고수에 대한 인식이 많이 달라져 지위는 크게 향상되었다고 한다. 고수는 다양한 수준의 많은 창자들을 상대하는 훈련을 해야 하고 많은 가락에 대한 이해와 특성을 알아서 창자를 도울 수 있어야 한다. 그래서 고수는 실력을 향상시키고 소리에 대한 대응 능력을 쌓는 것이 필수적이다. 고수의 추임새에는 빠르기 개념 및 소리의 리듬 형에 따른 악센트의 표현을 창자와 공유하면서 창자가 에너지를 어떻게 쓰고 있는지 미리 읽어 내 이를 조절할 수 있어야 한다.

내두름은 반복되는 리듬 패턴에 음정 변화를 주는 경우가 있고 자연스런 가락 변화를 통해 단조로움을 피하게 할 수 있다. 떠는 청과 꺾는 청이 있어 계면조의 음계를 구성하는 경우가 있고 경과 음이나 동음을 사용하여 뒤에 나오는 선율을 예고하고 암시해 주어 원활하게 흐르도록 한다. 또 창자의 내두름을 간파하여 북 장단으로 대응하는 능력을 지녀야 한다. 완창 발표회에서는 창자 고수 간의 호흡과 함께 공연했던 경험이 중요하고 판소리 경연대회에서는 고수가 창자에게 안정감을 주는 것이 중요하다. 장단의 운용, 북을 치는 자세, 강약 조절, 추임새를 통한 창자와의 조화 등이 고수의 실력이다.

귀명창이 많이 나와야 국악계의 활성화가 빠를 것으로 사료되나 현재 우리 판소리 공연계에서는 이러한 문화가 활성화되어 있지 못한 점이 아쉽다.

이만규

승자의 눈물

나는 남보다 눈물을 잘 흘린다. 집에서 아내와 함께 영화나 드라마를 볼 때 슬픈 장면이 나오면 나도 모르게 눈물이 나온다. 책을 읽다가도 감동을 주는 장면이 나오면 마찬가지다. 어떨 때는 아내와 소파에 나란히 앉아 영화를 보다가 갑자기 눈물이 나오면 아내에게 들키지 않으려고 고개를 돌린다. 아내가 안타까워하며 "또 울어요?" 하는 말에 자존심이 상하기 때문이다. 이런 나를 남들은 '마음이 여리다' 또는 '바보 같다'고 하지만 눈물을 흘리고 나면 답답했던 가슴이 뚫린 듯 속이 후련하고 기분이 좋아진다.

심리학에서는 우는 행위를 일종의 퇴행 현상으로 본다고 한다. 아이들이 우는 이유는 자신의 욕구를 충족하기 위한 수단을 충분히 갖고 있지 않기 때문이라는 것이다.

눈물은 반사적 눈물과 정서적 눈물로 구분된다. 반사적 눈물은 이물질 등의 유입에 맞서 안구를 보호하기 위해 분비되며, 우리가 흔히 말하는 눈물은 정서적 눈물을 뜻한다. 눈물은 눈의 바깥쪽에 있는 눈물샘에서 나오지만 마음대로 통제할 수 있는 기관도 아니다. 나오는 눈물을 억누르지 못해 화가 치밀어 오를 때도 있다.

어릴 적에 사내들은 눈물을 보이면 어른들로부터 야단을 맞았다. 남자는 평생에 딱 세 번 이외에는 울어선 안 된다고 한다. 세상에 태어났을 때와 부모가 돌아가셨을 때 그리고 나라를 잃었을 때에만 울어야 한다고 배우며 자랐다. 그래서 남성들은 자연히 감정이 메말랐고 감정 경시 경향의 인간으로 성장하게 된다. 따라서 눈물은 약자의 징표나 여성의 전유물로 전락되었다. 이러한 경향은 남성들의 올바른 인격 형성에 걸림돌이 되기도 했다.

영국의 저명한 정신과 의사인 헨리 모슬리는 "눈물은 신이 인간에게 내린 치유의 물"이라고 했고 "슬플 때 울지 않으면 다른 장기가 대신 운다."고도 했다. 실제로 1977년 영국의 다이애나 황태자비가 사망한 후 갑자기 영국 내 우울증 환자의 수가 절반으로 줄었다고 한다. 영국 시민 대다수가 그녀의 죽음을 애도하며 눈물을 흘렸기 때문이라고 한다. 이 현상을 '다이애나 효과'라고 한다. 또한 미국 뉴욕에는 남자들만을 위한 가게가 있는데 사회 통념상 울음을 억제하던 남자들이 돈을 지불하고 실컷 혼자 울고 가는 곳이라고 한다. 여자라고 해서 이런 이야기에서 자유롭지는 않은 듯싶다. 전래동화 속 평강 공주가 매일 울다가 바보 온달에게 시집가는 이야기는 지금도 전해 온다.

울 때에는 '칼라 콜라민'이라는 스트레스 호르몬이 눈물을 통해 배출된다고 한다. 가설에 불과하지만 남자가 여자보다 수명이 짧은 것도 여자가 더 울기 때문이라는 주장도 있다. 세상이 각박해지고 살기 힘들어지면 눈물도 메마른다. 정말 중요한 순간에 보이는 남자의 눈물은 여성의 마음을 변화시켜 동정으로 이어지기도 한다. 남자가 우는 모습을 자주 볼 수 없기 때문에 그 눈물에 진정한 의미가 있는 것처럼 보인다는 것이 그들의 간증이다.

사회적으로 여성의 목소리가 높아지면서 남성들은 설 자리를 잃고 방황하는 경우가 많다. 배타적인 모성애와 가부장제도 사이에서 절름발이가 된 남성들은 동정의 대상으로 인식되기도 한다. 남성적인 것과 여성적인 것의 전통적 경계도 허물어져 남자 같은 여자, 여자 같은 남자가 양산되기도 한다. 남성들이 소외되고 고독에 시달리는 이유로 '역할의 축소'와 감정의 표출 문제를 지적하는 학자도 있다. 눈물은 인간을 아름답게 만드는 촉매제이다. 사람은 슬플 때도, 기쁠 때도, 그리고 감동될 때도 눈물을 흘린다. 눈물은 사람을 건강하게 하고 진실하게 만든다. 또한 다른 사람을 감동시키는 힘도 있다. 분명 열 마디 말보다 탁월한 효과를 발휘할 수 있는 것이 '눈물'이 아닐까 싶다. 행복 전문가들은 행복해지려면 '울어라'라고 권고한다. 울고 나면 심신 상태가 좋아지고 마음이 상쾌해진다.

눈물은 입이 말할 수 없는, 마음도 드러내지 못하는 것을 표현하는 수단이라고 한다. 미국의 오바마 대통령이 재선에서 성공했던 이튿날 텔레비전에서 눈물을 보였다. 눈물이 양 볼을 타고 흐르는 순간 힘들었던 날들을 참고 이겨 낸 기쁨이 그를 위로해 주고 있었다. 승자의 눈물은 아름답다. 치열했던 삶을 대변하기 때문일 것이다.

우리는 2010년 밴쿠버 동계올림픽 피겨스케이팅에서 김연아 선수가 시상대 위에서 흘린 눈물을 기억한다. 김 선수가 눈물을 흘리는 순간 그 장면을 보고 있던 나도 울었고 국민들도 울었다. 온 국민이 하나가 되는 순간이었다. 감격의 뜨거운 눈물이 두 뺨을 적시고 있었다. 김 선수가 승자로서, 정상에 올라 서 있을 때 두렵고 처절한 외로움의 정체를 우리도 알고 있었기 때문이리라. 그녀가 대견하고 자랑스러웠다. 그동안 치열했던 삶이 한 방울 눈물로 승화되어 흐르고 있었다. 그러나 내가 흘린 눈물에는 '나도 인생을 김연아 선수처럼 정열을 갖고 치열하게 살아왔던가.' 하는 나를 되돌아보는 반성의 눈물이 겹쳐 흐르고 있음을 뒤늦게 알게 되었다.

　승자와 패자, 승자의 눈물이 치열했던 자신의 삶에 대한 위로였다면 패자의 눈물은 새로운 도전을 위한 다짐이었으리라. 색깔도 없고 양도 많지 않지만 많은 의미를 담고 있는 눈물, 무언가 해냈다는 것은 그만큼의 힘든 시간을 보냈다는 반증일 것이다. 경쟁자였던 일본의 아사다 마오는 패자의 눈물을 흘렸으리라. 어렸을 때는 약한 자만이 눈물을 흘리는 줄 알고 있었다.

　그러나 강한 자도 눈물을 흘린다는 것을 어른이 되어서야 알게 되었다. 승자의 눈물은 치열했던 자신의 삶에 대한 위로요, 패자에 대한 관용이 아니었을까. 김연아 선수는 은퇴했지만 국민을 울린 그녀의 눈물은 지금도 가슴을 저미는 듯 마음을 아프게 한다. 열두 살에 트리플 점프를 완성했고 열아홉에 꿈의 200점을 돌파한 그녀의 인생 행로가 한 송이 꽃으로 승화되는 순간이었다.

　문득 미당 서정주 시인의 글귀가 가슴에 와 닿는다. "한 송이의 국화꽃을 피우기 위해 봄부터 소쩍새는 그렇게 울었나 보다."

이명우

이 하사님께 내 아내를 드립니다

남자들의 세계 이야기에는 군인 시절이 빠질 수 없다.
칠순이 넘었어도 군인 시절의 추억은 돋아난 반달처럼 스쳐 온 하늘에 산뜻한 꽃으로 피어 웃는다.
그 추억의 영화를 한참 거꾸로 돌려 군인 시절의 채널에 맞추어 본다. 여기가 3사단 23연대 수색중대, 당시에 나는 제1하사관(원주) 학교 훈련을 거쳐 단기하사로 근무 중이었는데 정훈 교육도 받은 적이 있어서인지 육군 교도소를 거쳐 온 이른바 군인 전과자들을 많이 내게로 보내주었는데 그들과 함께 지낸 추억이 아련히 되살아 온다.
당시 나의 형님 또는 아버지 정도의 연륜이지만 내 밑으로 들어온 계급 낮은 그분들을 나는 위대한 인생 선배로 대우하며 도리어 내가 모셨다.
지금껏 그 누구도 휘어잡지 못한 거칠고 억센 사나이들 법으로도 안 되고 감옥도 소용없는 그들의 인생 사연, 별(감옥 횟수)이 몇 개씩이나 되고 보면 어떤 이는 아들이 학교에 다닌다고도 하고 또 어떤 이는 자기처럼 군대에 입대하라는 입영통지서를 받은 아들이 있다고도 한다.

그러면서 덧없이 흘러간 과거를 회상하며 가장으로서, 부모로서 할 도리를 못한 참회의 하소연을 주고받노라면 자신을 원망하는 이도 있고 내 손을 덥석 잡고 울먹이는 이도 있다.

그중에서도 내일모레면 자기 아들이 군인으로 입대한다는 김ㅇㅇ은 내 손을 덥석 잡으며 이제 자기는 낙오자라면서 울먹일 때 나도 같이 껴안으며 "아니요, 위대한 인생 선배님. 거센 비바람 다 지나간 지금 최하의 밑바닥에서 올라갈 일만 남았습니다. 가장 추운 겨울이 지나가고 있으니 날마다 날마다 따뜻해지는 봄이 옵니다. 이제는 먹구름 다 지나가고 꽃피고 새 우는 날만 찾아옵니다."

이런 인연들 그리고 잊지 못할 또 한 사람 모ㅇㅇ 이병….

집에서 편지가 오면 글을 모른다며 내가 대신 답장을 써 주기도 했고 가정사 이야기도 서로 의논하는 등 인간적으로 따뜻한 사이였다. 그러나 세월은 빨랐다. 내가 제대하는 날 그는 내 손을 잡고 울먹이며 애원하듯 부탁한 말….

"이 하사님 진정으로 드리는 부탁입니다. 나가시거든 내 아내와 행복하게 살아주세요. 이 하사님이라면 그동안 불행했던 아내의 아픔을 나 대신 보상해 줄 수 있습니다. 사실 나는 학교도 안 다녔고 공부도 못 했지만 거리의 깡패로 살아오면서 ㅇㅇ대학에서도 가장 멋있고 예쁜 여학생을 강제로 납치해 살았습니다."

많이 배우고 착한 학생과 못 배운 꼴통과는 행복할 수 없는, 생활의 비정상 속에 사고만 치고 감옥만 들락거리는 자신을 바라보며 아내 혼자 살고 있는 것이 이제야 그렇게 불쌍해서 가슴이 아프다며 자기는 나가더라도 그 여자를 행복하게 해줄 자신이 없으므로 같이는 안 살 테니 부디 자기 아내와 잘 살아 달라 한다.

그러면서 키도 늘씬하고 외국 여행을 가도 간단한 의사소통쯤은 할 줄 알고 사교장엘 가서도 블루스 한두 곡쯤은 밟을 수 있는 여자로서 이 하사님과는 궁합이 딱 맞아 보이니까 자기가 해줄 수 없는 사랑을 대신해서 부디 잘 살아 달라는 부탁에 나는 나가서 찾아가겠노라는 약속을 하며 헤어졌다.

그리고 그 뒤에 마지막 말.

"내가 모든 이야기 다 해놓을 테니 꼭 찾아가세요!"

이렇게 군인 생활을 끝내고 집에 돌아왔건만 나는 몇 번이나 망설이다가 끝내 그 여자에게 찾아가질 않았다. 인연은 거기까지였다.

얼마 전인가 도청이 있는 곳에 산다는 그 도시를 갔을 때 아련히 떠오르는 추억의 필름 속에 또렷이 보이는 그 얼굴. 넉넉한 인생 공부를 충분히 터득한 그는 지금 행복하게 살고 있겠지 하며 혼자 빙그레 웃었다.

이무웅

통일은 대박

"통일은 대박이다."라는 박근혜 대통령 말씀은 설득력이 있는 것 같아 실감이 난다. 그런데 이상한 것은 로또 복권 일등 당첨자가 나타나지 않아 십육억 원이 귀속된다는데 아쉽게 생각한다.

밤과 낮의 시간이 똑같다는 춘분은 봄비에 젖어 가뭄을 해결하는 기폭제가 된다.

말레이시아 쿠알라룸프 공항을 이륙한 이백삼십구 명 승객을 태운 항공기가 수십 일이 지나도 미스터리로 남아 궁금증이 심각하다. 국제 사회가 긴장하고 있다. 러시아 푸틴 대통령이 우크라이나 크림반도 합병의 정당성과 합병성을 강조하며 서명했다는 것은 오바마 미국 대통령에게 설득력이 없다는 것은 서방 국가들의 공감이다. 연례행사, 한미 해병 상륙 연합 훈련은 철없는 김정은 비위를 거슬러서 크고 작은 미사일 불장난을 하게 했다.

닭 목을 비틀어도 새벽은 온다는 면역성이 강한 우리 국민에게 핵안

보 정상회의가 열리는 유럽 2개국 순방은 역사적 의미가 크다. 오십 년 전에 아버지 대통령께서 분단 독일에 보채는 어린 자녀를 두고 오는 심정, 영부인께서 눈물을 흘렸다는 그 당시, 국민소득 백 불. 지금 독일 통일의 부란덴부르크 문 앞에선 박근혜 대통령은 감회가 깊다.

천안함 4주기 꽃 같은 생명을 잃고 지금도 로동탄도 미사일 시험 발사하느니 핵실험 운운하며, 박근혜 대통령을 안방 아낙네라 하는 망발을 서슴없이 하고 있다.

시련은 있어도 사월의 아카시아꽃은 피고 있다. 조선 말에 《독립신문》을 발행하였던 일성(아호) 이준 열사, 고종의 밀조와 친서를 품고 일본의 침략 행위를 호소하기 위하여 만국평화회의가 열리는 네덜란드 헤이그에 일본 방해로 참석하지 못하자 분노를 이기지 못해 순국하였다는 역사를 상기하는 뜻에서 한·중·일 수뇌급 회담 아베 수상은 격세지감을 느낀다. 사월도 푸르고 진주 남강물도 푸른데 안산 단원고등학교 2학년 너희들 푸르름은 누구를 위한 것이냐. 너희들의 죽음이 세상을 바꿀 수 없듯이 봄비는 계속 내리고 있다. 우리에게는 진보를 거부하는 삶의 의미는 멈출 수 있어도 기다려 주지 않는 세월 앞에 생태계와 공존하는 삶은 오히려 미래에 대한 불필요한 삶이다.

인근에 몇 차례 떨어진 운석隕石은 물질적인 면과 정신적인 면의 새로운 성장 동력으로 누가 포장, 만들 것인지 교육적 연구가 필요하다.

원시적인 접근 방법, 겸손보다 효과적인 고은 씨가 염원하는 노벨문학상은 지척에 있다. 역사학자 아놀드 토인비는 문화의 생성과 몰락은 민족 정복이라며 고기를 낚는 법을 가르쳐 주고 있다.

땅을 소유한다고 에너지가 받쳐 주는 것은 결코 아닐 것이다. 삶의 본질은 자유로운 공동체에 있느냐.

모든 것이 우리를 버려도 서둘지 말고, 지혜로운 대처가 필요하다.

이방수

엄마의 따뜻한 사랑

　내가 도청에서 시행하는 정규직 공무원 시험에 합격하여 처음으로 취직한 것이 충무시청(지금의 통영시청)이었다. 그 시절에는 취직의 문이 시험을 쳐서 들어가는 것이 별로 없고 아는 사람의 인연이나 연줄로 들어가는 것이 대부분이었다. 그래서 어떤 분들은 서양 사회는 단추 사회이고 한국 사회는 끈의 사회라고 하였다. 단추 사회는 독립적이고 자신의 능력이나 실력에 따라서 취직도 하지만은 끈의 사회는 자신의 능력보다는 친척이나 힘이 있는 사람의 끈으로 인하여 취직이 되는 사회였다. 이런 사회적 분위기 속에서 정규직 시험에 내 힘으로 합격을 하고 보니 내 자신이 대견하고 상식이 통하는 정의로운 사회를 만들기 위해 열심히 일해야겠다는 생각이 들었다. 그래서 세상을 얻은 것 같은 기분으로 아내와 함께 충무시청 옆에 있는 조그마한 오두막 슬레이트 집에 방 하나를 얻어 가정을 꾸리고 공직생활을 시작하게 되었다.

산다는 것은 참으로 어려운 일이었다. 먹고 입고 쓰는 것도 아끼고 절약하면서 살았다. 양식은 시골집에서 갖다 먹었고 또 처가의 도움도 받으면서 살다 보니 조금씩 여유도 가지게 되었다. 그 무렵 시에서 서민을 위한 국민주택 배정이 있었는데 담당자가 권유를 해서 새 집을 지어 가족과 함께 따뜻한 보금자리를 만들 수 있다는 것에 마음이 끌려 배정을 받았지만 여러 가지 어려움이 많았다. 집을 완공하기도 전에 나는 내무부 지방행정연수원에 교육을 가게 되었고 아내가 어린아이들을 데리고 집 짓기의 마무리와 아이들과 함께 뒹굴며 생활할 수 있는 자그마한 뜰까지 만들면서 고생을 하여 가족이 편안하게 함께 생활할 수 있는 보금자리를 만들었다. 엄마의 노고도 모른 채 어린 것들은 우리 집이 생겼다고 깔깔거리며 오순도순 웃으면서 살았다.

그 당시 우리 집 아들 녀석이 진남초등학교에 다른 아이들보다 한 살 적은 나이에 입학을 하게 되었다. 그래서인지 학교 갔다 오면 옷에 오줌을 싸서 옷이 젖어 오기도 하고, 걸어오면서 건너편에 멀리 보이는 남망산을 바라보면서 책가방을 짊어지고 신주머니를 휘두르면서 "저 푸른 남망산에 그림 같은 집을 짓고 사랑하는 우리 님과 한평생 살고 싶네."라는 노래를 부르면서 집에 오곤 하였다. 오줌 싼 바지는 아랑곳하지 않고 고구마를 삶아 두고 자신을 기다리는 엄마가 있다는 반가움에 철대문을 작은 발로 박차고 큰 소리로 엄마를 부르며 뛰어들곤 하였다. 엄마가 자신을 기다리고 있다는 것이 아이들에게는 정서적으로 안정되고 큰 행복이었을까!

그때에 아내는 어려운 살림살이에 조금이라도 보탬을 할 것이라고 시내에 뜨개질 교육을 받으러 다니고 있었다. 아이는 노래를 부르면서 엄마에게 안겨 재롱을 부릴 것이라고 생각하면서 기대를 갖고 집에 왔는데 들어와 보니 엄마는 집에 없고 덩그렇게 빈 집이어서 무서웠다고 한다. 누구에게 붙일 곳도 없고 적막강산이었을 것이다. 집 옆에 있는 동제각에는 동신제를 모신다고 새끼줄을 꼬아 금줄을 쳐 놓았는데 불량배들이 으슥한 곳이라고 모여들었고 동네 사람들도 직장을 따라 일터에 나가고 보니 마을 전체가 텅 빈 집들로 쓸쓸하고 사람의 따뜻한 정을 느낄 수가 없었다. 그러고 보니 어린아이의 마음에 무서운 생각이 들었을 것이었다. 그 이후 학교 갔다 올 때는 항상 집에 있으라는 아이의 권유로 아내는 뜨개질 교실을 그만두고 자신의 능력을 발휘할 기회도 접고 가정을 지켰다.

내가 시골에서 자랄 때는 학교에 갔다가 집에 오면 할아버지, 할머니, 고모들까지 집에 계시면서 포근하게 안아 주고 온갖 귀여움을 받으면서 자랐는데 오늘날의 가정은 그렇지 못한 가정이 많은 것 같다. 요즈음의 아이들은 부모님이 직장에 나가시고 어린아이들이 집에 돌아와도 따뜻이 품어 주는 어른이 없는 가정이 많다. 적적함을 스스로 해결해야 하고 같이 놀아 줄 사람도 없고 보니 아이들은 안착하지 못하고 방황하며 나쁜 친구도 사귀게 되고 탈선하기가 쉬운 것 같다. 스마트폰, 인터넷 등 다양한 정보 기기와 정보 문화의 발달로 좋은 점도 많지만 통제할 어른들이 없기에 폭력물과 야동 등 감각적인 흥행에 판단 없이 빠져들어 중독이 되는 경우가 있는 것 같다.

나는 우리 집 딸아이가 서울에서 공부할 때 기숙사에 보내지 않고 친지들의 집에서 숙식을 하게 하였다. 친지들에게 신세를 지긴 했지만 공직에 근무하면서 근면하고 다복하게 사는 집에서 생활하며 가족의 정을 느끼고 안정되고 착실하게 살아가는 지혜를 배우며 불편함과 어려움을 참아 내고 이길 수 있는 길을 터득하는 방편이라고 생각되었기 때문이었다.

우리 집 아들아이도 학교에서 집에 왔을 때 엄마가 없으면 정서적으로 불안하고 남의 집 같은 생각이 들었을 것이다. 그래서 "엄마 내가 학교에서 돌아올 때에는 아무 데도 가지 말고 집에 꼭 있어."라고 했다. 엄마가 없는 집은 들어가기도 싫고 혼자 있고 싶지도 않다고 했다. 어린놈이 자라 S대 입학을 하자 아내가 "잘 자라서 고맙다."라고 하니 엄마가 집을 지켜 준 탓이라고 아들 녀석이 말했다.

　엄마는 가정을 지키는 기둥이요, 아이들을 포근히 안아 주는 따뜻한 안식처이며 생활의 터전이었던 것이다. 그래서 가정에는 엄마의 사랑과 따뜻함과 보살핌이 있어야 하고 아낌없이 감싸 주는 포근한 정이 있어야 한다. 이런 엄마의 정성이 있어야 남을 배려하고 더불어 사는 마음이 따뜻한 착하고 지혜로운 아이가 탄생하여 세상은 아름답게 변할 것이라는 생각이 든다. 예로부터 어머니는 위대했다. 다소 잃어버렸던 어머니의 자리를 사랑으로 가득 채워 따뜻한 사회를 만드는 밑거름이 되었으면 하는 생각이 간절하다.

이승철

꽃바람

꽃바람이 분다. 바닷가 양지 쪽 동백꽃 사이로 포근한 여인의 손길처럼 따사로운 꽃바람이 분다. 이맘때가 되면 집사람이 생각난다.

합천 산골에서 섬마을 거제도로 이사 와서 생소한 바닷가에서 생활하던 어려웠던 시절이다.

봄바람이긴 해도 바닷가 바람은 차가웠다. 낯선 곳이기 때문에 희망찬 봄이 왔는데도 기쁨보다 외로움이 더 엄습해 왔다. 어린 남매를 할머니 품에 맡겨 놓고 떠나온 아내의 얼굴에 수심과 애들을 그리워하는 애잔한 마음이 구름이 끼이듯 암울하다. 그런 마음을 달래주기 위해 따뜻한 말로 위로도 해주고, 아름다운 해안 풍경도 구경시켜 줬지만 아내의 맘속에는 어린아이들의 그리움만 꽉 차 있었다. 그러던 어느 날 뜬눈으로 밤을 지새운 아내가 옷 보따리를 싸면서,

"여보! 나는 애들이 보고 싶어서 도저히 여기서 못 살겠어요. 당신 혼자 고생 좀 하셔요." 하는 말을 남기고 눈물을 흘리면서 고향 집으

로 돌아갔다. 아내를 고향 집으로 돌려보내던 그날 뱃머리에는 외로운 갈매기 한 마리가 나처럼 외롭게 날고 있었다. 그 후부터 갈매기를 보면 아내 생각이 난다.

임이 떠난 바닷가는 썰렁하고 고독이 엄습해 왔다. 남의 집 작은 부엌방 생활은 섬에 귀양 온 것처럼 외로웠다. 아내의 자리가 나에게는 어떤 보물보다 더 중요하다는 것을 그때서야 알게 되었다. 적막이 감도는 밤이 되면, 아이들보다 아내 생각이 더 간절하다. 그동안 살아오면서 아웅다웅할 때도 있었는데, 그럴 때 좀 더 잘 해줄 걸, 하는 아쉬운 생각을 하면서 그리움으로 밤을 새우기도 했다. 낮에는 거제군청 공보실에서, 공보 업무를 보면서 시간을 보냈지만, 밤에는 너무나 외롭고 고독했다. 지금같이 전화나 휴대폰이 있으면 전화로 연락도 하고 사진도 받아 볼 것인데, 1968년도 그 당시 거제도 섬마을에 전화는 군청과 경찰서 등 관공서에 행정전화밖에 없었고, 일반 전화는 없었다. 거제군청 소재지는 화력 발전소가 한 곳 있었는데, 어둠이 들 때부터 밤 12시까지 전깃불이 왔다. 그 불도 희미하고 깜박거렸다.

교통은 성포부두까지 한 시간이 넘게 버스를 타고 가서 거기서 배를 타고 마산까지 2시간 반 정도 가서, 그곳에서 걸어서 버스 정류장까지 간다. 합천까지는 버스를 타고 5시간이 더 걸렸다. 차를 한 번 놓치면 두 시간 이상 기다렸다. 아침 일찍 나서서 밤에 도착한다. 지금 같으면 외국 가는 것보다 더 어렵고 고생스러웠다.

여기서 외롭게 사는 것보다 고향에 돌아가서 농사를 지어야 되겠다는 생각을 하면서 몇 번이나 보따리를 쌌다. 어렵게 얻은 직장을 버리고 떠나자니 어쩐지 발길이 선뜻 떨어지지 않았다. 그런 생활이 일 년쯤 지나서, 아내가 다시 내 곁으로 왔다.

그 당시 공무원 봉급은 너무나 적었다. 둘이서 먹고 살기도 빠듯했다. 그래서 아내가 작은 구멍가게를 하였다. 아침 일찍부터 저녁 늦게까지 일을 했다.

장사는 생각보다 재미가 있었다. 내 집도 장만하고, 작은 농장도 하나 마련하여 공휴일에는 그곳에서 재미를 붙이고 살았다. 고생 끝에 복이 왔다. 행복한 삶이 계속되었다.

살 만하면 죽는다는 옛말이 있다. 먹고사는 데 걱정 없이 사는 재미가 솔솔 불어날 때 아내가 간암으로 투병을 하게 되었다. 살기 위해 밤잠도 설치면서 고된 일을 하여 병이 생긴 것이다. 장사도 그만두고 병 치료를 하였지만 그 당시로서는 어려운 난치병이었다. 살리기 위해 부산, 서울 등지의 큰 병원은 다 다녔고, 좋다는 약은 다 사용했지만 백약이 무효였다. 추운 겨울이 지나고 만물이 소생하는 봄이 오면 회생할 수 있을 것이라는 희망을 갖고, 정성을 다해 간호를 하였지만 소용이 없었다.

진달래와 동백꽃이 만개하는 5월 초순에 꽃길 따라 홀로 떠났다. 영원히 오지 못할 그 길을 떠나면서도 내 손을 꼭 잡고 놓지 않았다.

봄이 되면 생각나는 그리움이 오늘도 꽃길 따라 올라온다. 꽃바람이 임의 향기처럼 훈향을 피운다.

이외율

죽음을 머리에 이고 사는 사람

숨을 멈추고 맥박이 뛰지 않고 심장이 멎으면 의사는 죽었다는 진단서를 발부하는데, 의학적인 용어로는 아직 영혼이 육체를 떠나지 않은 상태를 임사 체험 단계(즉 죽음에 가장 가까움)라고 한다.

나는 시한부 생을 살고 있다. 2013년 8월 21일 하오 7시경 뇌졸중으로 쓰러졌다. 저녁까지 잘 먹고 이를 닦다 어지러워 쓰러진 것까지 알았는데, 내가 의식을 찾았을 때는 이튿날 새벽 1시 창원삼성병원 중환자실이었다. 곁을 지키고 있던 집사람에게 물었더니 아직 정확한 병명은 모르는데 아마 뇌졸중 같아 곧 MRI를 찍을 것이라고 했다.

얼마 후 나는 간호사의 도움으로 MRI 기계 앞에 도착했다. 그때 나는 힘없는 목소리로(발음이 잘 되지 않았음) 목에 침이 잘 넘어가지 않는다고 했다. 나는 침대 같은 데에 실려 기계 안으로 들어갔다. MRI 기사는 머리 부분 사진만 잘 찍으려고 노력했지 내 입안에 고인 침이 목구멍으로 넘어가지 않아 기도를 막고 있는 줄은 몰랐다.

나는 살려고 발버둥을 친 것 같다. 기사가 놀라 내 침대를 끌어내자 나는 바닥에 뭔가 토해내 겨우 생명을 건졌다. 나는 그때 죽음이 어떻게 이뤄지는 것인지를 어렴풋이 체험했다. 아무것도 보이지도 생각도 나지 않고 오직 무의식적인 발버둥, 그렇게 시간이 지나면 가는구나…. 생각해 보니 참으로 허무한 것 같다. 만일 죽었다면 타살일까, 자살일까? 아니면 심장마비사일까?

아무튼 나는 뇌경색이란 판정이 났는데 수술이 불가하다는 것이다. 정수리 부분에 핏줄이 두 곳이나 막혀 부풀어 있는데 잘못 건드리면 목숨이 위험하고 설사 수술이 잘 된다 하더라도 식물인간이 될 수 있으니 위험하더라도 약물 치료를 택한다는 것이다.

그렇다면 그 핏줄이 터지면 어떻게 되느냐?

그것은 여러 가지라고 한다. 한쪽 수족을 못 쓰든지 아니면 언어장애 등 반신불구 또는 사망 등 아무튼 시한폭탄을 안고 살아가야 한다. 이것은 예측도 할 수 없다고 한다. 조심하여 스트레스를 받지 말고 가벼운 유산소 운동 등으로 몸을 잘 다스려야 한다고 했다. 다만 자주 MRI를 찍어 보고 그때그때 맞춰 약물 복용을 하는 것이 지금으로서는 수명 연장에 최선의 길이라고 했다.

언제 떠날지 모른다는 생각을 하니 줄 것도 받을 것도 남길 것도 없는 것 같은데 유언장을 써 내려갔다. 연금통장 비밀번호, 아껴 소장한 책, 내가 즐겨 타는 오래된 승용차, 죽음을 대비한 장례비 통장, 텃밭, 주택 등 아무것도 없는 것 같은데 더러 있다.

시간의 소중함이 새삼 느껴진다. 도무지 손에 잡혀 들지 않는다. 그냥 멍청해진다. 이만하면 끝일 것을 그렇게 발버둥쳤던 지난날들이 주마등처럼 스쳐 간다. 맹사성이나 황희 정승까지 비유할 순 없지만 젊은 날에는 국가기장에 솔선수범하려고 무던히 애를 썼다.

시간의 정체는 알 수 없다. 내가 이 병을 진단받고 나선 집사람의 생활도 많이 바뀌었다. 식생활 습관도 습관이려니와 자기가 잘못해 죽은 것 같은 오해를 받을까 봐 안절부절 못하는 게 눈에 보인다.

나 또한 마찬가지다. 조금 내 마음이 서운하면 그냥 넘어가지 않고, 혹시 저 여자가 내가 죽기를 은근히 기다리는 것은 아닐까? 참으로 인간은 여사모사하다. 아무튼 내가 시한부 인생이란 것만은 틀림없다. 다만 그 시간을 모를 뿐이다.

언제부턴가 죽음에 대한 준비는 해왔다. 언젠가는 떠날 것이란 게 분명하기 때문이다. 그런데 그때와는 다른 게 있다. 그때는 먼 시간, 즉 미래를 생각했지만 지금은 오늘뿐이다. 오늘 내가 할 수 있는 일이 뭘까? 혹시 마무리 못한 것은 없는가? 장독대, 꽃길, 이런 것을 마무리하고 나면, 내가 없으면 집사람이 무슨 생각을 할까? 여기 살까? 떠날까?

나는 몸을 남기고 싶지 않다. 그냥 흔적을 남기고 싶지 않다. 그래서 화장하여 수목장을 내 친구 강 사장에게 부탁도 해왔다. 죽음을 머리에 이고 사니 참으로 삶의 소중함을 실감한다. 하룻밤을 자고 눈을 뜨면 '아, 오늘 또 하루 더 살 수 있구나.'

내 어머님이 72세에 운명을 달리하셨다. 생일날 병이 생기면 어렵다는 얘기도 들린다. 내 생일 8월 23일이고, 발병한 날은 21일이며 나이 또한 72세다.

바람이 있다면 이 글이 문학지에 마지막 게재글이 되지 않았으면 하는 마음은 아직 비우지 못함 때문일까. 살 만큼 살았고 먹을 만큼 먹어 봤고 할 만큼 해봤고 볼 만큼 봤다. 그래서 후회나 미련은 없다.

이장구

둘레 길

 산길을 걷고 있다. 아주 오래전 아침마다 오르내리던 정든 길이다. 길 초입에 들어서면 마을을 만난다. 20여 호가 사이 좋게 지붕을 맞대고 있는 정겨운 시골 동네이다. 가까이 가면 이 동네 개들이 일제히 컹컹 소리를 내며 짖어 댄다. 개들의 합창 소리에 아침이 열린다. 아낙들은 아침 준비하느라 손놀림이 빠르고, 남정네는 일터 나갈 채비하느라 분주하다. 할머니들의 손주 어르는 소리가 정겹다. 우리네 살아가는 전형적인 시골 모습이다. 서울 근교에 아직도 이런 곳이 있다는 것은 참으로 아이러니하다.
 옛 기억을 더듬어 찾아간 현재의 마을 모습은 스산하고, 황량하기 짝이 없다. 몇 집만이 사람이 살고 있고 거의가 사람들이 떠나가고 없어 빈집으로 버려져 있다. 새로 생긴 지번 표지판만이 집집 문 앞에 붙어 있어 존재감을 알리고 있을 뿐이다. 사람들의 손길이 떠난 빈집은 세월에 눌려 어깨가 축 처져 있고, 들짐승마저 머물기를 꺼리는 흉흉한 모습이다. 지붕에는 잡풀만이 무성하게 자라, 폐가임이 확연하다. 벌어진 문틈으로 가을바람이 스산하게 드나든다. 인기척에 놀란 산비둘기 한 마리가 푸드득 소리를 내며 날아간다. 그 당시만 해도, 이곳이 개발되면 시설 좋은 아파트에서 한번 살아 볼 수 있겠다며 저마다 희망에 부풀어 있었는데….

내가 떠난 20여 년 동안 이곳에도 많은 변화가 있었나 보다. 앞 동네 낡은 아파트는 오래전에 재건축이 완료되어 쾌적한 단지로 변모해 있고, 좌·우에는 웅장한 정부 유관기관의 건물들이 들어서 있다. 그런데 어찌된 일인지 이 마을만 황폐한 채로 방치되어 있다. 안타까운 마음을 추스르며, 마을을 지나 산길을 따라 올라가다가 길이 끊긴 것을 발견하고는 적잖이 놀랐다. 이 산은 작년 여름 폭우로 끔찍한 산사태를 겪었다. 쓸려 내려간 개울을 보수하면서 옛 건널목 길을 아예 없애 버린 것이다. 석축을 쌓아 물길을 넓히고, 바닥은 군데군데 돌을 박아 놓았다. 새로 넓혀 놓은 개울 길을 따라 한참을 올라가 보아도 개울에는 물이 흐르지 않는다. 언제나 한결같이 마르지 않고 흐르던 물은 어디로 숨어 버린 것일까? 사람들의 발길이 늘어나면서 여기저기 샘터를 뚫어, 그곳으로 물길을 뺏겨 버린 것은 아닐까? 개울물이 마르니 오래전 아이들과 같이 물고기와 가재 등을 잡아 천렵했던 아름다운 추억은 아련한 미련으로 남게 되었다. 자취를 감춘 것이 어디 그뿐이겠는가? 나뭇가지를 넘나들며 산밤과 도토리를 따 먹던 다람쥐나 청설모의 곡예를 보는 것도 재미였는데, 이제는 동물들의 재롱을 본 지가 오래전이다. 동물들의 먹이인 산 열매를 사람들이 깡그리 쓸어 갔기 때문이다.

배고프던 옛날에도 우리 선조들은 감나무에 달린 감을 수확하면서 까치밥만은 남겨 놓았는데, 그런 옛 선조들의 넉넉한 마음은 어디로 사라졌는가? 허전한 생각을 갖고 산중턱 둘레 길에 올라서 보았다. 길은 잘 닦아져 있었고 군데군데 앉아 쉴 수 있는 의자와 그늘막도 들어서 있었다. 잠시 의자에 앉아 따스한 가을 햇빛을 받으며 깊은 생각에 잠겨 본다.

 자연은 인간에게 어떤 존재인가? 깨끗한 공기와 자연재해로부터 인간을 보호해 주는 역할을 하는 없어서는 안 되는 존재이다. 따라서 인간은 자연을 떠나서는 살 수 없다. 자연을 보호하고 가꾸어야 하는 이유가 여기에 있다. 인간의 편리성과 안락을 위하여 자연을 훼손하는 일은 인간을 파멸로 이끌 뿐이다. 이번 극심한 자연재해를 당하면서 인간의 끝없는 욕심이 얼마나 해가 된다는 것을 느꼈을 것이다. 자연은 인간이 아끼고 사랑해 주는 만큼 그 이상으로 보답한다. 나뭇가지마다 사람들이 매달아 놓은 "자연을 보호합시다"라는 팻말이 한낱 구호에 그치지 말기를 바랄 뿐이다.

 자리를 박차고 일어나 다시 걷기를 계속한다. 산에는 나뭇잎이 오색으로 물들어 가을 단풍이 무르익었다. 바람이 휙 하고 스치면서 힘겹게 매달려 있는 나뭇잎을 한바탕 휩쓸고 간다. 저녁 무렵이 가까워 오자 해가 서산에 걸려 있다. 산길을 내려오면서 마음속에 자연에 대한 생각을 되새겨 본다. 자연은 연약한 인간에게 따뜻한 품을 잠시 내주는 것이지 결코 정복이나 도전의 대상이 아니라고.

이재봉

봄이 오는 길목에서

　예년에 비해서 많은 눈이 내렸고 수은주는 거의 매일 영하 10도권을 오르내리며 강추위가 맹위를 떨치는 혹독한 겨울이었다. 하지만 요즘 들어서 옛 어른들이 입춘, 우수를 지나면 우리가 잘 느끼지는 못하지만 조금씩 날씨가 바뀐다는 말씀을 하시던 것이 실감이 난다. 벌써 개구리가 깨어난다는 경칩이 지났으니 계절의 변화는 피부로 느낄 정도다.

　이제는 불어오는 한 점 바람이 차갑다는 생각보다 그 바람이 봄기운을 살포시 머금고 있다는 느낌이 절로 든다. 볕 좋은 오후 밭가에서는 저 멀리 아지랑이가 피어오르는 것도 보이고 갯가엔 벌써 버들강아지가 피었고 조금만 더 있으면 얼음 녹는 물로 계곡의 물소리는 더 크게 들릴 것이다.

　봄 처녀 제 오시네, 새 풀 옷을 입으셨나,

하얀 구름 너울 쓰고 진주 이슬 신으셨나,
꽃다발 가슴에 안고 뉘를 찾아오시는고?

　겨울 지나면 봄 오고 여름 오는 대자연의 진리는 참으로 신비롭기만 하다. 이맘때가 되면 나이를 먹었어도 오히려 나이를 거슬러 올라간다. 생동감 있는 봄기운을 재촉하는 새싹이 돋아나고 진달래가 어서 피어나기를 바라는 마음이 아이들같이 들떠 있다. 작년에 느껴 보지 못했던 느낌을 올해에 새삼스럽게 느끼는 것 같다.
　문득 살면서 내 스스로가 자연과 더불어 잘 살아가고 있음을 실감하게 되고 그래서 더욱 세상의 모든 인연에게 감사함을 느끼며 살아가는 것이다. 도시 생활에서의 힘들고 지친 삶도 봄기운의 생동감으로 위로를 받듯 살랑살랑 불어오는 봄바람은 살아 볼 만한 가치가 있다는 걸 사람들에게 전한다.
　그렇게 춥기만 하던 겨울이 저만치에서 아련하게 뒷모습을 보이고 기다리던 따뜻한 봄은 벌써 여기 이곳에 와 있다. 창문을 열었다. 바람이 부드럽다. 창문 사이로 드러난 하늘을 보았다. 나는 지금 자연과 열애 중이다. 세상이 어떻든 내 마음을 쉬게 하는 곳은 자연이다. 자연은 언제나 그 부드러운 얼굴과 가슴으로 나를 안아 준다.
　부질없는 짓에 너무 매달리지 말고 덧없는 세상의 평판에 너무 마음 쓰지 말라고 봄바람은 내게 말해 준다. 나의 상처는 어머니 같은 하늘과 봄바람과 숲 안에서 회복기를 맞는다. 여리고 여린 나를 한없이 감싸 주는 어머니와 같은 자연과의 사랑을 나는 행복이라고 생각한다.
　외로움으로 가슴 한 켠이 텅 비어 있을 때 밤하늘의 별을 보면 텅 빈 가슴의 공허함이 치유되었고 그리움에 눈가가 젖어 올 때 봄바람이 불면 눈가의 눈물이 소리 없이 지워지는 것을 느끼게 되었다. 자연은 외로움을 벗어나 희망을 보는 눈이었고 아픈 가슴을 만져 주는 치유의 손길이었다. 진정으로 위안을 주는 것들은 이렇게 다 소리 없이 곁에 존재하는 것이라는 것을 나는 봄바람과 함께 하면서 알게 되었다.

사람들이 사는 세상은 말들의 세상이지만 자연의 세계는 말보다 깊은 가슴의 세계이다. 살다 보면 욕도 먹고 어쭙잖은 비판에도 직면하게 된다. 하지만 신경쓰지 않는다. 그것은 나의 일이 아니기 때문이다. 나의 일은 부질없는 희론戱論에 대답하는 것이 아니라 안으로 좀 더 깊어지는 것이다. 부드러운 봄바람을 꿈꾸는 내게 말들은 다만 덧없을 뿐이다.

대지에 물이 오르는 봄이다. 햇살 꼼지락거리는 한낮에 가만히 귀 기울이면 새싹 움트는 소리가 들리는 듯하다. 새싹은 땅속에서만 움트는 것이 아니다. 앙상한 나뭇가지 끝에서도 움은 튼다. 그 작은 움은 혹독한 추위 속에서 몸을 웅크리고 있었다. 때가 오기만을 기다리며 부단히 꿈틀거렸다. 눈물겨운 꿈틀거림이다.

봄비가 내린다. 하염없이 내린다. 봄비가 내리면 꽃들이 피어날 것이다. 사람들은 화전놀이로 분주할 것이다. 청명에는 부지깽이를 꽂아도 싹이 난다고들 한다. 24절기 가운데 하늘이 차츰 맑아진다는 청명이다. 하늘과 땅이 한없이 부드러운 봄기운이다.

이재영

설악의 정

　불볕이 작열하는 8월 중순 설악산 등반의 꿈을 품고 직장 동료 두 명과 버스를 타고 대구를 출발하여 양양에 도착했다. 설악산 행 버스로 갈아타고 오색에 내려 온천에서 피로를 풀고 하룻밤 잤다. 다섯 시에 매표소로 가니 아무도 없었다. 짙은 안개 속에 길을 찾아 올라가니 날이 샌다. 무성한 숲으로 하늘만 보이는 가파른 길, 강행군으로 땀이 비가 오는 듯 쏟아졌다.
　물소리 따라 계곡으로 내려가니 소용돌이치는 수정 물이 하얀 구슬을 쏟는다. 입을 물속에 넣고 정신없이 마셨다. 바위에 앉아 한숨 돌리고 빈 병에 물을 채워 출발했다. 가도 가도 하늘뿐인 가파른 오르막길, 몇 번이나 주저앉아 포기하고 싶었다. 그러나 이 길이 인생을 열어 주는 시험 무대란 생각에 참았다. 땀이 큰 수건에 흠뻑 배어 뚝뚝 흘렀다. 11시경 어느 봉에 올랐다.
　갑자기 앞이 일망무제로 탁 트이면서 일만여 봉 기암괴석 봉들이 신비스런 자태를 뽐내며 나를 향해 조아린다. 내 마음은 천군만마를 거느린 쾌승장군이 된다. 여기가 바로 설악산 정상인 대청봉이다. 나와 사람들은 일제히 탄성을 토하며 만세를 불렀다. 올라올 때 숨막히던 고통과 속세의 찌든 잔상들이 말끔히 지워지며, 소망을 이룬 보람에 가슴이 활짝 열린다. 골짜기에 바닷물처럼 고였던 산안개가 산정을 향해 꽃송이로 피어오른다. 저만치 공용 능선 따라 범봉, 나한봉, 마등령, 울산바위가 위용을 떨치고, 바로 눈앞엔 화채봉과 칠성봉이 빼어난 절경을 시샘하는 듯 드러난다.

바위에 앉아 전경을 관조한다. 만학천봉들이 할거하는 군웅들처럼 솟아 탑 같고, 다시 보니 조각상들이다. 어찌 보면 불상이요, 사람이요, 짐승이다. 마음 따라 모양도 수없이 변한다. 흰 구름 날아올라 산봉 위에 구름 봉 솟아 산인 듯 구름인 듯. 아! 여기가 바로 신선 세계다. 그것도 잠시 어느새 하얀 구름 산허리에 날아내려 가리었다 다시 열면 산이 스스로 새 경치를 연출한다. 수없이 변하는 저 장관, 이 겨레의 지혜요, 슬기인 듯 신출귀몰하다. 높고 낮은 봉들이 하얀 구름 너울 쓰면, 일만 봉우리가 하늘 날아 화려, 웅장, 정교함은 예술의 극치, 내 마음도 하늘 날며 신선이 된다.

저 신비경을 두고 떠나려 하니 아쉬운 마음에 몇 번을 돌아본다. 명산의 호연지기 듬뿍 마시고 중청봉, 소청봉 내려가며 바라보니, 다가서는 공용 능선 꿈틀꿈틀 쫓아온다. 우렁찬 봉우리엔 민족 정기가 일고 봉봉에 맺힌 신비는 이 겨레의 슬기, 우리의 영산靈山임을 가슴 깊이 새긴다. 내려가는 길 따라 봉정암으로 향하니, 가는 길은 급경사로 바윗길이 험하다. 땀이 흘러 눈을 뜰 수 없어 소청봉 산장에 들러 한숨 돌렸다. 한 시간쯤 내려가서 한 능선에 올라섰다. 바로 앞 지호지간에 우람한 바위 봉이 와르르 무너질 듯하다. 절벽 아랜 제비

집처럼 붙어 있는 봉정암, 청기와 추녀가 포르르 난다.

어느 분의 예술일까? 저 장관, 병풍 바위 두르고 수목과 조화 이뤄 선경이 바로 여기이다. 절로 내려가니 바위에 무수한 자연 무늬들은 불상이요, 부처님의 말씀 같다. 산이 울리는 염불 소리와 해맑은 목탁 소리가 내 귀를 열고 마음 깊이 울린다. 대웅전에 들어서니 정결한 대청마루엔 숨 막힐 듯한 정적, 화려한 불상들이 마음을 압도한다. 삼천 번 절해야 한 번 돌아본다는 부처 앞에 좌복坐服이 흠뻑 젖도록 절을 올렸다. 내 마음 이 순간만은 무념무상 빈 마음, 어찌 이렇게도 평화로운가, 아! 여기가 극락인가….

큰스님 설법 듣고 하룻밤 쉬어 가고 싶었지만, 애틋한 미련 두고 천불동으로 향한다. 수직으로 오르는 바윗길을 불볕더위 속에 오른다. 금송, 박달나무, 엄나무, 자작나무, 피나무, 고로쇠나무 등등 희귀종 수종들의 품평회장 같다. 흡사 동양화의 화폭 속을 지나는 흥취 속에 바위와 수목 속을 통과하여 소청봉 산장에 이르니 힘이 쪽 빠진다. 절경과 빈방들이 한없이 유혹했다. 그러나 잠시 숨 돌려서 출발했다. 가자고 우겼던 동료가 맨발로 절룩거린다. 나도 다리에 쥐가 났다. 계곡으로 가서 목욕했다. 다리는 풀렸지만 한여름에도 오들오들 떨린다. 천신만고로 회운각 대피소에 이르니 잘 방이 없다. 기진맥진한 상태로 양폭산장에 이르니 날이 저문다. 다행히 잠자리가 있어 밥을 지어 먹고 산장으로 들어갔다. 다락 같은 골방에 꽃다운 남녀들과 빈틈없이 누워 혼숙을 했지만 하도 고생을 한 탓일까? 금방 잠이 쏟아졌다.

이튿날 새벽 천불동으로 갔다. 끝이 보이지 않는 철다리 길이 장관이다. 쳐다보니 만학천봉萬壑千峰엔 천불상이요, 흰 구름 사이론 붉은 해가 새댁처럼 얼굴을 내민다. 구름 속을 나오는 빛이 인생행로의 희망인 듯 신비롭다. 몸에 감길 듯 정겨운 오련폭포의 벽계 청류가 바위와 기화요초琪花瑤草 어우러져 마음 사로잡는다. 천 길 발아랜 백담百潭이 줄을 서며 수십 길 물속까지 비쳐 온다. 어느새 그 물은 거울 되어 금수청산 수놓는다. 조용히 바라보니, 마음마저 비칠 듯, 내 마음도 그 물 되어 투명한 거울….

산은 말이 없지만, 인생행로도 산행 같아 고행을 참고 견디면, 정상을 정복한 기쁨과 영광이 온다는 교훈을 한없이 준다. 설악을 대표하는 와선대, 비선대, 문주암, 이호담, 귀면암, 오련폭포, 양폭, 천당폭포 등 빼어난 절경이 여기에 다 있다. 설악산은 역시 우리의 영산이다. 하룻밤 더 유하면서 모두 둘러보며 산상수훈 같은 삶의 지혜를 깨닫고, 아름다움에 흠뻑 취해 보고 싶었지만, 아쉬움 남겨 둔 채 돌아서는 마음 애틋하다.

이정희

신록의 행복

 나의 아파트 아래 정원의 수목과 뒷산의 무성한 나무 등 싱그러운 녹음으로 가득 메워진 푸른 오월의 둘째 일요일, 여느 때와 같이 막내아들 식구들과 밖에서 점심을 먹고 나의 아파트 거실에서 커피를 마시려는 순간, 막내아들이 어버이날 선물로 지금으로부터 10년 전 2004년 어머니께서 발표하셨던 '서화전' 모습을 CD로 만들어 왔다고 하면서 가방 속에서 아주 조그마한 연두색 기기 하나를 꺼내 놓는다.
 2004년만 해도 캠코더 다루는 솜씨가 서툴러서 화면이 흔들리고 선명하게 나오지 않았다면서 연두색 기기를 TV에 연결한다.
 전시회 당시에 찍어 온 사진은 몇 장 있었으나 10년 세월이 흘러버린 오늘 전시회 전체의 모습을 이렇게 TV 화면에서 영화처럼 볼 수 있다니 놀랄 수밖에….
 맨 처음 TV 화면에 나의 도록 표지, 옐로우 그린 바탕에 까만 먹물로 '李貞姬展'이라 써진 굵직한 나의 붓글씨 모습을 보는 순간 어떻게 표현할 수 없는 그 무엇이 나의 가슴속에 뭉클 솟아올랐다.

이어서 빨간색 벽돌 건물에 '白岳藝苑'이란 하이얀 글씨가 보이는가 하면 건물 맨 위 꼭대기에서부터 아래로 길게 늘어뜨린 현수막을 비롯해서 건물 밖 입구에 줄지어 세워진 축하의 대형 화환과 꽃화분 등이 화려한 전시장 분위기를 느끼게 해준다.

사람들이 북적거리는 아래층 전시장 입구에서부터 벽에 걸린 붓글씨 족자와 묵화, 그림, 액자 등이 서서히 비춰지며 전시장 곳곳에 10쪽, 8쪽, 4쪽 등 갖가지 형태의 병풍 여러 개가 전시된 모습이 비춰지니 오늘 마치 전시회를 하는 것 같은 착각마저 불러일으키게 한다.

아래층 입구 쪽 데스크에 나의 아들과 며느리들, 손자 손녀들의 얼굴 등이 보이고 여러 하객들의 모습이 비춰진다.

테이프 컷팅식에 호명되어 한 줄로 길게 늘어선 사람들 사이로, 한 가운데 빨간 자주색 천에 화려한 꽃무늬가 그려진 실크 두루마기를 입은 나의 모습과 나의 양옆에 30년 세월 붓글씨를 지도해 주신 이당, 그림을 지도해 주신 화정 선생이 보이는가 하면 그 옆으로 서예계의 거장이신 죽봉과 석포 선생님 그리고 꽃꽂이협회 이사장과 유명인사들의 테이프 컷팅하는 모습 등이 비춰진다.

테이프 컷팅이 끝난 후 하객들 모두 일층에 전시된 작품을 감상하고 나서 이층 벽면에 가득 전시된 나의 거작 붓글씨와 그림을 감상하는 장면이 찍힌 TV 화면을 보면서 잊혀졌던 10년 전 전시회 모습을 자세히 볼 수 있어 무척 감명 깊었다.

오후에 2층에 준비된 '리셉션' 장에서, 온종일 커피 잔을 들고 아래 위층의 작품을 낱낱이 감상하신 죽봉 선생님과 단국대학원장의 축사가 있었고 꽃꽂이협회에서 보내온 대형 꽃다발 증정식이 있었다.

남치마, 노란 저고리를 입고 하객들에게 답례 인사를 발표하는 나의 모습이 장시간 비춰진다.

　석포 선생님의 제의에 따라 단상의 몇 분들과 함께 와인 축배와 케이크 절단식을 하는 모습, 호주에서 온 큰손녀의 바이올린과 작은손녀의 플루트 연주하는 모습, 그 누나들 옆에 바싹 달라붙어 쳐다보는 막내손자의 유독 어린 모습 등이 비춰지니 어찌 10년 타임머신을 되돌린 것 같은 착각 속에 빠져들지 않을 수 있으랴!

　온천지가 하이얀 빛깔로 채색된 수채화 속, 겨울의 한복판인 엄동설한에 전국 각지에서 참석해 준 친구들 모습이며 일가친척들 모습을 다시 볼 수 있어 무척 행복한 시간이었다.

　이렇게 나날이 발전하는 과학 문명 덕택으로 고령에 접어든 나의 삶의 모습을 영화 스크린처럼 볼 수 있어 마치 내가 영화 속 주인공이라도 된 양, 양어깨가 으쓱해지는 등 환상과 착각 속에 푸욱 빠져들기도 했다.

　이 한 편의 CD를 나의 자손들이 보면서 나의 서예 작품 등을 감상할 수 있겠구나 하는 생각이 미칠 때, 황혼의 끝자락에 얻어진 한 개의 영롱한 무지갯빛 보석!

　내가 인생의 뒤안길에 사라진 후에도 나의 '서예 작품과 예술의 혼'만은 세상에 남으리라는 생각과 더불어 "인생은 짧고 예술은 길다"라는 진리를 다시금 실감케 해주는 신록이 안겨 준 행복한 하루였다.

이종대

노병老兵의 귀향

이 세상에는 기적도 많다
그러나 기적 가운데 가장 큰 기적은 사람이다
— 소포클래스(B.C. 496~406)

　그가 집에 오는 데 걸린 세월은 지금까지 세상에 알려진 것들 가운데 가장 긴 것이었다. 이번 일도 실제로 일어난 사실들 가운데서는 말할 것도 없거니와 꾸며서 만들어진 이야기들 가운데서도 그 유례를 찾아볼 수 없는 것이다. 그의 이야기는 희랍 호머의 서사시 〈오디세이〉의 주인공 오디세우스가 트로이 전쟁이 끝난 후 집으로 돌아오는 길에 바다를 떠도는 데 보낸 10년 세월과 19세기 미국의 작가 워싱턴 어빙이 쓴 단편소설의 주인공인 립 밴 윙클이 사냥을 하기 위하여 산에 들어갔다가 잠들었던 20년과 절해 고도에 표류하여 혼자서 28년을 보낸 영국의 소설가 디포의 소설 속 주인공 로빈슨 크루소를 능가함은 물론 이들을 아주 우습게 보이게조차 만들고 있다.

그의 탈출에 얽힌 모험담은 신기하고 믿을 수 없이 꿈만 같고 어떤 모험소설이나 영화보다 스릴에 넘치며 무대 위에 어떤 비극보다 더 비극적이다. 그가 겪은 육체적, 정신적 고통은 지구상의 어느 누가 견뎌 낸 것보다 더 큰 것이며 어떤 지어 낸 이야기 속의 주인공도 그에게 비할 수 없다.

그는 집을 떠난 지 43년 만에 다시 집에 돌아왔다. 그가 집을 떠났을 때는 연세대학교 교육학과 1학년이었던 19세의 청소년이었으며 그가 집에 돌아왔을 때는 병들고 허약한 64세의 노인이었다. 1950년 북한 공산주의자들의 남침으로 전쟁이 시작되자 그의 훌륭하신 어머니는 다른 어머니들과는 달리 아들에게 군에 자원 입대하여 조국을 위하여 싸울 것을 권하였으며 착한 아들은 어머니의 말씀을 충실하게 따랐다.

육군 소위로 임관된 그는 육군본부 소속 101포병단에 배속되어 관측장교로 전투에 임하던 중 1951년 중공군에게 포로가 되어 북한군에 넘겨진다. 그때부터 1994년 10월 23일 동해바다 위 고깃배 속에서 혼자 표류하던 중 수산청 소속 경비정에게 발견되어 구조될 때까지 그의 삶은 상상을 초월하는 고통과 절망 속에서 포로의 신세를 벗어나려는 길고도 먼 외로운 싸움이었다. 마침내 그는 불가능한 일을 가능한 것으로 만들어 놓은 것이다. 그가 북한으로부터 탈출에 성공하여 다시 고향에 돌아왔다는 이 극적인 사건은 불행하게도 서울에 있는 성수대교의 붕괴라는 유감스럽고도 부끄럽기 한량없는 전대미문의 사고와 거의 동시에 발생되었다. 그래서 이 전쟁 영웅의 귀환 소식은 예측하지도 못하였고 상상조차 할 수 없었던 국가적 재난 앞에서 그 빛을 잃어버렸으며 비극적인 재난이 가져온 충격, 무고한 희생자들 때문에 깊이 묻혀 버리는 듯하였다. 그의 귀환은 처음엔 별로 뉴스거리조차 되지 못하는 듯하였다. 그가 돌아왔다는 소식은 그날의 흥미진진한 뉴스의 방송 끝에 슬쩍 집어 넣어졌으며 마치 시베리아에서 벌목에 종사하던 노동자가 고된 노동을 더 이상 견디지 못하여 탈출하여 온 또 하나의 북한 노동자처럼 가볍게 다루어졌다.

이 노병의 귀환 소식은 텔레비전 화면에 잠시 비추었으나 나는 그것을 놓치지 않았다. 나는 순간 대단한 감동을 느꼈으며 늙고 병들어 폐인이 되어 병원 침대 위에 환자복을 입고 누워 있는 이 노병의 모습에 너무나 가슴이 아팠다. 그리고 끓어오르는 분노도 느꼈다. 시간이 지나면서, 그리고 이 노인에 대하여 좀 더 많은 것이 사람들에게 알려지면서, 그리고 무엇보다도 좀 더 많은 사람들이 제정신으로 돌아옴에 따라 이 노병의 귀향은 갑자기 그 의미와 중요성이 크게 부각되기 시작하였다. 대통령도 국방장관을 통하여 꽃다발과 함께 따뜻하고 정중한 환영의 뜻과 쾌유를 바라는 메시지를 전달하였다. 국방장관과 노병과의 처음 대면하는 자리에서 아무도 기대하지 못하였고 온 국민을 놀라움과 커다란 감동 속에 몰아넣었으며 동시에 눈물을 흘리도록 만든 사건이 발생하였다.

주위의 간호사들과 국방장관의 간곡한 만류에도 불구하고 이 노인은 침대에서 불편한 몸을 가까스로 일으켜 비틀거리는 몸을 가다듬고는 장관 앞에 부동자세를 취하였다. 이어 그는 떨리는 오른손을 천천히 들어올려 그의 최고사령관에게 엄숙하게 거수경례를 올린 다음 분명치 않은 떨리는 목소리로 "조창호 소위 임무 마치고 돌아왔습니다."라고 43년 만에 귀대 신고를 하였다.

이런 예는 우리나라에서는 물론 전 세계 군사 역사를 들추어 보아도 없는 일이다. 순간 그는 늙고 병들고 지치고 실의에 빠진 64세의 노인이 아니었다. 그는 군인이었다. 진정한 군인이었다. 이 나라 어떤 군인보다도 살아 있는 용감하고 패기 넘치는 젊은 육군 소위였다. 나도 젊은 예비역 해병 중위로 예편하여 지금까지 살아왔지만 최강 해병의 존재감이 무색함을 느꼈다. 용기와 명예 그리고 임무가 무엇인가를 보여 주는 순간이었다. 오늘날 우리가 가슴 아프게 요구하는 군인의 상이었다.

이 광경을 지켜보고 있던 나는 나도 모르게 울고 있었다. 나는 무슨 이유인지는 정확하지는 않으나 동시에 일어난 한강 성수대교 붕괴 사고와 노병 조창호 소위의 귀향을 비교, 대조하게 됨을 어찌할 수 없다. 본질적으로 이 두 개의 사건은 동시에 발생하였다는 사실과 모두 커다란 뉴스가 되었다는 사실 이외에는 아무런 상호 연관성이 있을 수 없다. 그러나 이와 같이 서로 아무런 연관성이 없고 그 성질상 본질적으로 상이한 두 개의 사건은 바로 그런 이유 때문에 서로를 좀 더 뜻깊게 조명해 줄 수 있고 그 의미를 돋보이게 만들 수 있는 좋은 기회를 제공하고 있는 것이다.

우리 모두가 성수대교의 붕괴 앞에서 할 말을 잊고 망연자실하고 있지만 잠시 냉정하게 생각해 본다면 그와 같은 사고는 이미 예견된 것이라는 분명하고도 간단한 결론에 도달할 수 있다. 지금의 세월호 참사와도 어쩜 똑같은 사고인지도 모른다. 우리는 다른 많은 일에도 그랬듯이 그 다리를 만드는 데도 몹시 서툴렀고 날림으로 대강대강 해치웠다. 그래 놓고 과연 우리는 그 다리를 관리하고 보수하는 데 얼마만 한 관심과 주의를 기울였는가. 성수대교뿐만 아니라 한강 위에 놓여 있는 수많은 교량들에 붕괴 위험이 있다는 경고는 결코 한두 번이 아니었으나 이와 같은 우리의 경고는 번번이 묵살된 채 지금까지 지내 왔다. 누구를 탓하기 전에 우리 국민 모두의 생활태도, 습관,

의식구조와 그 수준을 반성해야만 할 일이다. 성수대교가 견뎌 낼 수 있는 최대 한도의 무게를 계산해 내는 데 필요한 것은 간단한 산술이면 족한 것이지 결코 복잡한 고차원의 방정식이 아니었다. 성수대교가 안고 있는 위험을 알아차리는 데 필요했던 것은 평범한 사람의 지극히 상식적인 관찰과 판단력이었지 아인슈타인과 같은 천재의 상상력이나 지능이 아니었다. 그 사고는 누구나가 예측할 수 있는, 아니 예정된 사고였다. 세월호와도 짝퉁 사건이다. 그러나 허약하고 나약하기 그지없어 보이는 인간 속에서 결코 부서지지 않고 또 부서뜨릴 수 없는 그 무엇이었다. 누가 보아도 정작 붕괴되어 버리고 말았어야 할 늙고 병든 조창호 소위였지 철근 콘크리트로 다져 만든 거대한 성수대교가 아니었다. 조 소위가 죽지 않고 살아서 자기 의지로 돌아왔다는 사실은 어느 누구의 설명도 통하지 않는 기적이다. 마르크스, 파블로프, 프로이드, 스키너를 불러 이 사람을 설명해 보라고 해보라. 그들의 그럴듯한 과학적 설명대로라면 이 사람은 이미 오래전에 죽었거나 완전히 정신적으로나 육체적으로 파괴되고 정복되어 지금쯤은 자의든 타의든 북한의 그 노예와 같은 생활에 적응하여 싫든 좋든 살고 있어야 하는 것이 아닌가!

 그러나 이 사람은, 아니 이 사람 속에 숨이 있어 어떤 과학에 의해서도 발견되기를 거부한 그 무엇은, 인간에 대한 인간의 영혼에 대한, 그리고 인간의 행동에 대한, 어떤 그럴듯한 과학적인 설명과 이론들을 무용지물로, 하나의 웃음거리로 만들어 버렸다. 고향에 돌아온 이 노병은 한마디로 어느 누구에 의해서도 어떤 수단이나 방법에 의해서도 간단하게 설명하기를 거절할 것이다. 그의 귀향은 인간을 가지고 벌이는 어떤 비인간적인 죄악에 대한 시원한 응징이며 통쾌한 승리인 것이다. 그의 승리는 우리는 물론 전 인류의 장래에 대한 희망인 것이다. 이 영웅의 길고 긴 귀향의 여정은 드디어 끝났다. 그는 오래전에 자신이 지키기 위하여 스스로 떠났던 집으로 참으로 오랜만에 다시 돌아온 것이다. 그의 엄청난 사건들과 참혹한 체험들— 전쟁, 파괴, 기아, 시체, 폭력, 죽음, 불안—을 모두 뒤로하고 이제 아직 쓰여지지 않은 서사시의 주인공은 드디어 그의 목적을 달성한 것이다. 귀향—그의 집으로 가족들이 있는 곳으로, 진정한 삶이 있는 곳으로 의미 있는 생활 속으로, 그리고 진정한 존재로 다시 돌아온 것이다.

이창규

삼인동행 삼인아사

• 만남과 삶

　만나서 인연이 된다는 것은 그만큼 인간관계가 원만해져서 좋은 관계로 맺어진다는 것이다. 일상에서 나의 만남은 일과 사람의 만남이다.

　'일'을 만나면 그 일에 최선을 다한다. 그 일에 미치지 않으면 그 일을 해낼 수 없을 때가 많다. 오늘이 즐겁고, 오늘 만난 일로 인해 보람 있는 날이 되는 것이다. 어떤 일이든 그렇지만, 처음이 중요하다. 처음 일의 시작 여부를 결정하고 나면 잡초의 원칙에 의해 끈기 있게 매진해야 하고, 다음 단계 계단의 원칙에 의해 체계적으로 차근차근 진행한다. 일이 이루어진 뒤에는 비움의 원칙을 적용하여 다음 일함에 도움이 되게 추진해 나간다면 반드시 성공하게 되리라.

　다음은 사람의 만남이다.

　미국 샌디에고에서 자동차 키를 차 안에 두고 문을 따지 못해 안타까워했다. 말은 안 통하지, 아는 사람은 없지, "Help me!" 하고 도움을 청해도 거들떠보지 않는데, 하루 해가 저무는 끝자락에서 외국 이민 인이 자기 보험회사에 연락하여 전문인에게 부탁하여 문을 따 준 Douglas B. YIM. MD를 나는 지금도 잊지 못한다. 또 한 사람, 교사가 되기까지 성직을 바르게 걷게 한 스승의 만남이다. 전자는 사례도 거절하여 명함을 주길래 전화로 답례 인사라도 하려고 하였으나 전화번호 없는 명함이어서 지금도 잊지 못하고 도미하여 만날 예정으로 미루어 놓았다. 후자의 한 분은 교육자의 길을 걷게 안내하였고, 또 한 분은 문학의 길로 안내한 스승이었기에 지금도 교단과 문학에 손을 떼지 못하고 있는 것이다. 이렇듯 내가 만나는 사람이 그렇게 소중할 수가 없다. 그때마다 그분들은 잊고 있었던 나를 돌아보게 하고, 내 인생을 리모델링하는 기회나 계기를 던져 주기 때문이다. 만남을 통하여 그 사람의 가는 길이나 삶의 선택이 달라질 수도 있고, 신념을 바꾸어 놓을 수 있다. 좋은 부모를 만나고, 성실한 친구를 만나며, 훌륭한 스승을 만나는 보람과 행복마저 우리가 진실로 원하는 만남이 아니겠는가. 이러한 삶이 내가 살아가는 당당한 삶이요, 즐겁고 당당한 활동인 것이다. 이러한 안목이 삶의 방식으로 받아들여질 때, 오늘이 마지막 날인 것처럼 살아갈 수 있을 것이 아닌가 생각한다.

- 트리플 인생

오늘을 살아가는 불확실성 시대에서는 반드시 준비된 삶이어야 하겠다. 미래에 나를 평가해 줄 수 있는 기준에서 오늘을 살아야 하기에 나에게 주어진 일생의 시간을 이제는 디자인해서 살아가야 한다.

조용하게 시작된 삶을 3등분하여 디자인해 보면 처음 30년은 내가 자식으로, 또 30년은 내가 부모 되어 삶을 살았고, 나머지 30년 여생을 트리플(Triple) 인생으로 디자인하면, 전체의 30%는 취미, 특기, 소질을 즐기는 일이다. 나의 취미는 틈틈이 치는 골프, 특기는 동심으로 접근하는 아동문학, 소질은 생활에 활력을 제공하는 독서와 서예다. 그리고 30%는 전공 분야인 교육에 배려하여 강의하면서 교육에 대한 보람을 찾는 일이다. 교육은 사람을 바꾸고 세상을 바꾸는 힘을 가졌다. 따라서 55년째 교단을 지키면서 한 번도 성직을 떠나고 싶다는 생각을 해본 적이 지금도 없는 것이다. 나머지 30%는 봉사와 남을 위한 배려에 시간을 투자하는 일이다. 이 시간만은 나를 던져 겸허한 자세로 남을 배려하고 봉사하는 시간이기 때문에 즐겁게 받아들이고자 하는 것이다.

소금은 자기를 흔적도 없이 희생하여 음식의 맛을 내게 하고, 시멘트는 모래와 자갈 속에 자신을 던져 단단한 콘크리트를 만들어 내지만, 나는 남을 위하는 일과 배려에 투자하는 것이 신념이기도 하다.

이렇게 인생을 트리플 인생으로 디자인하여 살아가려는 것은 오직 오늘을 '깨끗하고 즐겁게 살다가 곱게 늙어서 행복하게 일생을 살고픈 것이 내가 소원하는 생활이었기 때문이다.' 따라서 지금 나에게는 한 권의 책과 음악이 흐르는 곳에서 차 한 잔이면 풍요로운 삶이다.

• 일과 동행

미래의 내 모습은 남을 위해 일하며 봉사하고, 취미로 여가를 선용을 할 수 있는 3원 구조로 설계하였다. 삼원 구조의 구체적인 계획을 제시하여 미래의 모습을 유추해 보는 그림은 꿈을 실천하는 데 바탕이 되는 것이다.

먼저 일의 개념을 노동으로만 국한하지 않고, 해야 할 전문 영역

활동 부분인 강의와 더불어 독서와 작품 창작의 세 영역으로 나눌 수 있다. 정규 강의는 일주일에 5시간, 정신적 노동 활동에 해당되는 강의 활동으로 대학 강단에서 실천하고 있는 것이다. 독서는 주제 독서를 우선하는데 강의, 독서, 창작에 요청되는 독서를 매일 하는 편이다. 그런 가운데 독서를 통해서 행복을 찾는다. 작품 창작은 생활 속에서 주제가 선정되면 좋은 작품을 창작하고자 고뇌에 찬 창작 과정을 겪는 편이다. '나무'라는 시 한 수를 쓰기 위해 수천 그루의 나무를 가슴에 심어야 하듯 말이다. 뿐만 아니라, 자아성찰로 빚어지는 수필처럼 인생을 살아가고자 한다.

따라서 나는 수목농장에 계획 식수를 해놓고 별도로 돌배나무와 고욤나무를 심어서 딱히 돌볼 필요도 없는 나무를 심었기에 가끔 들를 때마다 작품을 구상하는 것이다. 나무를 가꾸는 일이나 작품을 쓰는 일이 별반 다를 바 없는 것이라고 생각하고 있기 때문이다. 자연과 더불어 같이하는 시간이 자아성찰이나 영혼 정화에 도움이 크다는 것을 오래전부터 알고 있었기에 강의가 계속되고 나무가 무럭무럭 자라는 것이 내 모습이 일과 동행되고 있는 것이다.

어떤 일이든지 용기가 수반되면 그 일에 대한 의욕과 자신감이 따라붙고, 그 일에 몰입하게 된다. 나무를 중심으로 만들어진 수목농장의 한 귀퉁이에서 약초나 꽃나무를 심을 때처럼 세상을 잊고 그 작업에 몰입되는 일 또한 없을 성싶다. 그리고 창의적인 재배가 이루어질 때에는 일의 동행으로 솔가지 향내만큼이나 진하게 일함이 즐거워진다.

- 자기 교수

나는 매일 만남이 이루어져야 건강 관리와 인간관계가 원만해진다.

독서나 예술 활동은 혼자서도 가능하지만 골프(golf) 스포츠는 같은 취미의 친구를 자주 만나야 즐겁게 할 수 있다. 코치해 줄 선임자를 가끔 만나야 하며, 같은 실력의 동료들은 틈만 나면 만나야 한다.

공자는 "삼인이 같이 가는 길에 한 사람은 스승이 된다."는 '삼인동행 일인아사'라고 하였다. 그러나 오늘을 살아가는 우리는 '삼인동행三人同行 삼인아사三人我師'로 자신을 가꾸어야 한다고 생각해 본다. 즉 취미, 소질이 서로 다른 것을 한 사람에게서 배우고, 서로 다른 전공 분야를 또 한 사람한테서 배우고, 자신도 자기에게 가르치는 스승이기를 자처할 수 있는 '자기 교수'로 사회에서 동행하는 3인 모두를 내 스승으로 대하면서 동행자 모두가 내 스승이 된다고 보는, 대인관계를 만들어 가고자 하는 것이다.

미래의 꿈이라면, 건강한 생활로 여가를 선용하는 행복한 삶을 위한 바람이다. 미래의 꿈을 설계하고 실천하기 위하여 나 자신을 알고 나답게 살아갈 수 있는 일인가, 그리고 내가 하는 일이 분수를 지키는 것인가, 자기 일은 고뇌를 제대로 하여 설정되었는가를 타진해 본다. 나 자신의 처지에 맞게 살아야 하기 때문이다.

먼저 나에게 맞는 일, 즉 교단에서 교육하고, 강의하는 성직을 계속하는 것이다. 맹자는 교육하는 일을 즐겁다고 하였다. 나 또한 즐거운 일을 외면하고 싶지 않은 것이다. 독서하고 작품을 창작하는 일 또한 평생 동안 지속하는 것이지만 교육하는 일과 무관하지 않다.

그러기 위해서는 무엇보다 '자기 사랑'이 중요하다. 자기를 아는 것이 자아 정체성이다. 자기를 사랑해야 남을 사랑할 수 있고, 자기를 이해할 때에 남을 이해할 수 있는 것이다. 따라서 자기를 돌아볼 수 있게 되는 것이다.

이태희

행복

　인생의 최고 목표는 행복이라 했다. 한 번뿐인 인생, 연습 아닌 인간 인생, 백수 동안 행복할 수만 있다면 더 바랄 것이 없다. 동서고금을 통하여 인간 사회에서는 오직 궁극적으로 행복을 갈망하는 듯싶다.
　요즘도 해만 바뀌면 연하장 등 여러 가지 경로를 통하여, 또한 만날 기회면 무엇보다 먼저 "새해 복 많이 받으세요." 하고 서로 인사한다. 그다음에 건강하세요, 만사형통하세요 등을 말한다. 이것들 역시 모두 행복의 광의 속에 내포되고 있는 것이다.
　행복에는 저마다 추구하는 갖가지 목적과 의미를 부여하겠지만…. 인간은 혼자 사는 이도 많지만 일반적으로 남녀가 함께 살아간다. 소위 성년 전후에 연애나 결혼이란 매개체를 통하여 남녀가 만난다. 거기서 만난 남녀는 흰머리가 파뿌리가 되도록 백년해로를 약속하고 주례를 통하여 당부받으며 만장의 하객들과 공감한다.

아름다운 축하 행사를 마치면 준비된 웨딩카에 몸을 싣고 새 출발의 신혼여행을 부모, 형제자매와 친구, 지인들의 박수갈채 속에 부~웅 떠난다. 어디론지 둘만의 시간, 행복을 맛보는 목적지를 향해 달린다. 그전에는 국내 여행이 대부분이었지만, 이젠 경제적 여건이 좋아서인지 항공으로 해외 여행이 일반화된 듯싶다.

첫날에 인생 설계의 꿈을 안고 하늘을 난다. 경치 좋고 아름다운 환경의 예약된 호텔로 자기만의 시간과 꿈의 설계를 안고 기다리는 룸으로 안내받는다. 무거운 짐이나 거추장스러운 겉치레는 훌훌 벗어 내던진다. 두 사람만의 인간 본모습을 볼 뿐이다. 거기에는 아무런 방해자나 걸리적거리는 그 무엇도 있을 수 없다. 두 사람만의 시선과 호흡과 사랑만이 무르익어 갈 뿐이다.

연애를 통한 사전에 사랑을 확인한 사이라면 합법적인 절차를 마친 사랑의 재확인의 시간이 될 것이며, 한쪽이든 양쪽이든 인생 첫경험이라면 소위 순결을 주고 뺏는 엄숙한 확인 시간을 맛보게 될 것이다. 양쪽 다 이런저런 말 못할 자기의 비밀 속에 많은 체험을 통한 경우라면, 어쩌면 숙달된 조교처럼 그 맛이 훨씬 진하게 펼쳐질 수도 있을 것이다.

합의에 의한 사랑의 시작이라면 어느 쪽의 과거를 되씹을 필요는 없을 것이다. 누구나 한 번만 스쳐 가면 그때부터 벌써 과거가 될 것이고, 그러므로 새로우냐 아니냐는 사실 종이 한 장 차이라고 해도 과언이 아니다. 그러나 몰랐던 그것에 큰 의미를 두는 경우라면 어떤 화근의 씨앗이 될 수도 있을 것이다. 그러나 그럴 수도 있을 것이라고 덮어 버린다면 아무런 문제가 되지 않을 수도 있는 일이다.

인간관계에는 과거와 현재, 미래가 있다. 과거는 이미 지나간 것, 흘러간 것, 되돌릴 수 없는 것, 그것에 집착하고 문제를 삼는다면 현재 관계도 어렵게 될 뿐 아니라, 물론 미래도 보장할 수 없는 것이다. 인간은 대개 누구나 좋든 나쁘든 나름대로 과거가 있게 마련이다. 과거 속에서 현재를 맞고 있다. 현재를 잘 설계하고 영위하려면 각자의 마음속의 과거를 토대로 거울 삼아 튼튼한 현재를 구축할 수 있을 것이다.

문제는 무엇보다 현재일 것이다. 현재에 만족지 못하고 불행의 씨앗을 잉태했다면 미래는 물론 보장할 수 없으며 차라리 현재에서 일찌감치 과감하게 청산하는 것이 현명할지 모른다. 그것이 이른바 '나리타 이혼 선언'이다.

하룻밤에 만리장성을 쌓는다고, 두 사람의 행복을 확인하는 과정에서 고개 숙인 남자를 보았다면, 상대편의 기대와 충격은 너무나 크게 될 것이고, 실망을 넘어 가슴속의 결심을 불러일으킬 수도 있을 것이다. 옛날에는 이것이 부모가 짝지어 준 부부, 나의 희생과 불만을 이겨 내는 것이 미담이었겠지만 지금은 다르다. 남녀 평등, 인권 신장, 오직 자기 인생을 살아가는 행복의 근본이 깔려 있는 것이기에 그 누구도 탓하거나 말릴 일이 아닌 것이다.

세상에서 회자되는 남녀관계, 다시 말하여 섹스는, 인생 행복의 뼈대요, 필수 불가결한 요소이다. 그것 없는 남녀관계, 부부란 오늘날 상상할 수 없는 것이다. 인간 번식의 문제와는 별개이다. 자웅이 만나면 번식은 얼마든지 가능하다. 정자 이식이나, 난자의 생명공학적 수정 의술도 세계적인 과제로 날로 발전하고 있지만, 행복의 매개체인 섹스의 의미와는 전혀 다른 분야이다.

한편 섹스, 성매매는 서로의 필요에 따른 만족을 위해서나 생계 유지 차원에서 동서고금의 사례에서 얼마든지 엿볼 수 있으며, 이에 대한 감소의 노력은 국가 정책적으로 진행되고 있지만, 부정부패와 같은 사회악과 쌍벽을 이루는, 인류가 존속하는 한 근절은 결코 불가능하다고 웅변할 수 있을 것이다.

각국의 공창제도도 있고 자연스러운 방관 정부도 있지만, 우리나라에도 전국에 수많은 매춘 지역에 성매매 여성 수가 무려 14만 명이 넘고, 연간 성매매 규모가 최대 9조 원에 근접하고 있다는 〈2010 여성가족부의 성매매 실태 조사〉에서 성매매특별법이 발효된 지 8년째에도 오히려 증가 일로에 있다는 자료가, 2012년 12월 J일간지에 보도된 것을 보더라도 이는 특별한 문제가 아닐 수 없다 하겠다.

전국 주요 도시 지역에 밀집하고 있는 성매매로 추정되는 업소를 위성지도에 빨간 점으로 표시하고 있는 것이 마치 밤하늘의 별들이나 어두운 밤의 빨간 십자가가 빛나는 교회처럼 수 많이 성행하고 있음을 보여 주고 있어 신기할 정도이다.

또한 긍정적인 측면의 섹스, 인간 행복의 불가결의 섹스에 오히려 여성 측에서 그 장점과 의미를 강력히 설명하고 있음을 보고 그 중요성에 다시 한 번 수긍의 의미를 부각시켜 주고 있다. 이를 뒷받침하는 좋은 모습을 다음에서 우리는 유의할 필요가 있다고 본다.

중국 연변의학원 출신 의사도, 남성 성기능 장애문제에 있어 사정 저해 요인들을 의학적 질병 측면 등에서 다각적인 사례를 들어 분석, 발표하고 있다. 성교 횟수는 사람마다 다를 수 있으며 피로를 느끼지 않는다면 몇 번을 하더라도 그것은 오히려 정상이라고 말한다. 남녀 모두 나이와는 상관없다는 것이다. 건강하다면 계속할수록 자연스럽고 오히려 건강에 도움을 주고, 인생을 아름답게 하는 것이며 부끄럽거나 이상하게 생각하는 것이 더 이상하다고 말하고 있다.

남자는 여성과 관계를 할 수 없는 상황의 경우에는 주 1~2회씩 수음이 오히려 필요하다고 했다. 아주 중요한 설명을 해주어 인간 행복에 큰 고마운 기여를 하고 있다고 보겠다. 또한 성교 도중에 중단을 하거나 사정을 억제 말아야 한다고…. 돌발적인 상황으로 사정을 못한 경우라면 화장실 같은 공간에서 수음으로 배출하는 것이 좋다고도 했다.

그리고 5초도 안돼서, 올라타기 바쁘게, 토끼같이 토해 내는 20대 전후의 혈기에 찬 남성의 조루증으로 받는 여인의 깊은 탄식과 허무감도, 여러 원인이 있지만 서로의 믿음과 사랑이 치료의 가장 좋은 약이 될 것이라고도 조언한다.

남녀관계는 궁극적으로 섹스관계라고 본다. 섹스 없는 남녀관계에서 사랑이 싹틀 수 없고 애정이 지속될 수 없다. 우리나라도 예전과는 판이하다. 맞지 않으면 언제든지 이혼이 도사리고 있다. 이혼율도 상상하기 힘들 정도다. 이혼 선진국이라 할지…! 남녀가 출근 후라든지 서로 모르게 타인과 성접촉을 원하고 노리고 본능처럼 숨어서 즐기고 있다는 얘기들이 오간다. 한번 특별한 색다른 맛을 느끼면 남편과는 은근히 거리가 멀어지고 취미로 빠지기 쉬운 것이 여자의 본능이라는 얘기도 나돈다. 친구의 남편이나 옛 동창이나 모임에서 만난 남성 등과의 접촉에 맛에 빠져버릴 때면 스스로 자제하기 힘들 경지로 지속되어 숨은 임신, 낙태 수술 등 가정이 파괴지경에 이른 경우도 인터넷에서 상정되고 있다.

남녀관계는 모르는 게 약일지도 모른다. 소위 재주껏 인간 본능을 나름대로 구사하고 있다고나 할까…! 늙어서도 흔히 있게 마련이다. 흥미가 떨어진 경우가 아니라면….

인생 행복은 여러 곳에서 찾을 수 있다. 돈에서, 명예에서, 그 외에서도…. 그러나 인간 본능인 섹스의 최고 쾌락은 그 어느 것보다 강렬하며 비교될 수 없다. 인생이 끝나면 돈도 명예도 다 끝이다. 인생

무상이다. 단 생시에 즐겼던 최고의 쾌락을 섹스에서 마음껏 누렸다면 그것 역시 그 무엇보다 행복한 삶을 살았다고 해두어야 할지!

　요즘 프랑스 올랑드 대통령도 결혼을 않고 그전에도 현재도 또 겹쳐서 새로운 애인과의 사랑을 즐기러 밤중에 엘리제 궁을 빠져나와 오토바이로 질주하는 모습이 기자의 카메라에 담겨 보도되었다. 대통령도 한 인간, 인권, 사랑, 행복의 측면이라고 그 사회의 모습들을 전 세계에 알리고 있는 것이 오늘의 모습이기도 하다.

임갑섭

골목 안 찻집

우리 집으로 오고 가는 골목 안에 찻집이 하나 있다. 골목길에 접한 단독주택을 헐어 내고 5층 건물을 지었다. 아마 단독주택 주인이 원룸이나 투룸 등을 만들어 임대료 수입을 얻기 위해서일 것이다. 그 1층에 10평 정도의 상가 한 칸이 있는데, 거기에 작은 커피점이 들어선 것이다.

골목 길가의 커피점 경영자는 젊은 더벅머리 총각이다. 아니 총각인지 기혼자인지는 묻지 않았기 때문에 단정 지어 말할 수 없으나 총각일 것으로 추측이 된다. 그렇지 않고는 젊은 친구가 큰 길에서 50m나 들어선, 사람들의 왕래도 적은 골목에 커피점을 차렸을 리가 없을 것 같다. 다시 말해 상술이며, 판매고나 수익 면의 검토가 전혀 이루어지지 않는 미숙하기 짝이 없는 상행위가 분명하기 때문이다. 또한 새파랗게 젊은 친구이다.

한편 젊은 친구라고 큰 길에 점포를 차리고 싶지 않았을 리가 있겠는가. 애써 모은 자본금이 그 정도에 불가했기 때문이었을 것이다.

　내가 집을 오고 갈 때이면 그 커피점 앞을 지나게 되어 있다. 그 커피점을 지나칠 때이면 커피점에 손님이 들었나를 항상 열심히 살핀다. 오늘은 손님이 하나라도 앉아 있다면 좋겠다는 마음을 갖고서이다. 커피점에 손님이 들어 있건 없건 간에 나에게 아무런 의미가 없을 일이 되겠으나 젊은 사람이 우두커니 앉아 있는 모습이 아주 측은하고 답답해서이다. 이 커피점 젊은 친구, 공연히 남의 동네 골목길에 커피점을 차려 나의 마음을 졸이게 해주고 있다. 공연한 걱정, 걱정도 팔자라 했고 사서 하는 것이다. 그렇다고 내가 커피 한 잔을 팔아 주지도 않았다.

　커피점을 지난여름에 차렸으니 6개월이 한참 지났다. 그러나 나의 바람과는 다르게 항상 커피점에는 주인인 그 젊은 친구 혼자이다. 6개월 이상 오고 가며 본 손님은 딱 한 번이었다. 그것도 젊은 여성 혼자였다. 커피점주와 마주 앉아 이야기를 하고 있는 것으로 보아 그마저도 돈 내고 커피 마시는 손님이 아닐 것이란 생각이 들었다. 그 친구 직장 찾아 3만 리 뛰다 뛰다 이 커피점에 죽치고 앉게 되었을 것이다.

　10평 남짓 되는 커피점이긴 하나 꾸미는 데 들어간 경비가 만만치 않았을 것으로 짐작이 된다. 새 건물이지만 실내 장식이며 탁자고 의자도 돈 들여 마련했을 것이며 커피를 내리고 만드는 데 쓰일 도구며 기계도 구입했어야 할 일이다. 그 돈 제가 스스로 만들었다면 좋을 것이나 물으나 마나 부모의 도움을 받았을 것이다. 넉넉하지 못할 부모의 등골을 한 그릇은 뽑아내지 않았을까 싶다.

　집사람하고도 그 커피점의 젊은 친구가 측은하다는 얘기를 했다. 그러자 곧 집사람의 반응은 부정적이었다. 얼마 전 가까운 친구가 왔기에 손쉬운 대로 그 커피점에서 차를 두 잔 마셨는데 찻값이 아주 비쌌다고 했다.

얼마를 받았는지는 묻지 않았으나 일반 커피점의 값과 비슷했을 것이다. 솔직히 우리 집사람이 커피점을 들르는 일은 친구들과 점심 어울려 먹고 공짜 커피나 마시는 정도이지, 평생 가야 커피점 갈 일이 없다. 어쩌다 들른 커피점의 찻값이 아마 자장면 값과 맞먹었을 것으로 집사람의 비싼 찻값의 불평에 이어 그 청년의 성토를 들으면서 그 친구가 더욱 큰일이라는 생각이 들었다.

사람의 왕래가 많은 대로변도 아닌 동네에 차린 가게라면 동네 아낙네나 동네 할 일 없이 놀고 있는 친구들을 끌어모을 전략을 세웠어야 할 터인데, 전혀 고려되지 못한 것이다. 물론 커피며 차의 원료에, 기구와 가게 세까지 계산한다면 받을 만큼은 받아야 할 일이다.

오늘도 귀가하면서 슬며시 본 커피점에는 손님은 찾을 수 없고, 젊은 친구만이 쭈그려 앉아 책장을 넘기고 있다. 혼자서 도를 닦는 것도 아니고, 참으로 불쌍한 친구란 마음 깊다. 아무것도 하지 않으며 떠도는 젊은 사람보다는 낫다는 생각도 들지만 보면 볼수록 참으로 걱정이 된다.

얼마나 버티고 있을지, 인내심에도 한계가 있을 것이다. 매달 월세며, 관리비가 만만치 많을 터인데 손해만 누적될 일이다. 얼마 가지 못해 문을 닫고 말 것으로 인테리어한다고 들인 돈은 찾을 길 없을 일이며, 의자와 탁자를 비롯한 커피 기구 등 역시 고물상에 헐값에 팔아 넘겨야 할 것이다. 손해가 클 것이 분명하다. 남의 일이나 참으로 딱한 일이다.

나 역시 젊었을 적에 커피점 젊은 친구처럼 가게라는 것을 두 번 해보았다. 당시 고생만 죽어라고 했지 손해만으로 끝냈다. 더욱이 교사 생활하면서 부업으로 했기 때문에 어리숙하고 착해 빠져 운영의 노하우도 부족하고, 집중도도 약했다.

매사 섣불리 해서는 되는 것이 없으며, 세상살이 쉽지 않다는 것을 배운 것으로 소득이었다면 소득이 된 셈이었다. 또한 교사 직업이 값진 것이며, 적은 봉급이라 하겠지만 혼자 벌어 오는 것 자체가 감사할 일이다. 가게 운영에는 여러 사람의 조력이 필요하다. 혼자서는 되지 않는다. 교사라는 직업에 아주 고맙다는 의식을 갖게 되고, 교직에 전념하는 계기도 되었다.

대로며 작은 길 할 것 없이 음식점이나 커피점이 넘쳐 난다. 하루면 수도 없는 많은 가게가 생기며 소멸된다고 한다. 망하려고 가게를 차린 사람은 없을 터이지만 성공한 가게는 극소수라고 듣고 있다. 무슨 일이든 시행하기 전에 많은 검토를 해야 할 일이며, 남다른 연구를 거듭해야 살아남을 수 있을 것이다.

내일 저녁 무렵엔 커피점에 들러서 커피도 한잔 마시고 그 젊은 주인과 이야기를 나누어 보리라.

임지택

빈자리

"자네의 빈자리가 너무 크게 보이데."

산행을 마치고 돌아온 친구의 전화다. 차분히 가라앉은 목소리에서 그의 진지한 마음을 느낄 수 있었다. 비가 오나 눈이 와도 월요일이면 거르지 않고 함께하던 산행山行 친구다. 벌써 10년을 넘겼다. 내가 앉아 있어야 할 빈자리를 바라보면서 허전했는가 보다. 마냥 앞서거니 뒤서거니 하면서 오르내리던 길을 혼자 걷노라니 공허했다고나 할까.

함께 하고픈 마음이야 절실하지만 육신이 말을 듣지 않아 두어 달 집에서 뒹굴고 있는 처지다. "어디가 그리 아프냐?"고 물어 오면 "여기저기가 고장이 난 모양이네. 이제 나도 나이의 무게에 눌리고 있는가 보네."라고 얼버무려 버린다. 그게 자존심인지 뭔지 모르게 마음 한구석이 언짢아 샅샅이 내보이고 싶지 않아서다.

내 자신을 되돌아본다. 과연 나는 그들에게 어떤 존재인가? 안 보이면 '뭐 어디가 좀 아픈가 보다. 다음엔 나오겠지 뭐. 살다 보면 그럴 수 있는 게 아냐?' '아니야, 그 친구는 웬만하면 참석할 건데 뭔가 불가피한 사정이 있거나 많이 아픈지 몰라. 하루속히 쾌차해야 할 텐데.' 난 어느 쪽일까?

내가 정해진 시간에 얼굴을 내밀지 않으면 친구들은 이구동성異口同聲으로 "이산梨山(아호)이 웬일이지?" 하고 마음 써 주는 건 사실이다.

사람들의 관계는 눈에서 멀어지면 마음도 멀어지는 게 보통이다. 헌데 안 보이면 눈앞에 어른거려 보고 싶은 존재가 있는가 하면, 안 보이면 앞으로도 오래도록 안 보였으면 하는 존재가 있을 수 있다.

주고받는 걸로 인품을 가늠할 수는 없다. 마음에서 마음으로 이어지는 끈끈한 정이 있어야 인간관계는 더욱 돈독해지기 마련이다. '오는 정에 가는 정'이라고들 하지만 꼭 그렇지만은 않다. 어쩐지 정이 가는 사람, 마음이 그쪽으로 끌리는 사람이 있다. 그런 사람은 곁에 두고 보고 또 보아도 다시 보고 싶고 그 사람이 없으면 빈자리가 크게 느껴진다.

불가佛家의 선지식善知識들은 집착과 탐욕을 버리라고 역설한다. 그래야만 그 빈자리에 본래의 청정淸淨한 본디 마음이 자리 잡게 된다고 한다.

이러한 맥락에서 생각해 보면 그 친구의 마음속에 느껴지는 나의 빈자리는 언젠가는 나보다 정겨운 누군가가 자리 잡게 되면 흐려지고, 누군가로 다시 채워질 때 나의 존재 의미는 이내 사라져 버리리라.

하지만 혈육이 떠나 버린 빈자리는 그 어떤 방법으로도 메꿔질 수 없는 아쉬움과 슬픔으로 남는 게 사실이다.

인간의 빈자리는 그럴지도 모른다. 인간이 아닌 잃어버린 것들의 아쉬운 빈자리는 그 자리에 존재했던 것들이 그 빈자리 속에서 비로소 또는 다시금 빛나고 있기 때문이 아닐까? 그와 비슷하거나 그보다 더 값지고 마음에 드는 걸로 대체하면 그 빈자리는 쉽사리 메꿔지리라.

떠나 버렸거나 보이지 않는 빈자리에 그 사람이 보이는 건 물질적 보상이나 대체로는 불가능한 일이다. 그 자리는 비어 있고 있어야 할 누군가가 없는 빈자리를 아쉬운 마음으로 바라본다. 언젠가 돌아올 그 사람이 없는 빈자리를 애절한 마음으로 지켜보는 게 마음속에서 우러나오는 인정人情이리라.

누군가 곁에 있으면 도움이 되거나 도움을 받을 수 있어서 그가 없는 빈자리를 마음 아파하는 경우도 있다.

"선생님이 안 계셔서 긴장의 연속에서 살고 있습니다. 어서 쾌차하셔서 돌아오셔요." 내가 나가지 못했기에 내 몫까지 두 배의 역할을 감내해야 하는 그분의 간절한 소망이다. 단순한 역할 수행의 버거움만이 아니라 경영자로부터의 보이지 않는 감시가 더욱 아픈 심정이 아니었을까? 교단 새내기로서 지금껏 알고 배웠던 것과의 괴리 현상과 교직 사회에 첫발을 들여놓고 적응하는 데 제일의 우선 조건인 좋은 수업으로 그의 진가眞價를 보여야 할 텐데 그렇지 못함의 두려움에 대한 긴장된 생활이 여실히 엿보인다. 곁에서 보고 막힌 곳을 뚫어 주며 가는 길을 바르게 인도해 주는 역할을 바라는 간절한 마음이 아니었을까?

이래저래 마음의 빚을 지고 살아가고 있다. 마음 같아선 한달음에 내달을 수 있을 것 같은데 실제는 그렇게 할 수 없다. 그래서 더욱 안타깝다. 내가 훌훌 털고 일어나 그 어떤 자리를 메꿔 주고 내 작은 역할을 충실하게 해낼 수 있는 날이 하루속히 다가오길 바랄 뿐이다.

누군가의 곁에 있으면 그가 마음이 든든하고 편안하다고 하면 나는 분명 존재할 만한 가치가 있다. 그리하여 그 누군가에게 잠시나마 행복한 순간을 안겨 줄 수 있다면 나 역시 행복한 순간이 되리라. 빈자리가 있어도 다른 사람들이 그걸 의식할 수 없으면 그는 지극히 미미한 존재이다. 반면에 빈자리의 주인공이 어서 돌아오길 바라는 주위 사람들의 마음이 클수록 행복한 사람이 아닐까.

장희자

골목길의 붕어빵 장사

　우리 집은 대학교 앞 주택가다. 어느 날 저녁 모임에 갔다 오는데 모퉁이에 불이 환하게 켜진 포장마차가 눈에 띄었다. 대로변도 아닌 주택가 귀퉁이에서 장사가 잘 될까? 우려 반 호기심 반으로 자꾸만 눈길이 갔다.
　앳된 부부가 붕어빵과 어묵을 팔고 있다. 두 사람이 팔 만큼 바빠 보이지 않는데도 머리를 제대로 가누지 못하는 아이를 폭 싸매 업고 발을 동동 구르며 서 있는 모습이 애처롭기도 하고 기특하기도 하다. 철없는 불장난으로 아이가 생기자 학업을 중단하고 생활비를 벌기 위하여 포장마차를 차렸나, 아니면 부모의 결혼 반대로 집을 나와서 살림을 차렸나, 궁금증만 더해 갔다.
　미장원에서 파마를 하는 동안 맞은편의 포장마차를 흘끔흘끔 쳐다보았지만 손님이 없다. 구워 논 붕어빵이 굳기 전에 나라도 먹어야 할 것 같아 천 원짜리 몇 장을 내밀었다. 반색을 하며 아내는 봉투를 벌리고 남편은 하나 덤이라며 더 넣어 준다. 맛있게 드셔요. 허리까지 굽히며 인사를 하고 또 하니 등을 두드려 주고 싶을 만큼 기특하다.

추위가 풀리니 아이가 고개를 내밀고 방긋방긋 웃고 있다. 연실 아이를 어르는 아빠를 보고 있으면 내 가슴까지 따뜻해져 옴을 느꼈다. 포장마차에서 입에 풀칠할 정도는 되니까 나오겠지 하는 생각을 하다가도 아이의 우유 값도 나올 것 같지 않아 보일 때는 지켜보는 내가 더 애가 탔다. 붕어빵이 잘 팔려 빠른 시일 내 제대로 된 식당이라도 차렸으면 하며 지켜보았다.

어느 날부터인지 모르지만 해가 져도 풀지 않고 싸매 놓은 포장마차에는 먼지만 쌓여 갔다. 설마 고생스럽다고 아이 키우기를 포기하였거나 헤어진 것은 아니겠지…. 가슴이 철렁 내려앉아 이 사람 저 사람을 붙잡고 물어보았다. 남자가 택배 회사에 취직을 하였다는 소식을 들으니 내 피붙이도 아닌데 괜히 눈물이 나오려고 하였다.

요즈음은 아내 혼자 포장마차를 지키고 있다. 업고 있던 아이도 제법 커서 유모차에서 부산스럽게 장난을 친다. 추위에 발을 동동 구르는 모습이나 더운 날씨에 불 옆에서 땀을 닦는 모습이나 안쓰럽기는 마찬가지다. 바쁠 때 칭얼대는 아이와 잠깐 놀아 주거나 아이 기저귀라도 개켜 주면 얼마나 고맙던가. 우리 아이 키우던 때가 생각나서 가끔 아이를 데리고 들어와 넓은 마당에서 맘껏 뛰어 놀게 돌봐 주고 싶은데 요즘 젊은이들은 어떻게 생각할지 조심스러워 망설이다가 "새댁 붕어빵 이천 원어치만 줘요." 엉뚱하게 식구들이 거들떠보지도 않는 붕어빵만 사 들고 돌아섰다.

젊었을 때 겪은 고생은 나이 들어 추억이 된다. 아이의 간식 값이라도 벌겠다며 밤새워 수출품 스웨터를 뜨던 내 모습이 떠오른다. 지금 생각하면 몇 푼 되지도 않았는데 받는 봉투가 두꺼워질수록 대견하여 허리가 아픈 줄도 모르고 아이를 업고 수출품 뜨개질에 매달렸다. 버스비조차 아끼려고 작은아이를 업고 큰애 손을 잡고 장 본 보따리를 머리에 이고도 잘 다녔다. 전화는 물론 냉장고나 세탁기가 없어도 불편한 줄을 몰랐다. 날이 궂으면 기저귀가 마르지 않아 솥뚜껑 위에 올려놓아 말리고 다림질을 하여 말려 가며 썼다. 한밤중에 연탄불을 갈러 일어났고 석유 곤로에 아이들 간식을 해서 먹여도 힘든지 모르고 살았다. 계절 바뀔 때마다 부쩍 줄어든 아이의 옷을 보는 것도, 접시 하나라도 살림살이가 늘고 통장의 잔고가 쌓여 갈수록 희망이 있고 살아가는 재미가 있었다.

예전에는 취직을 하고 결혼을 하면 월급 봉투를 부모님께 드리고 부모를 모시고 사는 것이 당연하였다. 요즈음은 구직 활동을 포기한 채 PC방을 전전하며 사회와 소통을 거부한 채 부모에게 용돈을 타서 생활을 하거나, 아예 대학원에 등록을 하는가 하면 여러 해 동안 고시에 매달려 있어 성인이 된 자식 뒷바라지에 등이 휘는 부모를 여럿 보았다.

새댁은 열이면 열 번 눈이 마주칠 때마다 방긋방긋 웃으며 인사를 한다. 아이 하나만 있어도 쩔쩔매며 친정 엄마에게 도움을 청하는 요즈음 젊은 사람들과는 달리 아이와 어른 모두 정갈하고 예의 바르다. 장사를 시작하기 전 전봇대 앞 골목길에 아무렇게나 어질러 놓은 쓰레기를 정리를 하여 주위는 항상 깨끗하다. 우리 집에도 저런 며느리가 들어왔으면 하고 욕심을 낼 때가 있다.

아이가 크면 겨울밤 포장마차에서 어묵을 끓이고 붕어빵을 굽던 추억을 더듬어 보겠지. 내일은 붕어빵을 사러 가는 길에 마당의 상추를 한 움큼 뜯어 가지고 가서 택배 일이 힘들지 않은지 신랑의 안부를 물어봐야겠다.

전우겸
❖

귀향歸鄉

 몇 해 전 서울 살림을 정리하고 늙은 마누라 앞세우고 고향으로 돌아왔다.
 30여 년 전 지방이긴 하나 착실한 공무원이었던 공직 생활을 그만두고 양계養鷄를 한다고 암탉만 오천여 마리를 사들이고 닭집을 짓고 부산을 떨다 보니, 하필이면 축산 불황 시기에 사료가 부족하여 경상도에서 인천 사료공장까지 트럭으로 사료 사러 몇 번을 다니다 보니 그도 못할 일이라…. 오천여 가족을 먹여 살리자니 항상 분주히 밖으로 나다녀야 하고, 어쩌다 사료가 떨어지면 한두 끼 굶겨야 하니 차마 못할 짓이라. 어떤 때는 주인이라고 양계장에 들어서면 나를 향해 일제히 소리치니 차라리 내 밥그릇을 내어 주고 싶은 마음에 그만 강원도 탄광촌까지 싣고 가서 처분하고 그 길로 서울로 올라갔다.
 달랑 삼만 육천 원이 든 바지주머니에 두 손 넣고 올라간 서울이긴 하나, 그래도 그럭저럭 가족들을 안주安住시키고 힘들기는 했어도 막내 아들 대학까지 마치고 아이들 4남매 짝지어 내보내면서 살아온 세월의 어느 날, 다니던 회사 사장이 내미는 두툼한 봉투와 함께 정년퇴직이란 이름으로 아침마다 출근하는 일을 그만두게 되었다.

그리고 한 해를 더 보내면서 시골 밭에 대추나무 200여 그루 심고 봄부터 가을까지 서울과 고향 시골 밭둑을 누볐다. 평생 책상머리에만 앉아 있어 시절時節이 변하는 것을 느낄 겨를이 없었으나, 퇴직 후 시골 밭둑을 누비는 동안 봄이면 새싹이 돋아나고 여름이면 푸른 잎 나뭇가지 사이로 초록의 광채가 물 흐르는 듯 뚝뚝 떨어지는 것 같더니, 파란 열매가 붉게 물들여질 때 조심스럽게 하나 뚝 따서 입에 넣으면 새콤하고 달착지근한 맛이 입안에 감돌 때 그 뜨거웠던 오뉴월 불볕에 그을린 얼굴도 잊은 채 생동감生動感이 잡힌다. 그리고 옛말같이 한양漢陽 칠백 리 길을 이른 봄부터 가을까지 달마다 차창車窓 밖의 풍경을 음미하다 보니, 이 아까운 자연의 섭리를 놓치고 싶지 않아 메모지에 한 번 두 번 적어 보다가 그만 팔자에 없는 글꾼이 되어 버렸네.

마침 《한국생활》 문학지 회장인 친구를 만나 시골 밭둑 밟는 날 외에는 친구의 사무실에 간혹 나가 소주도 마시고 문인文人들과도 교분을 쌓으며 차창 밖의 풍광을 적은 글을 내보이다 보니 글 쓰는 법을 배우고 친구의 추천으로 등단까지 하고 명예로운 작품상까지 받게 되었네 그려.

그러나 서울에서 시골 밭둑을 다독거리기가 여의치 못해 가족들과 의논하여 마누라와 귀향길에 나섰다.

어렵고 힘들 때도 아무 말 없이 열심히 살아온 아들딸들, 눈에 넣어도 아프지 않을 사랑스런 손자 손녀들, 자주 품어 보지 못하는 서운한 마음이긴 하나 90이 넘으신 어머니, 30여 년간 60여 칸 구옥舊屋

을 외롭게 지키시기엔 이젠 너무 벅찬 그 세월, 이제라도 아들의 등에 기대시도록 내 등허리를 내드리고 싶어서 귀향하기로 했다.

우선 누가 쓰던 것인지는 모르나 중고품 경운기를 수리점에서 사들이고, 농약 치는 분무기도 한 대 장만하고, 농협에 가서 농약도 사고 비료도 사서 경운기에 싣고, 집에서 한 사십여 분 가는 거리를 마누라를 뒤에 태우고 달린다. 시속 10km도 못 되는 속력이지만, 밭에 갔다 올 때는 봄이면 길가에 핀 노란 개나리꽃 꺾어 머리에 꽂아 주고, 여름이면 철따라 핀 들꽃 꺾어 꽂아 주며 늙고 주름진 얼굴 싸안으며 이쁘다고 하면 잔잔한 미소가 번질 때면 젊은 날의 곱던 당신 얼굴이 나를 따라다니면서 고생하느라 생긴 이마와 볼에 깊은 주름살을 보며 미안하고 안쓰러워 가슴속으로 이제는 더 힘들게 하지 않아야겠다고 다짐해 본다.

3월 중순부터 너덧 번 농약도 치고, 잡초도 몇 번 베다 보면 알알이 익은 빨간 대추가 주저리주저리 열리고, 바람에 흔들려 떨어진 대추를 입에 넣으면 힘들었던 시간도 잠시 잊어진다.

또 10월 중순 이웃집 아저씨 아주머니들과 장대 들고 멍석 펴고 대추 따는 추수하는 날은, 하루 놀이 삼아 삼겹살 구워서 '참소주' 한잔하며 육개장 얼큰하게 국 끓여 밭둑에 멍석 펴고 점심 밥통 가운데 놓고 텃밭에 물만 주어 가꾼 무공해 상추, 얼갈이 배추쌈을 마주 앉아 무슨 원수졌다고 눈을 크게 떠 부라리며 주먹만 한 쌈을 볼따구니가 미어지게 밀어 넣고 으적으적 씹어 먹는 맛은 못 먹어 본 사람은 그 진미를 모르리라. 오후 늦게 경운기에 대추 한 바리 사람 한 바리 싣고 집에 오면 마당에 그물멍석 펴고 싣고 온 대추를 쏟아놓고 나뭇잎과 꺾어진 나뭇가지 주워 내고 지하수 퍼 올려 깨끗이 씻어 낸다.

그리고 오늘 일 마쳤다고 파임술* 내놓으라고 하면 뜨끈뜨끈한 손

칼국수에 붉은 고추, 매운 고추 숭숭 썰어 넣은 갖은 양념간장 한 숟갈 듬뿍 얹어 먹는 듯 마시는 듯 막걸리 한 사발 곁들이면 언제 힘들었더냐고 한다.

 그러다 지난봄 봉화군 산림과장이 와서 대추와 곁들어 산머루도 해보란다. 군청에서 하우스 설치하는 데 보조금도 적잖게 내주고 과장, 담당계장까지 자주 나와 도와준다.

 이른 봄부터 여름 내내 비닐하우스 짓고 산머루나무 심고 하다 보니 올해는 언제 여름이 가고 가을이 왔는지 알 수 없도록 무척 바쁜 한 해를 보냈다. 내년이면 자주빛 산머루가 주저리주저리 달린단다.

 내년을 앞당겨 생각하니 9월이면 자수정 산머루가, 10월이면 달고 빠알간 대추가 입안에 들어오니 지금 금방 입안에 침이 흥건히 고인다.

※파임술: 경상도 방언으로 힘든 일을 마치고 집으로 가기 전에 피로 회복제(?)로 그날 마지막 마시는 막걸리

정린다

해반천에서 만난 백로 한 마리

　겨울엔 드문 일이지만 바람이 없고 햇살이 좋은 날은 가끔 운동 삼아서 해반천을 걷는다.
　해반천 길목에서부터는 아무에게도 방해받지 않고 묵주신공을 바칠 수 있어서 좋다.
　겨울의 해반천은 가끔 마주치는 사람이 없는 것은 아니지만 다른 계절에 비해서 인적이 드문 편이다.
　한참을 걷다가 해반천 모래톱이 있는 곳에 시선이 갔는데, 처음엔 하얀 물체가 백로인 것을 몰랐다. 미동도 하지 않고 웅크리고 있다가 인기척을 느꼈는지 경계 태세를 갖추었다.
　주위를 아무리 살펴보아도 백로 한 마리만이 쓸쓸히 서 있는 것이 어쩐지 안쓰럽게 느껴졌다.
　몇 년 전 언젠가는 백로가 새끼 두 마리와 함께여서 좋아 보였는데. 어미가 먹이를 새끼에게 먹이는 것이 포착되어 백로 가족이 행복해 보였다.

집으로 돌아와서도 해반천에서 혼자 떨고 있을 백로가 자꾸 생각 났고 혹시 얼어 죽지는 않았을까 염려되었다.

백로에 대한 궁금증이 발동하여 인터넷으로 백과사전을 찾아보았 는데, 백로는 황새목에 속하며 왜가리라고도 한다는 것이다.

북아메리카 북부와 일부 태평양 섬을 제외한 전 세계에 68종이 있 는데, 한국에는 15종이 알려져 있다.

다리와 발은 길며 목도 길고, 넓은 부리 왜가리를 제외하고는 부리 가 길고 끝이 뾰족하다. 수목이 자라는 해안이나 습지(민물과 바닷물) 에 서식한다. 종류에 따라 단독 또는 무리 생활을 하며 얕은 물에서 먹이를 찾고, 서 있는 상태에서 또는 걸어 다니면서 먹이를 찾는다.

주로 물고기를 잡아먹지만 각종 수생동물, 소형 포유류, 파충류, 새와 곤충 등도 먹는다고 한다.

해반천에 백로의 먹이가 될 만한 것이 제법 있는 모양이다. 가끔 씩 심심찮게 백로가 나타났다 사라졌다 하는 것을 보면.

백로가 번식할 때는 무리를 지어 나뭇가지 위에 둥지를 틀지만, 드 물게 땅 위에도 튼다는 것이다.

흰색, 파란색 또는 연노랑색 알을 3~7개 정도 낳는데, 암수 함께 품고 어미가 토해 낸 먹이로 약 2개월간 기른다고 한다.

한국에서는 예로부터 백로가 희고 깨끗하여 청렴한 선비를 상징해 왔으며 시문時文이나 화조화花鳥畵의 소재로 많이 등장한다.

그중 정몽주의 어머니가 쓴 시조를 수업시간에 배운 기억이 난다.

　　까마귀 싸우는 골에 백로야 가지 마라
　　성낸 까마귀 새하얀 너를 보면 시기하고 미워할 것이니

청강에 씻은 결백한 너의 심신 더럽힐까 걱정되는구나

아들을 사랑하고 아끼는 어머니의 마음이 잘 드러나 있다.

해반천에 혼자 있는 백로를 생각하다가 갑자기 고대 그리스 신화에 나오는 나르시스의 전설이 생각났다.

자신의 아름다움에 반한 나르시스는 물에 비친 자신의 모습과 깊은 사랑에 빠져 끝내 물속으로 들어가 숨을 거두고 말았다는 이야기이다. 나르시스의 안타까운 넋을 대신하여 그 자리에서 아름다운 수선화가 피었다고 한다.

해반천의 백로가 혹시 물에 비친 자신의 모습에 반하여 사랑에 빠진 것은 아닐까? 백로를 사랑한 백로, 슬픈 나르시스 전설이 갑자기 왜 떠올랐을까.

살얼음 낀 시린 해반천 물 위에서 고고한 자태로 깨끗한 순백의 깃털과 날렵한 다리와 매력적인 까만 부리, 자신의 아름다움에 반하여 고요한 물 한가운데서 자신과의 사랑에 빠졌는지도 모를 일이다.

백로가 궁금하여 일상의 바쁜 일을 마무리한 뒤 곧바로 발길을 해반천으로 옮겼다.

혹여 없어졌으면 어떻게 하나 조바심했는데 전에 보았던 그 근처에 웅크리고 있었다. 얼마나 반가웠으면 조심하지 않고 가까이로 쫓아갔더니, 놀란 백로가 날갯짓하며 훨훨 날아서 가 버리는 것이 아닌가.

섭섭한 마음에 한참을 백로가 날아간 쪽을 바라보며 한편으로는 안심이 되었다. 백로가 얼어 죽지도 않았고 나르시스에 빠지지도 않았으므로.

정성채

고요한 자연 북유럽

여행의 설렘은 바로 동심으로 돌아가는 것 같다. 백야의 나라 북유럽의 고요한 자연과 찬란한 문화를 보고 싶어 떠난 길이었다.

덴마크 코펜하겐에 도착하니 초등학교 시절 달가스가 조국을 살리기 위해 삼림 사업을 부흥시켰다는 생각이 들었다. 그래서인지 거리 곳곳에 어디를 가든지 나무와 숲이 우거져 있었다.

북구의 베르사유 같다는 프레데릭스보그 성은 그 정원이 마치 자로 잰 듯 너무나 꽃들이 하나의 작품처럼 완전히 대칭되게 배열되어 있었다. 1560년 프레데릭 2세가 세운 후 1620년 그 아들 크리스티안 4세 때까지 세워진 것이라 한다. 프레데릭스보그 성은 백조들이 수영을 즐기는 호숫가에 세워져 있는 빨간 벽돌 건물로 북유럽 르네상스 양식의 수상 성곽으로 호수를 따라 심어 놓은 무성한 나무들, 부드러운 햇살과 아름다운 정원, 호수에 그 자태를 비치는 우아한 모습은 귀부인을 연상시켰다. 지금은 덴마크의 역사를 보여 주는 수많은 장식품과 보물들을 전시해 둔 박물관으로 보는 이로 하여금 눈길을 끌게 했다.

안데르센 동화에 나오는 인어공주는 바닷가에 조그마한 조각상으로 애련한 모습이었다. 1913년 조각가 에드바르트 에릭슨이 제작한 조각상으로 이 날은 비를 맞으며 처량한 모습으로 우리를 맞이하고 있었다.

덴마크의 여왕이 거주한다는 아말리엔보그 궁전은 생각보다 조용하고 평범한 궁전이었다. 덴마크는 자전거의 천국이었다. 어느 거리나 자전거 길이 완벽하게 갖추어져 있고 출퇴근 시간 때에는 대부분이 자전거로 움직이는 모습이 장관이었다. 거리에는 사람들이 별로 없고 특히 젊은 사람은 거의 볼 수 없었다. 대부분 직장에 근무하기 때문이란다. 그리고 출퇴근 시간에는 이들의 편의를 위해 노인들은 거리에 나오지 않고 이 시간을 피해서 외출을 하는 배려가 몸에 배었다.

사치성 물가는 비싸지만 일상 생활용품은 국가에서 보조해 주기 때문에 싸게 구입이 가능하다고 한다. 이 나라에서는 디자인과와 의학과에 관심이 많고 배움에 철저하여 주로 고학력자들이 우대를 받는 사회다. 요람에서 천국까지 국가가 대부분 국민의 삶을 보살피는 철저한 복지국가라 한다. 국민의 제일 가치관은 정직이라고 한다. 주위의 모든 움직임이 질서 정연하고 수준 높은 국민 의식과 때 묻지 않은 순수한 인간성은 아마 주위의 깨끗한 자연과 닮은꼴들이었다. 햄릿 섬으로 불리는 크론보그 성을 끝으로 오후에는 DFDS SEA-WAYS를 승선했다.

이 배는 승객 2,100명, 자동차 450대를 실을 수 있다고 한다. 배에서 1박 장장 15시간 30분이 경과한 후 노르웨이 오슬로에 도착했다.

도시의 대표적인 번화가인 카를 요한 거리는 고풍스러웠다. 인구 50만 명의 도시는 너무나 고요했다.

구스타프 비겔란의 조각 작품이 있는 아름다운 비겔란 조각공원으로 향했다. 화강암, 대리석, 석고, 청동 등 수많은 작품이 약 10만 평의 드넓은 대지에 나열된 모습은 장엄 그 자체였다. 인체의 벌거벗은 모습, 그 자연 그대로 조각된 남녀노소의 몸체, 갖가지 얼굴 모습과 표정, 인생의 생로병사와 태어나서 죽음에 이르는 모습을 표현한 것이라 한다. 비겔란(Vigeland Adolf Gustav, 1869~1943)은 1906년부터 생을 마감하는 1943년까지 40여 년을 공원을 위한 조각이 아니라 조각을 위한 공원을 만들기 위해 여생을 바쳤다고 한다.

오슬로는 피오르드* 해안도시라 수많은 요트가 눈에 띄었다. 그들은 돈이 생기면 집보다 요트를 구입하는 국민으로서 국민의 1/3이 요트를 소유하고 있다 한다. 노르웨이 하면 노벨상이 생각난다. 노벨의 유지에 따라 수상자 발표는 스웨덴의 한림원에서 시상식은 스웨덴 스톡홀름 콘서트홀에서 한다고 한다. 평화상은 노벨의 유언에 따라 노르웨이 오슬로 시청사에서 수여한다고 한다.

다음은 버스를 탄 채 페리를 타고 피오르드 건너 게이랑에르흐로 이동했다. 피오르드가 시작되는 해안의 길은 만년설로 뒤덮인 웅장한 산길을 계속 지그재그로 올라갔다. 마치 우리나라 대관령을 연상케 했다. 1,000m가 넘는 높은 산으로 둘러싸인 게이랑에르흐 피오르드는 수많은 절벽과 폭포가 신비를 자아냈다. 그중에서도 폭포 줄기가 182m의 암반 절벽을 타고 떨어지는 일곱 줄기의 7자매 폭포는 이곳의 극치를 이루었다. 6월 초인데도 사방이 눈이 쌓여 있었다. 비가 계속 오더니 올라갈수록 날이 추워지면서 눈보라로 변해 계절의 마술사가 요술을 부리는 것 같았다. 겨울에는 보통 3~4m, 어떤 곳은

10m도 쌓인다고 한다. 양쪽 길가에 가느다란 대나무 팻말이 간격을 맞추어 서 있었다. 겨울에 제설 작업을 할 때 도로 경계선을 알리기 위한 것이라 한다.

노르웨이는 약 80%가 산악지대로 한 달에 햇빛을 볼 수 있는 날이 며칠 되지 않아 햇빛이 나오는 날은 모든 걸 전폐하고 일광욕을 즐긴다고 한다. 브릭스 빙하는 해발 1,450m에 있는 요스테달 국립공원 안에 있었다. 오픈카를 타고 올라가서 보니 거대한 얼음덩이가 산꼭대기에서 골짜기까지 누워 있는 모습으로 장관이었다. 유럽은 자연 그대로 잘 보존되어 있어서 여행자로 하여금 평안을 느끼게 했다.

폴름에서 뮈르달 구간을 로맨틱 열차인 폴름라인을 타고 아름다운 산악지대를 감상하면서 베르겐으로 이동하여 각종 과일, 꽃, 생선 등을 파는 어시장을 둘러보았다.

노르웨이 시골 단층 건물들은 지붕이 대부분 푸른 이끼 같은 작은 풀들이 우거진 형태이었다. 수명이 백 년이 넘는다고 한다. 에스키모인들의 집 같은 원형룸 같은 룸에서 천장은 하늘이 훤히 바라보여 혹시나 별을 헤아리며 밤을 지새우고 싶은 마음이 간절했으나, 밤 11시가 넘어도 어둠은 오지 않고 하얀 백야가 계속되어 그냥 눈을 감고 잠을 청할 수밖에 없었다.

다음 날 스웨덴으로 이동하여 스톡홀름의 시청사를 방문했다. 1923년에 건축된 이 건물은 800만 개의 붉은 벽돌로 지어졌으며 그 고딕풍의 창문과 둥근 황금 지붕이 황홀했다. 내부는 1,900만 개의 비잔틴 양식의 금박 모자이크로 장식이 화려했다. 노벨상 시상식 후 축하 만찬장으로 이용되는 블루홀과 무도회장으로 이용하는 황금방을 보며 그 당시의 생활상을 조금이마나 짐작할 수 있었다. 바사로 박물관에서는 침몰한 지 333년 만에 인양된 배를 보니 원형 그대로의 모습이라 신기하게 보일 뿐이었다. 전체 길이가 62m, 폭이 11.7m, 높이 50m, 승무원 437명이 승선할 수 있는 큰 배였다. 꼬리 부분을 금으로 입혔고, 180개의 조각으로 장식된 아름다운 배로 보는 사람들은 놀라움을 금치 못했다.

　SILJA Line 크루즈에 승선하여 약 15시간 1박을 하여 헬싱키로 이동했다. 이 배는 객실이 985개로 대단히 큰 배로서 레스토랑, 각종 바, 면세점, 수영장, 카지노, 사우나 등 각종 부대시설이 완벽하게 갖추어져 있었다. 핀란드에 도착하여 우스펜스키 사원을 관광했다. 이곳은 러시아 정교 대성당으로서 1868년 성모승천대축일을 기해 완성되었으며, 황금색 둥근 돔, 황금 십자가, 비잔틴 양식의 붉은 벽돌 등 반구형 천장에 천연 물감으로 그린 그리스도와 12사도의 그림 등은 신기하기만 했다. 루터 파의 본산인 30년의 세월을 들여 완성된 대성당은 상앗빛 건물이었다. 핀란드 인구의 85%가 루터 교회 신자라 한다.

　암석을 폭파하여 만든 암석교회는 인간의 지혜가 참으로 놀랍다는 생각이 들기도 했다. 도심을 차지하고 있는 불편한 암석을 파내서 바닥을 평평하게 하고 교회 내부는 지름이 40~50m의 둥근 원형으로 되었으며, 천장을 동으로 엮어 만들었고, 자연의 광선만으로 실내를 밝게 했다. 음향효과는 자연의 효과를 고려한 3,100개의 파이프를 가진 오르간을 사용한다고 한다. 천장까지의 높이는 14m이며 조명에 따라 높이가 달라져 보인다. 자연을 이용한 돔형의 아름다운 교회 내부이었다.

　시벨리우스 공원에는 그를 기념하는 파이프오르간이 있었고, 그 조형물 옆에 시벨리우스 두상이 놓여 있었다. 러시아의 속국으로 핍박받던 조국의 독립과 국민들에게 용기와 꿈과 희망을 주어 핀란드 독립에 정신적 지주이었던 그를 기리는 모습은 너무나 자랑스러웠고 아름다웠다.

  핀란드의 여정을 마치고 러시아를 향해 상트페테르부르크로 가는 고속열차에 몸을 실었다. 드넓은 평야를 달리는 창밖을 바라보면서 찬란한 러시아의 문화를 상상하며 또 내일을 기대해 본다.

※피오르드: 노르웨이어로 '내륙으로 깊이 들어간 만'이라는 뜻이며, 피오르드는 빙하로 인해 침식되어 만들어진 U자, V자 형태의 계곡에 바닷물이 유입되어 형성된 하구를 이르는 말로 협만이라고도 함

정영희

브래지어

　화사한 봄! 밝고 맑은 햇살이 사랑하는 이의 눈빛처럼 마음을 설레게 한다. 가까이 다가오라고 손짓을 하는 것 같다. 공연스레 번지는 웃음으로 낙락해진 얼굴을 매만지며 나갈 채비를 한다.
　평평한 야산에 흙을 비집고 뾰족이 솟아난 새싹처럼 어느덧 손녀의 밋밋한 가슴에도 변화의 조짐이 나타났다. 찌찌가 밤톨만 하게 티셔츠 위로 솟아오른 것이다. 만물을 창조하신 신의 섭리에 감탄사가 저절로 입속에서 맴돈다. 장난 삼아 좀 보자고 하였더니 서슴없이 가슴을 열어 보여 주는 것이 아닌가! 요즘 아이들의 당당한 모습에 오히려 쑥스러워하는 쪽은 나였다. 신기했다. 젖살을 느끼게 하는 보송보송한 가슴에 봉긋하게 솟은 모양새가 지금도 눈앞에 아른거린다.
　예쁜 브래지어를 선물하려고 속옷 매장에 들어섰다. 앙증맞게 디스플레이한 속옷을 보면서 예쁜 로고의 팬티까지 한 벌을 사 주기로 했다. 꽤나 비싸다. 이것저것 고르면서 마치 사춘기 소녀인 양 내 가슴도 마냥 부풀어 오르는 것 같았다. 반사적으로 지난날을 떠올려 보니 치부를 드러낸 듯 무안당한 기분이 느껴지며 얼굴이 달아오른다. 30여 년 전에는 브래지어 아래쪽을 받쳐 주는 와이어가 없었기 때문에 유방을 예쁜 모양으로 고정시켜 주지 못하였다. 한참 일에 몰두하다 보면 턱밑에 유방무덤이 생겨나 웃음을 자아내기도 했다. 큰 유방을 지닌 이들은 감추기 위하여 평면인 조끼 형태의 옷으로 꽉 조여 주었으니 얼마나 불편했을까 새삼스럽게 생각된다. 그만큼 우리 여성들은 유방을 옭아맨 것처럼 자신의 끼와 기량을 발산하지 못하였던 시절이었다.

요즘 우리는 자유스러운 세상 속에 살고 있다. 너 나 할 것 없이 유방 볼륨을 높이려고 기능성 속옷을 입기도 하고 더 큰 뽕 브래지어로 한껏 부풀리고 당찬 모습으로 거리를 활보한다.

아우뻘 되는 한 지인은 10년 전에 유방암으로 왼쪽 유방을 도려냈다. 한동안 우울증에 시달리며 고통을 받았지만 지금은 모든 것을 뛰어넘고 잘 적응하며 즐겁게 살아간다. 그러나 아직도 사람들의 눈길을 피하기 위해 새벽 이른 시간에 목욕을 다닌다고 한다. 여러 가지 고충을 털어놓으며 눈시울을 붉힐 때는 나에게도 설움이 전이되어 서로 부둥켜안고 운 적도 있었다. 더운 여름날 모처럼 함께 외출할 일이 생겨 그녀의 집에 갔다. 옷을 갈아입으며 도움을 청해 왔다. 겨울 같으면 속옷 매무시가 덜 신경이 쓰이는데 여름에는 얇은 옷을 입어야 하니 불편하기 짝이 없다고 그답지 않게 불평을 늘어놓는다. 돌아서서 브래지어 안에 받칠 심을 나에게 내밀었다. 두루뭉술한 얇은 거즈 뭉치였다. 매만지면서 콧마루가 시큰했지만 아무렇지도 않은 듯 잘 맞을 터이니 어서 예쁜 모양을 보여 달라고 다그쳤다. 짧은 소매 원피스 위로 비친 양쪽 유방의 모양은 크기가 거의 같아 보였다. 다행스러움에 숨을 몰아쉰다. 근래에는 유방 절제수술을 받았어도 전용 브래지어로 커버하며 얼마든지 티 나지 않게 살 수 있는 좋은 세상이다.

지내고 보니 세월은 그냥 흘러가는 것이 아니라 우리 몸속에 쌓여간다고 여겨진다. 지금의 손녀같이 신선함을 안겨 주던 시절을 지나서, 사춘기에 왕성했던 몸이 5~60대를 지나고, 고희에 접어드니 탄력 있던 근육들이 어느 부위에 쌓여 들어갔는지 흔적도 없다. 검버섯으로 피어나고 축 늘어진 주름살로 빚어진 것 같아 안타까움만 앞선다. 좋았던 시절을 회상하며 빙긋이 웃어 보지만 가볍게 흩날리는 추풍낙엽에 비유되니 겨울 찬바람에 가슴이 시려 오는 것 같다.

외조부님께서 돌아가신 후 큰 집안 살림을 도맡아 하신 외조모님은 근엄한 모습이셨지만 입담이 좋으셔서 가끔 웃음을 선사하셨다. 막내따님의 첫 손녀인 나는 초등학교 여름방학을 거의 시골 외할머니 댁에서 보냈다. 항상 두툼한 방석 위에 앉아서 반닫이 같은 상위에 책을 펼쳐 놓고 위용을 떨치고 계셨다. 마당 쪽을 향하여 양쪽 문을 활짝 젖혀 놓고 움직이는 이들에게 수시로 시선을 보내며 말없이 통제하셨다. 당신의 눈도 부리부리하고 크셨지만 가끔 나를 울리는 재미로 내 눈이 황소 눈 같다고 놀리시던 기억이 아직도 내 귀에 쟁쟁쟁 울려온다.

자기 어머니를 따라 집안일을 함께 돕던 열일곱 살가량의 언니의 유방은 남다르게 컸었다. 남자 머슴들과 잘 어울리며 뻐드러진 큰 앞니를 드러내며 웃을 때는 영락없는 사내였다. 여름 삼베 적삼 사이로 삐져나온 젖을 보시며 할머니는 장난기 어린 말투로 계집 못난 것이 젖퉁이만 크다고 무안을 주시기도 했다. 얼굴이 빨개진 언니를 가까이 불러 옷감을 주시며 마음을 풀어 주었던 기억도 떠오른다.
 학교에서 들어서는 손녀에게 곱게 포장된 선물 상자를 내미니 재빨리 묶은 리본을 풀어 가슴에 끌어안는다. "감사합니다. 잘 입겠습니다." 하며 옷을 훌훌 벗어던지고 브래지어와 팬티를 입어 보는 모습이 사랑스럽다. 나에게 안기더니 뺨에 뽀뽀 세례를 퍼붓는다. 아직 브래지어 컵은 꽉 메워지지 않았다.

 차츰 브래지어 컵이 채워져 가듯 그 아이의 꿈도 영글어 소원하는 것들을 이루어 가리라고 믿음을 실어 준다.

정증수

호박 예찬

우리 민족은 언제부터인지는 모르지만, 주곡 외의 원예 농작물로 호박을 심고 가꾸어 덩굴에서 열리는 열매를 따서 반찬으로 요리해 먹어 왔다.

사전에 기록된 바는 호박은 박과식물로 줄기와 잎에 솜털 같은 것이 촘촘히 박혀 있어 거칠고 잎은 하트 형인 덩굴식물이라고 소개되어 있다. 꽃은 노란색으로 뻗어 나가는 줄기에 암수의 꽃이 같은 덩굴에 피어, 씨방이 있는 암꽃이 수꽃의 수분을 받아 열매를 맺게 되는 것이다.

암꽃은 맹아가 생길 때부터 씨방을 달고 나와 꽃을 피우고 중간 숙주인 호박벌에 의해 수꽃의 꽃가루를 전달받아 호박이 잉태하게 된다. 호박을 길러 본 사람이거나 농촌 사람이면 누구나 호박이 자라는 습성과 토질과 퇴비에 관한 상식은 잘 알고 있으리라 생각된다.

나는 농촌에서 태어나 자랐기에 각종 농작물의 재배 방법에 대해

대략은 알고 있지만, 호박이 잘 자라는 토질이나 시비에 관해서도 경험했다. 지금은 도시에서 살고 있지만, 매일같이 조기 등산을 하면서 주변의 버려진 땅을 개간하여 채소도 심고 밭두렁에는 호박을 심어 여름부터 가을까지 연달아 맺어 주는 채소와 애호박을 따서 반찬에 보탤 수 있었다. 그로 인해 채소류는 시장에서 사지 않고도 무공해로 실컷 자급자족하고도 주위 이웃에 나누어 주기도 했다.

나는 아침 조기 등산 길이나 휴일을 이용하여 운동 삼아 짬을 내어 작물을 심어 가꾸며 작물이 자라는 재미에 흠뻑 젖어 있다. 그것은 나의 부지런한 탓도 있지만, 작물이 하루하루 일취월장으로 자라는 것을 보는 기쁨과 그를 보살피고 가꾸는 노력의 대가로 무공해의 소득을 얻어 식탁에 올리고 있다는 자부심과 뿌듯한 긍지가 솟아난다. 채소들은 아침마다 따사로운 햇살을 받고 귀여운 이파리들을 나풀거리며 나를 맞이하는 것 같다. 호박 덩굴은 올망졸망 어린 애호박을 달고 꽃들은 노란 밝은 웃음을 지으며, 먼저 태어난 형과 아우가 서로 '나요, 나요.' 하고 내게 재롱이라도 부리듯 자라는 모습을 보면 아침마다 흐뭇한 희열을 느끼게 한다.

땅은 거짓이 없다는 말이 있듯이 호박이 잘 자라는 땅은 정성도 필요하지만, 진흙땅보다 마사토와 부식토가 섞여진 땅이 좋고, 메마른 땅보다 습기가 어느 정도 보존되는 토질이 좋다. 호박 덩굴은 땅의 수분과 영양이 좋아야 싱싱한 줄기와 잎이 뻗어 나가며 잘 자란다. 수분은 열매를 맺고 줄기가 뻗어 나가는 만큼이나 비례되는 수분이 필요하기 때문이다. 영양이 부족하거나 수분이 부족하면 열매를 맺지 않거나 시들고 낙과하는 현상이 생겨난다. 또는 벌이 없어 꽃가루를 전달받지 못해도 낙과하게 된다.

심을 때 구덩이를 깊이 파고 그곳에 퇴비와 부식토 등을 섞어 넣어 봉우리를 짓고, 그 위에 호박 모종을 두어 포기만 심으면, 그것이 자라 덩굴을 이루고 가지와 순이 사방으로 뻗어 나가 주위의 터전을 모두 뒤덮는다. 무성한 줄기마다 열매를 달고 보란 듯이 얼굴을 반짝이며 연달아 형 아우로 태어난다.

　열매는 하루 이틀에 쑥쑥 자라나 풀 속에 얼굴을 감추지만, 더 크기 전에 따서 반찬이 되어야 하는 운명이야 애석하지만, 수시로 반찬을 제공해 주는 호박이 신통하고 고마울 따름이다.

　호박의 요리하는 방법도 각자 다르겠지만, 주로 늙지 않은 애호박을 따서 호박볶음이나 호박전을 부쳐 먹기도 한다. 잘게 썰어 매큼한 풋고추를 썰어 넣은 부침은 우리 민족 누구나 구미에 맞는 보편적 한국 음식이라 하겠다.

　가을이 되어 달덩이처럼 둥글고 큰 노란 호박을 수확하여 겨울철에 요리해 먹는 방법은 호박범벅이나 호박죽, 호박엿, 호박설기, 기타 호박중탕 등등 식성대로 음식을 만들어 먹기도 하지만, 나로서는 호박범벅 요리가 제일 구미에 맞았다. 가을에 누런 호박을 켜서 다듬어 찹쌀, 수수쌀 등도 넣고, 우리의 밭에서 나는 콩과 팥이며, 양대콩이나 밤 등 두류의 곡물 등을 많이 넣고 끓여, 범벅으로 만든 호박범벅은 맛도 별미려니와 몸에 좋은 영양식품이 된다.

　지금은 호박을 개량하여 그 종류도 여러 가지가 있지만, 탐스럽게 크고 호박 향이 은은한 진미를 간직한 것은 역시 우리의 재래 호박이다. 호박이 언제부터 우리의 식품으로 등장했는지는 모르지만, 우리의 오랜 조상으로부터 전래된 조상의 얼이 담긴 정겨운 체취가 배어 있는 듯, 색채도 정감이 든다.

　우리 민족의 오랜 먹거리로 전래된 식물이고 친근감이 드는 호박을 두고 항간에 못생긴 여자로 비유해 '호박 같다'고도 했다. 쉼 없이 뻗어 가는 덩굴을 비유하여 세도가의 권세나 승승장구하는 가문을 비유 '호박 덩굴 뻗어 가듯' 한다고도 했다. 반대로 반응이 없는 사람에게는 '호박에 침 주기'라는 비유어도 있지만, 심술이 많고 탐욕가나 놀부 같은 사람에게는 '호박에 말뚝 박는 자'라는 날 선 비유도 한다. 또는 가문에 큰 행운이 돌아온 사람에게는 '호박이 덩굴째 굴러들었다'고도 한다. 호박 덩굴이 뻗어 나간 줄기에 올망졸망 달려 있는 덩굴을 잡아당긴다면 다 딸려 오듯이 한꺼번에 홍복이 따라왔다는 말이다. 그리고 마음에 들지 않는 여인네를 겨냥한 '호박꽃도 꽃이더냐'는 못생긴 여성을 비하한 말에서 나온 말이리라.

호박꽃은 하루를 지탱치 못하지만, 덩굴 따라서 계속 피고 지고 다화다실의 탓에 천한 비유어들이 많이 생겨났는지도 모른다. 두메산골 돌담이나 지붕 위로 기어올라 꽃을 피우고, 열매를 맺어 가을 하늘 아래 탐스런 호박이 정겹게 둘러앉아, 파란 비취 하늘을 향해 속삭이는 것 같은 전경은, 시인들의 잠든 시상을 일깨우기도 하리라.

뜨거운 여름부터 가을까지 다소곳이 꽃을 피우며 벌 나비를 유혹하는 자태, 어쩌면 우리 한국적인 여성미를 간직한 표정이 어찌하여 여인네의 징크스로 비유됐을까 하는 생각이 든다.

호박은 우리들의 먹거리로 자리한 지 오랜 역사를 간직한 식물이지만, 우리 민족의 어려운 시절에 구황식품이었고, 또한 과학이 증명하는 약리작용으로도 장에 좋은 섬유질로 이뇨작용에도 탁월한 효능이 있다고도 한다. 특히 여인네의 산후에도 좋은 효능을 발한다는 연구도 있어 중탕한 물을 먹기도 한다.

여름이 되어 상추가 끝나는 계절에는 상추쌈 대신 부드러운 호박잎을 쪄서 보쌈을 싸 먹는 맛 또한 담백한 맛이다. 잎에도 솜털 같은 가시가 촘촘히 나 있어서 여인네의 보드라운 손으로 채취하기엔 손

끝이 따가운 감을 느끼리라 생각된다.

　눈도 귀도 없다는 식물이지만 줄기에 촘촘히 난 가시는 스스로 자신을 해치는 해충으로부터 방어하기 위한 수단이고, 호박 순이 눈도 코도 없으면서 둔덕 배기나 나무 위를 기어오르는 것을 보면, 식물이지만 우리에게 보이지 않는 눈과 감각을 가진 식물이라는 경이로운 느낌이 든다.

　애호박이 열리면 덩굴 속에 숨겨져 있어 유심히 살펴보지 않으면 어느새 무척 자라 어른 호박이 되기 십상이다. 그러고 보니 감정 없는 식물이라지만 씨를 보존하기 위해 잎으로 감추고 씨를 보존하려는 것이 아닐까 하는 생각에 더욱 경이롭다.

　시장가에 촌 할머니가 이고 온 바구니에 풋풋한 애호박들이 반짝이는 햇살을 받아 방실방실 웃는 듯 싱싱한 모습을 보면 계절의 맛을 더욱 느끼게 한다.

조나다

한계령

석양에 너를 만난 것이 내게는 행운이었다.

예지로웠을 한낮의 가슴을 쓸어내리고 이제는 절제의 묘妙를 깨달아 침묵의 몸짓으로 서 있던 너.

어둑해져 가는 석양빛에 거무레한 윤곽만을 등성이로 봉우리로 내보이던 네 모습이 고혹적이었다.

살풀이를 춤추는 여인네의 어깻짓과도 같은, 그 손가락 끝의 떨림이 나타내는 미세한 표정과도 같은 그런 표정이 너에게 있었다.

말하지 않음의 말, 표현하지 않음의 표현들이 네 안에 응축되어 있었고 드러내 보이려 하지 않는 의연함이 봉우리마다 젖어 들어 있었다.

그래서 오히려 안심이 되던 네 눈빛.

그 푸근함.

살다가 슬픈 어떤 날엔 그런 푸근함이 퍽은 그리울 때가 있었다.

까닭 모를 슬픔이라는 말을 더러는 하지만 이 나이쯤 되어서야 어디 까닭 모를 슬픔이란 게 있을까. 가슴에 오래 묵힌 아픔이 어느 순간 받쳐 오르는 슬픔일 수도 있고 생활에 눌렸던 짜증이 어느 순간 가슴에서 살아나는 슬픔일 수도 있는 일. 언제라도 가까이 느끼던 누군가가 갑자기 생소하게 다가와 보여 슬퍼질 수도 있고 그래서 낯선 또는 어느 먼 타인으로 느껴져 슬퍼질 수도 있는 일.

슬픈 그런 날엔 네 눈빛 같은 푸근함이 퍽은 그립더니만 만나지 못할 그리움이나 만난 듯 네 앞에 서서 나는 울고 싶었다. 네 안에 잠겨 위로받고 싶었다.

왜 그리도 위로받고 싶은 날은 많은지 모른다. 슬퍼서 위로받고 싶다는 말이야 누구나 할 수 있는 말이라지만 기쁠 때에도 위로받고 싶은 마음인 것은 아름다운 것을 보면서도 눈물이 나는 것은 도시 무엇인지 알 수가 없다. 그러나 돌이켜 생각하면 이런 생각이 든 적은 있다. ― '아름다움은 슬픔의 느낌을 안고서야 비로소 제 빛깔일 수 있는가. 환희는 고통의 무게 속에서라야 비로소 제 소리일 수 있는가.'

네가 품고 있는 평온의 눈빛이 내 가슴에 평강을 심었다.

어스름 녘이면 산들은 더 다정하게 숨 쉬는 줄 알고야 있었지만 네 안에 깃든 평온에 나는 안심이 되어 마음 놓아 기대고 싶었다.

'지칠 줄 모르는 기다림'이라는 이름을 네게 붙여도 좋을까. 조급하지 않은 기다림, 오랜 그 기다림을 위해 너는 절제를 익혀 왔고 포용을 익혀 왔을 것이라는 생각을 했다. 해 질 무렵, 다숩게 숨 쉬는 네 안에 안기고 싶었다.

그러면서 생각난 게 어머니.

가슴에 안기면 깊숙이 감싸 위로하는 내 어머니.

말이 없어도 느낄 수 있는 말로, 드러내지 않아도 알 수 있는 표정으로 어머니는 언제나 내게 위안이었다. 어머니 무릎에 얼굴을 묻으면 슬픈 마음도 상처난 가슴도 잠이 들었다.

어머니 가슴은 얼마나 많은 이야기를 담고 있는지.

어머니 눈빛은 얼마나 많은 이야기를 하고 있는지.

너는 또 얼마나 많은 표정을 지니고 있는지.

절제와 포용과 의지와 오래 기다림과 위로와 그리고 평안과―네 가슴은 어머니 가슴이었다. 어느 때에라도 내게 위안인 어머니 가슴이었다.

네 안에 스민 평화를 또 나는 보았다.

모든 걸 포용함으로써만 가질 수 있는 평화가 네 안에 가득했다.

한낮의 열기와 고뇌를 벗어 버리고 이제는 빈 가슴으로 의연히 서서, 모든 걸 다 알면서도 모르는 듯 아직은 잊지 않고서도 잊은 듯 넉넉한 가슴이 되어 평화 속에 잠겨 있던 너. 그런 네 안에는 소리 나지 않는 즐거움들이 가득 차 있었고 무게가 느껴지지 않는 투명한 기쁨들이 봉우리에서 봉우리로 가슴에서 가슴으로 굴러 다니고 있었다. 평강을 소유한 자만이 누릴 수 있는 즐거움이며 기쁨이었다.

네 평강이 소리 없이 내게로 옮겨 온 걸 너도 알았다.

부드러운 느낌이 나를 에웠다.

다감해졌고 투명해진 느낌이었다.

사랑할 수 있을 것 같았다.

나를 보내며 너는 깊은 눈빛으로 웃고 있었다. 돌아서 내려오는 내 등쪽으로 다스운 네 숨결이 얹혀 있었고, 가슴에 깊이 품었다 다시 어깨를 밀어내는 네 말하지 않음의 말을 나는 알 수 있었다.

장흥계곡에서 바라본 석양의 북한산이 너를 연상시켜 안심이 된다 말하면 너는 웃을까. 오랫동안 나는 너를 잊지 못하고 눈을 감으면 자주 네 모습이 떠올라 만나지 못할 연인이나 그리워하듯 조바심쳤더니, 정히 네가 보고 싶으면 장흥계곡으로 달려가 석양의 북한산을 건너다 보리라 생각한다.

  우리가 만나던 날 나는 이런 기록을 했다.

    우린
    서로의 눈을 들여다보고
    소리 나지 않는 웃음으로 작게 웃고
    악수를 했다, 따뜻하게

    그리고, 어머니—

길 떠난 건 참 잘한 일이었다.
너를 석양에 만난 것이 내게는 행운이었다.

조병서

잊을 수 없는 이야기

　1950년 6월 25일은 북한의 김일성 일당들이 남침을 시작한 날이다. 지금은 어른이나 어린이 모두 까마득한 옛날이야기로 생각하고 있지만 너무나 참담한 전쟁이었다.
　남침한 지 3일만에 수도 서울이 함락되면서 한강 다리가 끊기고, 서울을 사수하겠다던 국군마저 후퇴를 거듭하여 낙동강을 건너고서야 UN 16개국의 참전으로 낙동강에 교두보를 형성할 수 있었다. 그동안 낙동강 북쪽 지역은 9·28 수복 직전까지 3개월 동안 공산 치하에서 온갖 고통을 겪어야 했다.
　모든 관공서는 북에서 내려온 사람들이 접수하고, 그들의 감시하에 남의 집 머슴살이를 하던 사람들이나 아무 직업도 없이 떠돌던 무식한 건달들을 치안요원으로 확보하여 완장을 채워 주고, 또 총까지 지급하면서 피난 가지 못한 지방 유지들을 부르조아로 몰아, 인민재판이라는 형식을 통해 학살하는 무법천지가 되고 말았다.

그 당시 나의 이웃마을에 사는 부유층 유지가 있었다. 그는 많은 지방 유지들이 학살당했다는 소식을 듣고서도 당황하지 않고 태연자약하였다. 아무리 생각을 해도 자신을 죽일 이유가 없다고 생각했다. 모든 소작농들과 머슴들에게 후덕하게 베풀지 않았던가. 그 자식들에게는 학비를 대어 주고 혼례를 치를 때마다 축의금까지 두둑이 챙겨 주는 등, 절대로 죽을 일을 하지 않았다면서 자부하고 있었다.

하지만 그것은 착각이었다. 그도 결국에는 그들의 손에 죽임을 당하고 말았다. 그는 죽는 순간까지도 너희들이 나를 죽일 수 있느냐고 소리치고 애원도 해보았지만 아무 소용이 없었다. 그들의 뒤에는 그들을 감시하는 공산주의의 골수분자들이 있었기 때문이었다.

그렇게 학살 당한 사람들이 부지기수였고, 전쟁 3년 동안 죽어 간 사람이 군인을 제외한 민간인만도 30만 명이 넘었고, 북으로 납치된 자가 8만 명이 넘었으며 전쟁 고아가 10만 명이 넘게 발생하는 참극慘劇이었다.

전 국토는 초토화되었고, 서울을 비롯해 전 도시는 잿더미로 변하여 전 국민이 풍찬노숙風餐露宿을 해야만 했다. 식량은 고갈되어 미국의 원조가 없었으면 끼니조차 때울 수가 없었다.

이제 포성이 멎은 지 겨우 60여 년!
우리는 너무 빨리 잊고 있는 것은 아닌지!
항간에서는 6·25전쟁이 북한의 남침이 아니라 남한의 북침이라는 소리까지 들리고 있으니 기가 막힐 일이다. 북한은 현재까지도 천안함 격침, 연평도 포격 등 갖은 만행을 저지르면서 호시탐탐 우리를 노리고 있다. 그런데도 우리는 남남갈등에 국론은 분열되고 종북주의자들까지 국회에 입성해 혼탁한 사회를 조성하고 있으니 걱정이 앞선다.

　전쟁은 군인들만이 하는 것이 아니다. 민, 관, 군이 합심해 하나로 뭉치면 승리할 수 있고, 그렇지 못하면 패배할 수밖에 없는 것이다.

　종북주의자들의 허황된 심리전에 말려들지 말고 반미反美에 선동되지 말아야 한다. 미국의 도움이 아니었다면 우리는 6·25전란에 북으로 흡수되어 김정은의 독재체제에서 신음을 하고 있을 것이다.

　생각만 해도 끔찍한 일이다. 이것이 나만의 노파심일까?

조영의

그게 아니에요

기와불사 할 때다. 가족 이름 끝에 '크리스'를 쓰고 돌아서는데 뒤에 섰던 그와 눈이 마주쳤다. 줄을 서서 기다리는 동안 수인사를 나눈 사이이긴 하지만 가까이서 눈을 마주치는 일은 멋쩍은 일이다. 잠깐이었지만 기와불사는 처음이라며 이것저것 묻는 행동이 조신해 보이지는 않았다. 내심 마음을 피하며 지나려는데
"입양하셨어요?" 한다.
내가 쓰는 것을 뒤에서 훔쳐봤을 거라 생각하며 그렇다고 짧게 대답했다. 순간 그가 눈꼬리를 높였다.
"대단하세요. 어떻게 서양인을…."
크리스를 보고 그러는가 싶어 "개요." 했더니 "그애요?"로 들은 모양이다.
"몇 살이에요?" 다시 묻는다.
목소리가 봄빛이다. 우리는 아예 줄에서 반쯤 비켜나 오래된 동무

마냥 편안한 자세가 되었다. 그러는 사이 줄이 끊어졌다 이어지기를 반복했다. 내 기와 위에 몇 개가 더 올려졌다.
"14년 되었어요."
"그럼, 한국 사람 다 되었겠네요. 중학생이에요?"
그의 호기심은 멈출 것 같지 않았다. 개를 강아지라고 하면 될 일인데 내가 더 순간을 즐기고 싶어졌다. 서로의 엇갈린 대화는 수면 위 파문처럼 퍼져 갔다. 모든 논란의 쟁점은 진위다. 대화가 길어지면 '개' 동음도 피할 수 없을 듯했다. 머리끝이 차갑다.

얼마 전 일이 떠오른다. 취미를 같이 하는 모임의 첫날이다. 서로를 알아 가기 위해 나를 소개하는 시간을 가졌다. 그 전까지 아줌마 특유의 수다로 소란스러웠던 분위기가 경직되고 각자의 소개도 거의 비슷비슷했다. 은근히 지루했다. 내 차례가 되자 분위기를 바꾸고 싶었다. 크리스를 자식으로 소개했다. 셋째가 딸인데 아직 말을 하지 못해요. 의도된 농담인데 주변의 반응은 잔뜩 긴장한 눈치다. 조금 떨어져 앉은 사람이 여러 사람을 비집고 머리를 내 쪽으로 쑥 뺐다. 소리를 낮추려고 했는지 손바닥으로 입을 반쯤 가리고 묻는다.
"언어장애인이에요?"
무슨 말인가 싶어 머뭇거리자 옆 사람이 내 귀에 자신의 입김을 불어넣으며 조금 더 큰 소리로 전한다.
"셋째 아이요, 말 못한다는….."
말이 묘하게 흘러가는 것 같았다. 아직 내 차례가 끝나지 않은 듯 진행도 멈췄다. 모두의 시선이 내게로 모였다. "개예요." 하려다 기와불사가 생각났다.
"강아지 기르고 있어요."

묘하게 긴장했던 눈빛들이 썰렁하게 돌아섰다. 분위기를 부드럽게 하고자 한 말인데 평소 융통성 없고 재미없어서인지 말의 유희를 재치 있게 이끌어 가지 못했다. 농담이 핀잔으로 돌아왔다.

속상한 마음에 책도 뒤적여 보고 코미디 프로그램도 연구하면서 본다. 요즘 뜨는 유행어를 정리해 보니 '황해'의 대사 "당~황하셨어요~."가 신선하다. 어눌한 말투와 표정이 흥미를 끈다. 나도 할 수 있을 것 같다. 장음과 단음을 중심으로 열심히 연습했다.

수업 시간, 발표도 잘하고 자신감 넘치던 아이인데 자꾸 머뭇거린다.

"당~황하셨어요~."

웃음소리가 터질 거라 생각했는데 볼멘소리만 들렸다.

"뭐예요, 그게 아니에요."

"당황~하셨써~요."

그럴 듯하게 흉내 내는 모습이 제법이다. 잘했다고 칭찬해 주니 여기저기서 흉내 낸다. 마냥 웃을 수도 제지할 수도 없어 바라보는 내 속만 탄다.

그게 아닌데 말이다.

조옥순

편한 의자

 나는 지금 컴퓨터 책상 앞에 짝이 되어 있는 의자에 앉아 작업을 하면서 하루를 시작하고 있습니다. 물론 편하게 작업을 도와줄 의자에 엉덩이를 깊이 하고 앉아 고마운 인사를 나눔도 잊지 않았습니다. 그것은 나에게 오늘도 살아 있음에 그리고 아직도 쓰일 곳이 있음에 감사하는 마음 때문입니다.
 우리들은 이처럼 집에서는 물론이고 여기저기서 쉽게 의자를 만나면서 하루를 시작하게 됩니다. 그리고 내가 앉을 의자 그리고 주인이 정해져 있는 의자 또는 누구든지 언제나 앉을 수 있는 의자를 만나면서 앉아 마땅한 자리를 찾아 권하게 됩니다. 우리 집만 해도 거실에는 등나무 의자가 놓여 있고, 컴퓨터 앞에는 키 높은 의자가 있고, 그 옆에 접이용 의자도 놓여 있습니다. 그리고 거실 한가운데에 낮은 탁상에는 다리를 펴고 앉아 담소를 나누는 의자도 있고, 부엌에는 식탁 의자가, 화장대 앞에도 키 작은 의자가 있습니다. 그리고 피아노 앞에도 피아노 의자가 있고 책상 앞에도 의자가 있답니다. 그러고 보니 우리 집에 있는 의자들은 모두가 쓰임새에 따라 앉을 사람이 다 정해져 있습니다.

　이렇게 주인이 정해진 의자들은 매일처럼 자주 엉덩이를 붙여 온기를 주다 보니까 의자에게도 사람의 체온이 전해져서 주인의 체온이나 성품, 건강 상태 등을 기억할 것 같은 생각이 듭니다. 그래서 좀 더 편하게 쉴 수 있는 각도를 잡기 위해 의자 등받이 위치를 조절하거나 그게 잘 안될 경우에는 의자를 바꾸게 됩니다. 왜냐하면 의자는 편히 쉬기 위한 도구이기도 하지만 어떤 일을 하기 위하여 편한 자세를 만들어 주는 중요한 임무를 지닌 역할자이기도 하기 때문입니다. 특히 나는 허리 수술을 한 후로 입식 생활을 해야 하기 때문에 의자 없이는 움직임이 불편하여 의자는 나의 분신처럼 되어 버렸습니다. 그래서 나는 의자를 사랑하지 않을 수 없답니다.

　하지만 공공을 위하여 야외에 설치되거나 공간에 놓여 있는 의자들은 앉아 있기에 편하지 않을 수도 있습니다. 그러나 그렇다고 쉽게 바꿀 수가 없는 상황을 불평보다는 이해하는 편이 속 편한 현실을 많이 만나게 됩니다. 어느 곳에 설치하고 어떤 기능을 필요로 하는 것을 생각하면서 기획하고 준비해서 설치를 하였겠지만 막상 설치를 끝내고 난 현실에선 불편하고 아쉬운 마음이 후회 주머니를 자극할 경우가 많을 것입니다.

　그러나 어떤 상황이 되었든 편하게 이용할 수 있는 의자는 각자의 집안에 놓여 있는 의자들일 것입니다. 왜냐하면 사용하기 불편하면 바꿀 수도 그렇지 않으면 좀 불편한 대로 친하게 지내 보자는 마음을 가족 안에서 주고받으며 해결할 수 있으니까 그렇습니다.

　나는 가끔 우리도 때론 의자의 역할도 하면서 살아가고 있음을 느낄 때가 있습니다. 아주 짧은 시간일지언정 외롭고 고달픈 자의 말벗이 되어 주거나 심신이 허약하여 아픈 자에게 등을 내밀어 튼튼한 신체는 아니어도 팔다리가 되어 주거나 하는 등의 행동으로 어느 누구에게 한번쯤 의자 노릇을 한 적은 있을 것입니다.

동네 공원에 놓인 의자는 아침저녁으로 산책을 나온 어르신들에게는 언제 만나도 좋은 쉼터일 것입니다. 아직은 어르신 대열에 오르지 않아도 되는 나이임에도 언제부턴가 공원 군데군데 놓여 있는 의자를 만날 때면 기분 좋은 친구를 만나는 반가운 존재가 되어 버렸습니다. 누구에게나 등을 내줄 수 있는 편한 의자가 놓인 쉼터로 아침 산책을 나갑니다. 그때마다 나를 만나는 의자를 향해 고마운 인사를 합니다.

누군가를 위해 편하게 쉬도록 온몸을 내어 주는 의자에게 사랑의 마음을 보내면서!

조은하

꿈길

　통일은 내게 있어 고향과 직결된다. 그것은 멀리 북쪽 땅, 한때 여진족도 살았다는 함경도 땅, 눈물의 그 땅이 내 고향이기 때문이다.
　사람은 너무 감동하면 말을 잊듯이 나는 고향 하면 가슴이 미어와 생각마저 멎고 만다. 고향은 내 눈물이고 고향은 내 꿈이다.
　꿈속에는 제2의 현실이 있다고 원시문화 시대의 사람들은 믿었다고 한다. 오늘날 21세기를 살고 있는 우리는 꿈속에는 어떤 암시나 영감 같은 신비로움이 있다고 믿는다. 우리는 때로 너무나 적중하는 꿈의 영험함에 놀랄 때가 있다.
　"꿈은 우리의 마음, 즉 자아 욕구의 산물이다. 모든 예술, 아니 온갖 발명 또는 발견에 이르기까지 모두 이 '꿈'이 구상화具象化된 것이다." 일본의 작가 이토오 히도시가 그의 『문학과 예술의 심리학』에서 말했듯이 많은 예술가들은 꿈에서 어떤 영감을 얻는 경우가 있다는 것이다.

오늘의 통일도 이 민족이 간절히 바라며 꾸고 또 꾸었던 수많은 꿈들의 힘을 현실화한 것이 아닐까? 나는 엉뚱한 상상을 해본다.

내 강한 열망도 이러한 맥락으로 꿈이 되어 나타나는지 내게는 늘 비슷한 내용으로 꾸는 꿈이 있다.

그 꿈은 고향과 나를 이어 주는 유일의 수단이고, 그래서 나는 늘 꿈꾸기를 바랐다. 설레는 마음으로 한껏 부풀어 발걸음을 재촉하는 고향 가는 꿈은 꿈속에서도 매우 신나는 일이다.

꿈속에서는 통일 따위의 용어는 나오지도 않는다. 나는 그저 어릴 때의 내가 되어 당당히 옛날의 내 고향으로 가고 있는 것뿐이다.

그런데 웬일인지 고향 마을은 언제나 낯설은 딴 고장 같기만 하다.

그래도 꿈속에서 나는 낮은 소리로 내게 다짐한다. 여기는 내 고향이 맞아, 나는 고향에 온 것이야.

걸어가고 걸어가건만 고향 집은 도무지 나오지 않고 나는 밤새껏 걷기만 하다가 만다.

또 어떤 때는 골목 어귀를 돌아 겨우겨우 집 앞까지 당도한다. 막 대문으로 들어가려는 찰나에 꿈은 영락없이 깨어지고 만다.

고향 길은 꿈길에서도 먼 길이었다.

서운하고 야속하고 슬퍼서 눈물은 흘러내려 베갯잇을 적실 때도 있었다.

늘 미진한 채로 허무하게 끝나고 마는 이러한 꿈들이 은연중에 뇌리에 박힌 것일까? 꿈속에서도 마음은 항상 조급하다.

걸어도 걸어도 걸음은 그 자리에서 맴돌고 마는 이런 애절한 꿈을 나는 수없이 꾸었다. 몇십 년을 한결같이….

얼마나 기다렸던 귀향인가.

북으로 돌진하는 경원선 열차를 타고 나는 지금 고향으로 가고 있다. 몇십 년을 묶여 있던 38도선이 무너진 것이 바로 한 달쯤 전의 일이다.

처절하게 대치하고 있던 두 체제가 하나로 융합되어 그토록 바라던 통일이 이루어진 것이다. 서로에게 희망과 안녕을 주는 평화의 통일이 우리에게 온 것이다.

기차는 가공할 속도로 달린다. 차창으로 내다보는 바다, 늘 꿈속에서 헤매이던 푸른 파도가 힘차게 밀려드는 북쪽의 동해를 나는 정신없이 바라본다.

원산, 함흥을 거치더니 눈 깜박할 사이에 기차는 내 고향 속후에 도착했다. 이렇게 빨리 올 수 있는 것을 나는 왜 그리도 길게 기다려야 했을까.

역은 그때나 다름없이 작은 소역小驛이다.

야트막한 철로변 울타리에는 그때처럼 하늘하늘 코스모스가 무리지어 피어 있다.

이것은 진정 꿈이 아니었다. 이제야 정말 고향에 온 것이구나.

나는 안도의 숨을 길게 내쉬며 역 앞 광장에 서서 주위를 둘러본다. 이 세상 어디에 이렇게 긴 여행이 있다는 말인가? 마음속에는 황량한 바람이 분다.

저기 광장 건너에 딱 하나 있던 푸른빛 2층 집도 옛날 그대로구나.

하천산 봉우리도 저어기 의연히 솟아 있고 청명한 하늘도 틀림없는 그때 그 하늘이야. 은은한 풀 향 같은 고아한 이 내음은 또 어떻고.

마을에 가득히 안개처럼 피어오르던 그래서 하늘에 올라 새털구름이라도 될 것 같던 저녁 연기의 향기, 솔가지가 타는 독특한 우리 고향만의 내음이다. 가슴을 활짝 열고 고향 내음을 듬뿍 들이마신다.

우선 친척부터 만나야지, 황급히 짐보따리 들고 바빠지는 마음으로 서둘러 신작로를 내닫는다.

보고 싶은 내 친구 채죽이도 잘 있겠지. 그때 그대로 열세 살 소녀로 있을 거야. 큰아버지 큰어머니도 중년의 활기찬 건장한 젊은 몸으로 계시겠지. 흥분으로 마음은 두서를 잃고 생각은 갈팡질팡이다.

아니 먼저 내가 살던 집부터 찾아갈까. 뒤울안 복숭아나무도 이제는 거목으로 자라났겠네. 학교 운동장 옆 솔밭은 또 얼마나 울창해졌을까.

나무는 세월 속에 자라나고 사람은 세월 속에 그대로 있어 주기를 나는 어리석게도 바라는 것이다.

읍내에는 사랑하는 선생님이 계신다. 해방으로 온 세상이 환희에 가득 찼던 시절 조시치 선생님은 우리 반 담임이셨다.

해방의 감격 속에서 선생님은 어린 우리를 열과 성과 사랑을 다해 가르치셨다.

열악한 환경에서도 우리에게 늘 희망을 불어넣어 주시던 선생님, 나는 선생님께 분에 넘치는 사랑을 받았으면서도 감사의 말씀 한마디 드리지 못하고 50여 년의 세월을 보내고 말았다.

더 늦기 전에 선생님을 찾아뵈어야 한다. 뵙고 나는 내 생이 끝날 때까지 선생님을 잊지 못한다는 말씀을 꼭 드려야 한다.

그리고 이제 나는 바다로 갈 것이다.

큰외삼촌이 눈부시게 헤엄치시던 바다, 내 어린 꿈이 아직도 깃들었을 해당화 피는 바닷가, 노래 부르며 놀던 모래산 기슭, 그 그림 같은 송림 속의 호숫가에도 나는 갈 것이다.

내 곁으로 돌아와 준 고향 산천, 아름다운 산과 들과 바다, 그리고 하늘과 풀숲 사이로 고요히 흐르던 내를 그립고 그립던 사람들을 나는 어린 내 사랑과 손을 잡고 즐거이 즐거이 찾아다닐 것이다.

통일이 되면 곧 들이닥칠 서로 간의 이념 차이는 어떻게 극복할 것인가.

문학은 또 어떻게 서로 이해를 넓힐 수 있을까. 사회주의 체제 하에서 폐쇄적으로 살아온 사람들의 글이 우리에게 얼마나 공감을 줄 것인가. 굳어져 버린 서로 간의 이질감을 극복하는 일은 남이나 북이나 다같이 알에서 깨어나는 고통스러운 일이 아닐 수 없을 것이다.

『통일의 저력―독일 반세기의 역동성』(서병철 편저, 도서출판 백산문화) 중 〈동서독 문화 협정이 남북한 문화 협정 체결에 주는 시사점―이장희〉 편에 보면 동서독은 통일이 되기 훨씬 이전부터 문학작품의 상호 소개가 있어 왔다는 것이다.

특히 서독은 동독 문학작품에서 그들의 생활 태도를 감지했고 서로 간의 인식 차이를 좁히기 위해 문학상 수여(예: Thomas-Dehler-Preis)를 장려하면서 동독 작품을 소개하는 데 적극 힘썼다고 한다.

이러한 순수한 민족 간의 상호 존중하는 문화 교류가 서로 이해하고 포용하는 데 기틀로 제공되었다는 것이다.

우리 문학계도 교류의 문을 활짝 열고 서독의 문학상 수여 같은 문화 정책을 의욕적으로 과감히 시도해서 통일의 대역사大役事의 일익을 담당하는 역군으로 자부심을 가질 수 있게 되기를 바란다.

민족의 역사적 사명을 위해 우리 모두 현명한 지혜와 힘을 모을 때다.

조정화

고마운 사람들

 문득 생각해 보니 내가 살아가는 것은 고마운 사람들의 노력과 덕으로 살아가는 것이라고 생각되어진다. 농사짓지 아니하고 과일 나무 가꾸지 아니하는데 오늘 저녁에 포도도 먹고 반찬거리들을 제공 받아 식사를 맛있게 해결했다.
 또한 내가 문화적인 환경에서 사는 것도 모두모두 많은 사람들의 수고로 이루어진 환경인 것이다. 물론 내가 지불한 것은 현금으로 지불하여 얻어진 것이지만 그 현금을 만든 근본도 국가의 혜택이 아닌가 생각한다.
 나는 농부도 아니고 기술자도 아니고 상인도 아니고 특별한 사람도 아니다. 그런데 매일 평안한 잠자리에서 취침할 수 있고 또한 내가 먹고 싶은 음식, 입고 싶은 옷을 자유롭게 구입하여 먹고 입고 살아간다. 가만히 생각하니 참, 신기한 삶이다. 내가 편리하게 살아갈 수 있도록 많은 사람들의 노고가 있는 것이다. 물론 젊은 시절 교편

생활을 하여 수고의 결과로 노후가 보장되고 자손들 사 남매가 신통하게도 착하게 잘 자라 주어 각자의 가정을 평화롭게 이루고 있으며 부모에게 효도하는 자세이니 험한 세상에 보호를 받는 노후가 된 것은 사실이다.

　내가 지출하는 것은 현금 지급이지만 그 현금이 무엇이건데 내 삶을 지탱해 주는가 다시 생각하게 한다. 세상 사람들은 구석구석에서 삶의 활성화를 이루어 다른 이에게 도움을 준다. 이 어찌 낯모를 그들에게 고마운 심정이 되지 아니할 수 없겠는가 싶다.
　나는 외국 여행을 하면서 비행기를 탈 때 참으로 사람들의 재주에 놀라움을 금치 못한다. 내가 공중에 떠서 다른 나라로 갈 수 있도록 편리하게도 비행기를 제공하고 먹을 것과 편리한 환경을 제공받는 것이다. 어찌되었든 문명의 혜택도 다른 사람의 노고에서 이루어진 것이니 그 수많은 사람들에게 고마움을 느끼는 것이다.
　내가 살아가는 것은 물레방아 돌고 돌듯 그 틀 속에서 여전히 평안하고 행복감을 느끼고 살아가고 있는 것이다. 참, 잘 살아가고 있는 것이다. 불편한 것도 없고 내가 하고 싶은 모든 것은 다 누리면서 살아가고 있다고 생각된다. 사실 내 재주로 해놓은 일도 없이 다른 사람의 노고에 힘입어서 살아가는 것이라고 생각이 되어서다.
　나는 자손들을 보면서도 요즈음은 참, 신기한 감정이다. 내 몸속에서 나온 자녀들이지만 내가 힘들인 일은 별로 없다고 생각되어진다. 저희들이 잘 성장하여 효행을 하는 일이 꿈처럼 느껴진다. 그들이 이 세상에서 엄마의 몸을 빌려 태어났을 뿐인데 어머니에 대한 효행을 열심히 하려고 하는 그들의 모습에 감격을 받는다.
　자녀들이 고맙다. 사람들이 고맙다. 이웃도 고맙다. 내가 알지 못하는 그 위치에 있는 사람들이 내가 살아갈 수 있는 환경을 제공하는 셈이 된다.

채수황

바다보다 먼저 일어서는 파도

여름이 오면 바다보다 먼저 일어서는 마음이 있다.

삼복더위에 숨이 턱에까지 막히면 내 마음은 벌써 바다에 가 있다.

아침저녁으로 빠져나갈 틈바구니도 없이 무더위에 쫓기다 보면, 사람들은 환상의 파도 속에 삼켜지고 만다.

오늘도 보도블록에 불길이 피어오르고, 횡단보도가 물렁거리면, 신호등에 헐떡이는 차량 행렬도 지붕 위에서 뜨거운 열기가 훅훅거린다.

나도 여러 차례 횡단보도에서 신호등에 걸릴 때면, 발밑에선 화롯불로 이글거리고, 차량들이 내뿜는 매연에 질식되어 손으로 코를 막아야 한다.

길 건너편에 줄 서 있는 플라타너스 가로수 잎들도 축 처져서 신음하고 있음을 본다.

플라타너스 위에 펼쳐진 푸른 하늘빛도 한여름 날엔 양철지붕인

양 뜨겁게만 보인다. 이처럼 막다른 고비에 이르면, 나는 어쩔 수 없이 플라타너스 아래서 한참 동안을 서성이게 된다.

이런 날, 내 몸은 서울의 어느 거리에 서 있지만, 마음은 푸른 바다 속에 빠져 있게 된다.

그래서 사람들은 저마다 바다보다도 먼저 일어서는 마음의 파도가 있는 것인가 보다.

제일 먼저 일어서는 마음의 파도가 10대나 20대에서 일어나게 되는 것으로 안다. 그것은 시심詩心에서 살기 때문이다.

10대나 20대는 감정感情의 왕국王國에서 사는 젊은이들로서 오직 시심으로 흡수되어지기 때문이다.

그래서 꿈으로 가져 보는 바다를 시인의 계절이라고 말하고 싶은 것이다.

시심으로 가득 찬 절정의 시기가 바로 그때라고 본다. 인간은 누구나가 한 번쯤은 시심의 정서기를 거치는 것으로 볼 수 있다.

그때를 10대, 20대의 시심 공감대 형성기라고 보는 예가 많다.

나는 지난 10대에서 바다를 가장 좋아했다. 아마도 바다는 시詩가 널려 있기 때문인 것으로 안다. 여름이 오면 먼저 바다로 달려갔고, 바다에서 내 시심詩心이 성숙되었다고 본다.

나는 프랑스의 아방가르드 시인 장 콕토가 된 기분으로 바다를 좋아했다. 그리고 "시는 고립할 때, 더욱 위대해진다."는 알랑의 사상도 그때 실감케 됐다.

습작 시를 여러 편 쓰기도 했지만, 대학 입시제도에 얽매어서 시작詩作은 잠복되고 말았다. 그런 내 가슴에는 여름이 오면, 바다보다 먼저 일어서는 파도가 있다.

그래서 오랫동안 묻어 두었던 습작시를 다시 꺼내어 입김을 불어 넣고 재생시켜 놓은 시가 있었다.

　푸른 바다 물 떼가/ 큰 날개로 활짝 펴고/ 앞서고 뒤에 서서/ 산처럼 밀려온다.

　먼 길 힘겨워/ 헐떡이는 해변,/ 하얀 파도가 노을 속에/ 허기진 수포로 부서진다.

　수평선에 붉은 태양,/ 바다를 물들인

　황혼의 옷자락으로/ 해운대를 싸안는다.

　낮과 밤 사이를 잇는/ 외로운 기러기/ 어둠 속에 빛나는 내일의 노을을/ 캐내고 있다.

　이 시는 해운대에서 쓴 시(해운대 해변)다.
　이처럼 나는 감상적 자연주의에 심취되어 바다에서 시심이 성숙되었다.
　그래서 내 가슴에는 늘 바다보다 먼저 일어서는 파도가 있다.
　만약 지구상에 바다가 없었다면, 어떻게 되었을까. 아마도 나는 시인이 되지 못하였을 것이다.
　아니, 나라는 존재도 이 세상에 없었을 것이며, 지구상의 모든 생물도 탄생되지 않은 채 달처럼 불모지로 되었을 것이 아닌가. 생각만 해도 끔찍스런 일이다.
　나는 생각할수록 바다를 좋아하게 되는 이유가 여기에 있는 것이다. 바다는 얼마나 장인 기질이 있는가. 바다는 지구의 생명을 보상도 없이 키워 주고, 가꾸어 나가고 있는 것이다. 바다의 동식물은 물론이요, 육지의 동식물까지도 철칙으로 생명을 성장, 보존시키고 있는 것이다.

그런데 우리 인간은 어떠한가. 바다의 고마움에 대한 보상은커녕, 온갖 공해로 바다를 망치고 있지 않은가.

이대로 가다가는 소중한 바다를 죽여 놓고 말 것이다.

바다를 망가뜨리게 되면, 인간도 따라서 죽게 되지 않는가.

모름지기 우리 인간은 바다를 사랑할 때가 절박해진 것이다.

바다를 살리는 국제협약을 신설해야 할 것이다.

나는 오늘도 가로수 아래서 바다에 대한 짙은 연모에 싸였다.

온갖 일 다 미루고 내일이라도 당장 푸른 바다에 갈매기처럼 훨훨 날아가고 싶다.

바다를 샅샅이 어루만져 보고, 얼굴을 대어 보고, 가슴에 안아 볼 것이다.

나를 좋아하며 달려오는 파도를 유쾌하게 맞이해야 한다.

나는, 그리워서 울어예는 갈매기를 사랑할 것이다.

내 답답한 가슴에 먼 꿈의 수평선을 자락자락 담아 볼 것이다.

나는 오늘 해야 할 일들을 건성건성 치우고, 바다의 향수에 흠뻑 젖어 집으로 돌아왔다.

최광호

시적 상상력과 생태 환경 문제

　오늘날 과학기술은 최첨단의 발달을 자랑하고 있는 반면 환경과 생태는 파괴되어 일상적 삶 자체가 위협받고 있으며, 인류와 지구 생명체들의 미래가 어두워지는 심각한 위기 상황에 직면해 있다. 이를 반증하는 것이 '녹색 성장'이나 '녹색 산업'을 장려하는 국가 정책이며, 문화적으로도 '녹색 문화'가 각광받고 있다는 점이다.
　환경과 생태를 둘러싼 상황들이 문제가 된 것은 어제 오늘의 일은 아니다. 서구의 근대 자본주의와 기술문명이 발달함에 따라 생태계 파괴, 인간 정신의 황폐화 등의 문제점을 낳기 시작하였고, 현재에 이르러 심각한 위기를 초래하였다. 현대의 산업 발전은 인간이 자연을 자본 획득의 수단으로 여겨 그 가치를 이용하기 위해 개발함으로써 비롯되었다. 이러한 인간 중심주의적 사고에서 기인한 것이 바로 오늘날 생태 위기의 핵심이라 하겠다. 늦게나마 우리는 인류의 미래를 걱정하고 인간 중심주의적인 사고를 버리고 자연생태 윤리를 자각하고 새로운 삶의 비전을 열어 가기 위해 노력해야 한다. 그런 점에서 오늘의 시문학이 자연의 가치나 미학적 아름다움에 대한 의미를 강조하고 있어 생태 위기 극복에 중요한 역할을 담당할 수 있으리라 본다.

하이데거는 시에서의 상상력은 만물을 향해 열려 있는 '신화적 상상력'에 근거하고 있기 때문에 인간 언어가 근원적으로 지니고 있던 풍요로움을 부활시켜 준다고 했다. 오늘날 문학의 생태학적 관계로서 녹색 시학이라는 인식이 중요한 의미를 가지는 것은 인간의 자연 파괴와 물질문명을 극복하고 자연과 더불어 조화롭게 공생할 수 있도록 정치적 사회적 문화적 변혁을 시급하게 인식케 하기 때문이다. 이는 시적 상상력의 기능이 사물과 존재의 본성을 잘 이해하고 생명의 온전한 발현을 존중하는 정신을 바탕으로 하고 있기 때문에 가능한 것이다.

이남호는 『녹색을 위한 문학』에서 "문학의 주요한 특성은 그것이 지식과 깨달음을 주는 이외에 감성을 계발하고 훈련시킨다는 것이다. 따라서 녹색의 이념에 충실한 문학은 녹색 미학의 아름다움에 대한 민감한 감성을 자극하고 녹색의 가치를 일깨워 줌으로써 과학기술 문명이 야기하는 삶의 황폐화에 대한 면역으로 작용할 수 있다. 이러한 감각과 미학의 건강성 회복이 녹색이념에 기여하는 녹색문학의 방식이다. 따라서 존재하는 모든 것들에 대한 사랑과 연민, 그리고 경외감은 녹색문학의 근본 정신이면서 동시에 녹색 상상력의 동력일 수도 있다."고 하였다.

인간이 만물의 중심이 아니라 자연계의 모든 생명체는 근본적으로 평등하다는 사고를 가져야 한다. 이런 입장으로는 인간이 뭇 생명을 함부로 지배하거나 정복하고 더 나아가 파괴하는 것은 결코 있을 수 없는 일이다. 하지만 이미 인간이 지배와 정복의 개념으로 자연과 환경에 대하여 저지른 오염과 파괴는 결국 인간에게 되돌아와 인간의 생존을 위협하고 있다. 이처럼 생태계 파괴가 인간은 물론 모든 생명체의 생존 자체의 문제로 대두되고 있는 바, 자본주의와 운명을 함께할 수밖에 없는 생태 환경의 문제를 해결하기 위해서는 그에 상응하는 더욱 깊이 있는 인간 정신의 탐구와 실천적 논의가 요구되며 그 역할의 중심 또한 문학이 담당할 수 있지 않을까 한다.

최영종

부러운 자리, 회혼례回婚禮

글 쓰기 앞서 초대받는 자리라면 복된 자리가 아닐 수 있겠느냐는 생각이 든다.
초대를 굳이 따진다면 어떤 모임에 외부 사람이 참석하여 줄 것을 청하는 것으로 청한 사람에게는 음식을 차려서 접대함을 말하니 복되고 즐거운 자리로 하객들도 맘껏 축복해 주는 훈훈한 인정이 오고 감은 말할 것도 없다.

성급히 수은주를 위로만 밀어 올리려는 여름의 문턱 입하立夏를 보낸 어느 날 일찍이 듣지도 못했던 희한한(?) 잔치인 회혼연回婚宴이란 자리에 초대받았다.
나이가 많이 드신 어르신들로 두 분 모두 무척 행복스러워 보였고 하객들 역시 아낌없는 웃음과 박수로 축복해 주는 복된 자리였다.
이 회혼연은 여러 가지 조건을 갖추고 있어야만 잔치를 벌릴 수 있다고 해서 회갑回甲이네 고희古稀네 아니면 미수米壽네 하는 잔치보다 잔치의 주인공 역시 하객을 초대하기가 쉽지 않아 초대받기는 하늘의 별 따기만큼이나 어려운 경사였다.

"아실 분도 계실지 모르나 이 회혼례는 결혼 60주년을 맞은 부부가 자손들과 축하 하객들 앞에서 혼례복을 입고 60년 전과 같은 혼례식을 올리면서 '해로偕老 60년'을 기념하는 의례儀禮라고 합니다. 다만 결혼 60주년이 됐다고 누구나 회혼례를 하는 것은 아니랍니다. 회혼례는 반드시 자녀를 낳아야 하고 손자 손녀가 있어야 하며 자녀 중 1명이라도 부모보다 먼저 세상을 떠나거나 이혼자도 생겨서는 안 되고 범법자가 있어도 안 되는 수壽와 부富, 강녕康寧, 다자녀多子女, 유호덕攸好德의 오복五福을 두루 갖춘 부부에게 결혼 60주년을 맞이하여 자녀들이 올려 드리는 행사라고 합니다. 요샛말로 골프로 치면 홀인원보다 더 하기 어렵다고 말할 수 있겠습니다." 하고 사회자가 오늘 모임의 뜻깊음을 말해 주었다.

이토록 여러 가지로 무척이나 까다로운 조건이 모두 갖춰진 자리이기에 그동안 우리 주변에서 보거나 듣기조차 어려웠음도 사실이다.

방명록에 이름을 올리면서 너른 홀 안을 돌아보니 늙수그레한 친지며 한복을 곱게 차려입은 딸들과 며느리 손끝 앞에서 종알대는 병아리 같은 손자 손녀들로 서운瑞雲이 감돌면서 화기和氣가 뭉게뭉게 피어오르고 있었다.

여기 예식 모두를 소개할 수 없지만 "장남과 며느리가 나와서 회촉을 밝혀 주세요." 하는 사회자의 말에 따라 화촉이 밝혀지면서 식이 시작되었다. 백발이 성성한 왕년의 역사力士인 신랑이 입장하고 이어 신랑이 전안상奠雁床 위에 기러기를 올려놓고 북향 1배를 올리고 나자 곱게 화장한 신부가 세 딸들의 부축을 받고 입장하였다. 순간 만장한 하객들의 뜨거운 박수가 홀 내를 울리고 신랑에 이어 신부의 손 씻기가 끝나면서 신랑 신부 맞절이 있었고 표주박에 합환주合歡酒를 아들딸들이 번갈아 가며 술을 따라 드리고 표주박 잔의 술을 들어 하늘에 서약하고 나서 조금 마시고 나자 신랑 동생의 고천문告天文 낭독으로 1부 의식은 마쳤다.

2부에 들어가서는 하객들에게 자손들의 인사가 있었고 케이크를 절단하고 하객들의 축하인사로 축하 무드가 한층 드높아만 갔다.

사실 반세기 전 옛날에는 60대 들어 이 세상을 하직하여도 호상好喪이라고들 말했지만 의술이 놀랍게 좋아져 평균 수명이 8, 90세로 늘어난 요즘에도 이 회혼례는 귀한 것이 어제 오늘의 일만은 아니란다.

"우리 선인들은 일생을 살면서 명대로 살고 편안히 죽음을 마치는 고종명考終命을 말할 때 으레 오르내리는 것이 회갑回甲과 회혼回婚이 있는데 여기에 하나 더 회방回榜이란 것이 있었답니다. 이 회방 역시 쉽지 않았습니다. 어렵다는 과거 시험에 합격하여 60년이 되는 해를 말하니 벼슬한 사람만이 가질 수 있었으나 그것도 서출庶出에게는 기회를 주지도 않았고 설령 운 좋게 반상班常으로 과거 시험에 합격하더라도 60년 동안을 청백리로 살아 60년을 보낼 수 있었느냐라는 점에서 회혼만큼이나 조건이 까다로웠음을 『사기史記』는 말해 주고 있습니다."라고 하객 K회장의 축사로 회방回榜에 어린 부연敷衍 설명이었다.

지금까지도 우리에게는 '밤새 안녕하십니까.' 라는 인사말이 있다. 이 말엔 많은 슬픈 역사가 담겨 있다고 한다. 조선조 중종 때의 당쟁을 일삼던 사색당파의 선물이라고 한다. 자고 나면 어제 있던 사람이 안 보였다니 남인, 북인, 서인, 동인의 당파 싸움의 결과물로 온갖 모함 아니면 탐관오리 속에서 엽관에 귀 기울인 관리들이 타의건 자의건 죽임을 당하지 않고 무사하게 회방을 맞기는 쉬운 일이 아니었으리라 짐작도 해본다.

하긴 축하 인사하는 K, S, J 사장 역시 이런 잔치를 하고 싶어도 조건 하나둘이 모자라 하지 못한다고 못내 아쉬워하였다.

"앞으로 몇 년 뒤면 나도 이런 회혼식을 가질 수 있을까." 하고 동행한 Y형은 부러워하면서 바보(?)스럽게 말하고 있었으나 그보다 많고 많은 축하연보다 진정 부러운 복된 자리를 초대해 준 늠름한 그분의 장자에게 진심으로 다시 한 번 감사한다.

최정윤

미소의 여운

지하철에서다. 엄마 곁에 앉은 여아가 자리를 양보해 준다.
"고맙습니다. 몇 살이에요?"
손가락 일곱을 펴 보인다.
"내 무릎에 앉으세요."
고개를 흔들며 천진한 미소를 짓는다.
 지하철 안에 서 있는 사람들이 있을 때는 들어서며 좌석 쪽을 보지 않고 경로석 옆이나 출입문 쪽을 향해 서 있다. 오늘도 출입구 쪽 기둥을 잡고 서 있는데 옆에 선 사람이 자리가 있다고 말해 돌아보니 건너편 좌석에서 옆 좌석을 가리키며 어린 여아가 미소 짓고 있었다. 옆자리에 앉은 언니랑 과자를 먹으며 하나를 내게 내민다.
"자리를 양보해 주어 고마운데, 과자는 사양할래요."
 활짝 웃으며 자기 입에 넣는다. 엄마 뜻이었는지 꼬마 친구 생각이었는지 흰머리를 보고 많은 사람들 중에서 일곱 살 어린이가 자리를 양보했다는 것이 신기하다. 너덧 구간을 가는 동안 말없이 서로 미소로 정다운 대화를 나누다가 내리게 되었다.
"행복하세요."
손을 잡아 주었다. 봄 언덕의 들꽃 같은 청순한 미소 속으로 삼 주 전 다녀온 평화로운 마을이 떠오른다.
교회에서 싱가포르와 인도네시아로 비전트립을 다녀왔다. 인도네시아 바다족이 사는 블라깡 빠당 교회를 방문했다. 수상마을에 있는 원주민 교회다. 사십여 분, 교회 소개를 듣고 기도를 드렸다. 가끔 텔레비전 화면에서 본 수상마을을 직접 방문하니 감회가 깊다. 화장실에 가서 놀랬다. 바다에 볼일을 보고 돌아서니 미안하다고나 할까. 뭐라 표현키 어려운 석연찮음이 가슴에 깔린다.
주방 옆에 있는 공간에 큰 고무 통 서너 개가 물이 담겨 있다. 지붕에 호수를 연결하여 빗물을 받아 여과해서 쓴다고 한다. 우리도 예전에는 겨울철에 고드름을 따 먹고 빗물을 받아 쓰기도 했지만, 이제는 오염된 빗물이라 생각하니 이것도 마음이 어둡다. 무거운 마음으로 밖에 나오니 댓 명의 어린이들이 밝게 웃으며 사진을 찍고 있다. 함께 간 분들이 모두 어린이들과 어울리어 사진을 즐겁게 찍었다. 이 세상에 어디를 가나 종족을 뛰어넘어 같은 것이 있다면 어린이들의 천진무구한 표정과 미소라는 생각을 했다. 일곱 살쯤 되어 보이는 남자아이가 난간에 기대앉아서 평화로운 표정으로 미소를 지으며 낚시를 한다. 바닷속을 보니 큰 멸치만 한 고기들이 고물고물 헤엄쳐 다닌다. 집을 받치고 있는 기둥들에 굴이 여기저기 붙어 있다. 어두운 생각들을 밀치고 마음이 평화로워진다.
화려한 큰 집도 이층집도 없고 고만고만한 집들이 동네를 이루었다. 배를 타기 위해 바닷가로 가는, 판자로 엮어 놓은 낡은 길을 걸으며 부러지지 않을까 위기감이 들기도 했다. 마을에서 이삼십 미터 떨어진 외딴 집도 있다. 교통수단은 작은 배라고 한다. 이 넓은 바다에서 외롭지 않을까, 폭풍이 일면 위험하지 않을까. 내 입장에서 하는 괜한 기우겠지. 문명이 주는 혜택은 조금도 보이지 않는 마을을 떠나면서 평화로움을 느낀 것은 오염되지 않은 아이들의 밝은 미소로 인함이라는 생각을 했다.

세상은 넓다는 생각을 했다. 창조의 섭리에 신비함을 느꼈다. 야산에 빈터가 많은데, 굳이 왜 바다에서 사는지 의문이 갔다.

이들은 옛날 옛적부터 배에서 나서 배에서 죽는 바다족이어서 뭍에서 살지 못한다고 한다. 문명의 혜택으로 편리하고 여유 있는 삶을 누리는 현대인의 상식으로 생각하면 불편하고 어려움이 많을 것 같다. 그러나 그 마을의 분위기는 내 마음까지 잔잔하게 해준다. 문명의 편리함이나 풍부한 물질이 진정한 행복지수가 아니라는 것을 알고 있었지만 실제로 보고 감회가 깊다. 섬에서 만난 아이들이나 지하철에서 만난 여아의 순수한 분위기, 천진한 표정의 미소가 좋아 동심에 묻혀 살고 싶다는 생각이 스쳐서 혼자 미소를 머금는다. 요즈음 컴퓨터나 책에 웃음 치료에 대한 이야기들이 많다. 웃음과 미소는 만병의 치유제다. 신의 선물이라는 등 많은 글을 읽을 수 있다.

지난 주일에 '웃음은 인생을 축제로 만드는 습관'이라는 제목의 설교 말씀을 통하여 웃음은 기쁨에서 나고 웃음은 평화와 승리의 지표가 됨을 감지했다. 기가 막혀 웃다가 정말 웃게 된다는 말씀을 생각하며 혼자서 웃는다.

지하철에서 어린 꼬마 친구가 내게 자리를 양보하고 계속 미소 짓는 것은 기뻐서였으리라는 생각이 든다. 웃음은 심신의 닫힌 문을 여는 신비다.

최현희

아버지와 감나무

　어린이날 행사로 열리는 작은 음악회를 보기 위하여 파란나라 어린이집에 왔다. 융단같이 푹신했던 잔디는 간데없고 흙 마당이 되어 버렸다. 마당에는 살구꽃이 환하게 피어 마치 음악회를 축하라도 하고 있는 것 같았다. 소나무에도 송화가 한창 송글송글 맺혀 있었다. 이곳은 30여 년 동안 우리 가족이 희로애락을 함께 했던 집이다. 정원에는 대추나무, 앵두나무 등 갖가지 유실수와 여러 가지 꽃나무들이 에워싸고 있다. 봄이 되면 제일 먼저 목련꽃이 소담스럽게 피고, 이어서 라일락이 여러 종류의 꽃들과 함께 일제히 합창을 하듯이 핀다. 그중 언덕에 있는 감나무를 볼 적마다 친정 아버지 생각이 난다. 마른 가지에 새싹이 톡톡 부풀어 오르고, 조금 지나면 감꽃이 핀다. 감꽃이 떨어지면 꽃을 주어 실에 꿰어 목걸이를 만들던 어렸을 적 추억이 아련히 떠오른다.

아버지와의 일로 제일 먼저 기억되는 것은 내가 여섯 살 무렵이다. 그때 일본에서 일하고 계시는 아버지를 만나러 현해탄을 건너서 갔을 때의 일이다. 처음 상봉했을 때, 내게는 낯선 분을 아버지라고 해서 어린 마음에도 매우 당황스러워했다. 어른들이 시켜서 인사는 꾸벅 했지만 애틋한 정을 처음부터 느낀 것은 아니었다. 나의 머리를 쓰다듬어 주시면서 그때 일본인들이 잘 신던 예쁜 게다를 사 주셨다. 한국에서는 못 보던 신이라 신지도 않고 손에 들고 다녔던 생각이 난다. 심지어 잠자리에서도 품에 꼭 끼고 자다가 언니로부터 야단을 맞았던 일도 있었다. 나는 유년기를 일본에서 아버지의 사랑을 받으며 보냈었다.

감나무를 유난히도 좋아하셨던 아버지는 어느 이른 봄날 집 뒤의 작은 텃밭에 감나무 한 그루를 심었다. 일본 감은 대체로 단감나무였다. 작은 감나무였지만 파릇한 잎이 돋더니 드디어 감꽃이 탐스럽게 피었다. 언니와 나는 떨어지는 감꽃을 주어 실로 차례로 꿰어 목걸이를 만들었다. 이웃에 사는 일본인 친구 미치코에게 자랑을 했던 기억도 난다. 신통하게도 당년에 감이 몇 개 열렸다. 감이 빨갛게 익었을 때 아버지는 길다란 대나무로 끝부분을 갈라서 전지를 만든 다음 감이 달린 가지에 전지를 끼워 비트셨는데 그러면 감이 달린 가지가 똑 부러졌다. 많지는 않았지만 첫해부터 감 맛을 본 셈이다. 해가 갈수록 감이 많이 열려 내 친구 미치코네와 이웃집과도 나누어 먹었었다.

해방이 되어 한국으로 돌아와 대전에다 자리를 잡고 살았다. 안정이 될 즈음 6·25 남북 전쟁이 터졌다. 충청도 시골의 고향으로 피난을 갔다. 그러나 이 고향 집이 미군기의 폭격을 맞아 송두리째 타 버렸다. 대전에 살던 우리 집도 잿더미가 되었다. 할아버지 내외는 평생 처음 겪는 지독한 전쟁의 충격으로 정신이 조금 이상해졌다. 그 증세가 마침내 치매로까지 연결되었다. 아버지는 부모님들을 돌보시느라고 그때부터 농사일을 시작하셨다. 처음은 서투른 농촌 생활에 적응하시느라고 고생도 많이 하셨다. 농토가 많아 일꾼을 두고도 늘 품을 사도 아버지가 하시는 일은 많았던 것 같았다.

삼 년 사이에 조부 내외분은 돌아가셨고, 제청을 모셔 놓고 매일같이 아버지와 어머니는 곡을 하셨다. 그렇게 육 년 동안 아버지는 부모님을 모셨다. 그 사이에 아버지는 차츰 농촌 생활에 익숙해지셨다. 누구보다도 부지런하셨던 아버지는 개울 건너 기다란 콩밭에 감나무를 심으셨다. 고염나무에 접을 부쳐 해마다 늘려 심기 시작하더니 어느새 수십 그루가 되었다. 감의 품종은 충청도에서 잘 자란다는 월하감으로 무척 달았다. 일본의 단감과는 달리 생감은 땡감이라고 해서 그 맛이 매우 떫었지만 땡감을 항아리 속에 담고 된장을 엷게 푼 따끈한 물로 하룻밤을 우려내면 맛이 기가 차게 좋다. 오래 저장할 것은 뒤꼍 굴뚝 옆에 큰 항아리를 놓고, 감잎을 깔고 땡감을 한 켜씩 차곡차곡 담아 둔다. 그러면 홍시가 된다. 이듬해 봄까지 먹는다. 귀한 손님이 오시면 몇 개씩 내어 놓는데 모두들 달게 잡수셨다. 곶감도 수백 개를 깎아 처마에 매달아 놓았다. 어느 정도 마르면 차곡차곡 저장했다가 제사에도 쓰고 손님 대접도 하셨다. 아버지는 가을이 되면 서울로, 대전으로, 익은 감 나르시기에 바쁘셨다.

내가 결혼을 해서 서울에 정원이 넓은 집에 살 때이다. 어느 해 봄, 아버지는 내가 감을 무척 좋아하는 줄 아시고는 감나무에 접을 부친 묘목을 세 그루 가져오셨다. 정성을 다해 키웠지만 웬일인지 두 그루는 죽고, 한 그루만이 살아남았다. 3년 되던 해부터 꽃이 피고, 열매를 맺기 시작하였다. 이후 30여 년이 지난 지금까지 한 해도 거르지 않고 감은 잘 열리고 있다. 초겨울이 되면 온 식구가 소담스런 감을 즐겨 먹을 수 있어 좋았다. 그럴 때마다 아버지의 사랑을 느끼면서 시골에다 안부 전화를 했었다. 반가워하시며 기뻐하셨던 모습이 지금까지도 선연하다. 이제 우람한 고목이 되어 파란나라 유치원 어린이들의 사랑을 받고 있다.

　아버지 살아생전의 모습을 회상하면 나도 모르게 목이 메고, 눈시울이 붉어진다. 칠 남매를 키우면서 때로는 엄하시고 때로는 자상하셨던 내 아버지! 감을 먹을 때마다 아버지 생각이 난다. 비록 시골에 사셨지만 동네 사람들의 존경을 받으셨던 아버지셨다. 면에서 풍물시합이 열릴 때면 아버지의 진두지휘 아래 자주 우리 동네가 우승했다. 흥도 많고 열정이 넘쳤던 아버지! 농한기에는 사랑방에서 붓글씨 쓰기를 즐기셨다. 어느 해는 일 년여를 정성을 들여 잔글씨로 쓰셨던 여덟 폭 병풍을 여러 개 만드신 적이 있었다. 그것을 손수 들고 대전으로, 서울로, 자식들 집을 일일이 찾아다니시면서 선물하셨던 일도 있다.

　80세 되던 해에는 어머니가 쓰러지셨다. 4년여를 말 한마디 못하시고 누워 계시다 결국 돌아가셨다. 그 얼마 후 아버지는 치매 증세가 생겼다. 엉뚱한 거리에서 헤매고 계시는 것을 간신히 찾아 모셔 오기를 여러 번 했다. 말년에는 고혈압에다 당뇨, 심장병으로 응급실을 여러 번 찾으셨다. 응급실에 가셨어도 자리를 지키고 있는 오빠가 잠깐 나간 사이에 링거 주사를 잡아뜯어 놓고 벌떡 일어나 앉아 천연스레 "청산~~~리 벽계수야~~~아." 하시며 시조를 읊으셨다. 온갖 슬픔에 잠겨 있던 환자와 보호자들이 박수를 치면 더욱 신나게 흥얼거리셨다. 오빠가 들어오면 "이제 다 나았으니 집에 가서 바둑이

나 두자."고 조르셨다. 그러기를 수차례 반복하셨다. 마지막 가시는 날도 오빠와 바둑을 두는데 일부러 져 드리니까 기뻐하시면서 거듭 세 판을 두다가 그 자리에서 쓰러지셔서 황급히 병원으로 모셨지만, 86세에 생을 마감하고 어머니 곁으로 영원히 가시고 말았다.

　올해에도 아버지가 선물한 그 감나무에는 붉고 소담스런 감들이 많이 열려 있다. 김장철쯤 되면, 그 밑을 지나는 어린이들이 감나무를 올려다보며 언제 그 감을 따느냐고 조르기도 한다. 감나무를 볼 적마다 나는 환하게 웃으시는 아버지 얼굴이 겹쳐 온다. 그 감을 파란나라 유치원생들이 맛볼 때마다 아버지께서 그들의 머리를 어루만지시는 것 같은 착각을 한다. 아버지는 돌아가셨지만 그 감나무를 통해 늘 그곳에 살아계시는 것과 같은 것이다. 나는 이따금 감나무를 보고 "감사합니다." 하고 말한다. 마치 아버지가 그곳에 서 계시기라도 하는 듯이.

하양희

매화

봄이 시작되자 예술회관 전관에서는 연이어 전시회가 열렸다. 전시 준비를 앞두고 보니 마음이 바빴다. 겨울로 접어들면서 그려 오던 묵매는 구도가 잘되면 꽃이 자연스럽지 못하고 농담이 잘 표현되면 화재畵材를 잘못 써서 작품을 버리기 일쑤였다.

십 년이면 강산이 변한다는 말이 있다. 무슨 일이든 십 년은 지나야 익숙해진다는 말일 게다. 그러나 아직은 필력이 약하기만 해서 내 뜻대로 나아가질 못하고 있다.

생화로 만나 오던 매화를 어느 순간 그림으로 표현해 보고 싶은 생각이 들었다. 그러던 중 우연한 기회에 문인화에 입문했다. 먹을 갈고 붓을 잡는 순간 마음의 고요를 잃어버리면 그림에 혼을 불어넣을 수 없다. 묵매는 생화에서 느끼는 생동감도 있지만 묵이 주는 또 다른 향기가 있다. 그것은 오래된 것에서 느끼는 편안함 같은 것이다.

묵매는 곡선을 이루며 나가는 선의 흐름도 운치가 있고, 고졸하게 달리는 꽃의 모양도 생화의 느낌과 크게 다르지 않다. 거기에다 그래서 오랜 시간 소장할 수 있는 생명력이 있다. 그러나 절화로 만나는 매화는 절기 때만 볼 수 있는 아쉬움이 남는다.

 문인화와 꽃꽂이는 예술이라는 큰 범위에서 보면 같은 공간에 전시를 해도 어울리는 분야다. 고려 시대 귀족으로부터 시작되었던 문인화는 조선조에 와서는 매화를 일지화로 꽂았던 흔적이 보인다. 민화 가운데 서재의 장식용으로 매화를 꽃꽂이한 책걸이 그림 속에서 볼 수 있다. 일지화 양식은 대자연의 웅장한 배경 속에서 인간과 자연의 일체감을 추구해 온 사대부 문인 학자들의 정신적 세계의 표상이라고 했다. 『화품평론花品評論』에 의하면 매화에는 강산의 정신이 깃들고 태고의 고연古然한 모습을 안고 있어서 빙혼옥골氷魂玉骨*이라 칭했다. 그래서일까 매화는 백자 항아리에 꽂으면 청초하고 고고한 고전적 의미를 살릴 수 있어 아름다움을 더한다.

 조선 중기 신흠은 『야언野言』에서 "오동은 천 년을 늙어도 가락을 품고 있고, 매화는 한평생 추워도 향기를 팔지 않는다."고 했다. 혹독한 추위 속에서도 향기를 잃지 않은 매화처럼 어려움 속에서 자신을 이겨 낸 사람들에게선 그만이 지닌 향기가 있다.

 나는 살아가는 동안 향기를 지닌 사람으로 살고 싶다. 그것이 꽃향기라도 좋겠고, 은은하게 배어 나오는 묵향이라도 좋겠다. 그런 바람을 가지고 있으면서도 늘 한 발이 늦어 시작하는 것도 내려놓는 일도 쉽지가 않다. 흔히들 결과가 중요하다고도 하나 나는 결과보다 과정을 더 소중하게 생각하는 편이다. 그래서 어떤 일이든지 서두르지 않는다. 사람의 인연도 유장하게 흐르는 강물처럼 자연스러워야 한다는 생각이다.

 문인화는 고전적 의미를 담고 있어 더디 가고 싶은 내 마음과 닮은 듯하다. 나는 앞서는 것보다 있는 듯 없는 듯 자리를 메우고 나와야 마음이 편하다. 듣기 좋은 말을 해주는 재주도 없고, 자신의 잘못을 용납하지 못하니 참으로 융통성도 없다. 쉽게 휘어지거나 부러지지 못하는 매화의 특성처럼 때로는 휘어져야 함에도 그것이 쉽지 않다.

가지가 고연해서 운치가 있는 매화를 보며 이른 봄을 느낀다. 그렇게 오랜 시간 눈에서 손끝으로 익숙해진 매화지만 그림으로 옮긴다는 것은 생각보다 쉽지 않았다. 절기상으로 늦겨울부터 꽃집을 통해 나오는 매화는 일 년에 한두 번 정도 절화로 만난다. 요즘은 계절 없이 꽃들이 나오는 세상이지만 매화처럼 봄에 나오는 화목과樺木科에 주가 되는 소재들은 그 철에만 볼 수 있는 것들이 대다수다. 세상이 아무리 편리하게 변하고, 인간의 두뇌가 아무리 발달해도 자연의 질서는 어쩔 수 없는가 보다. 절화로 만나는 매화는 그래서 경이롭고 귀하게 느껴지는 것은 아닐까.

올해는 긴 추위로 인해 삼월이 가까워서야 매화를 만났다. 수선화와 함께 무형식으로 꽂아 두었던 매화가 반은 피고 반은 피지도 못한 채 말라 있다. 푸른빛을 띤 가지가 나약해 보이는 것으로 보아 절화의 시기가 너무 일렀던가 싶다. 함께 꽂았던 수선화는 거꾸로 매달아 말리고, 피다 만 매화에 새 물을 갈아 주었다. 전시회를 앞두고 눈으로 익혀 오던 채본을 접어 두고, 화병에 꽂혀 있는 매화 방향을 고쳐 놓는다. 금방이라도 터질 것 같은 매화가 봄을 불러오는 것만 같다.

집에서 자주 그림을 그리는 것은 아니지만 간혹 마음이 복잡하게 느껴질 때면, 먹을 갈며 마음을 비우는 시간을 갖는다. 정갈한 화선지에 스며드는 묵빛의 울림에 내 마음이 고요해지기 때문이다. 그림을 그리기 위해 화선지를 펴면 여름날 결이 고운 모시 한복을 입은 여인이 생각난다. 그리고 가을날 방금 바른 창호지가 달빛에 비칠 때의 은은함이 묻어나는 것 같아 좋다.

  나는 매화에 색을 넣지 않고 수묵으로만 그리는 것을 더 즐긴다. 그것은 묵색이 주는 편안함과 사색하게 하는 힘 때문이다. 살다 보면 사람도 오래 알던 사람이 편하고, 물건도 오래 지녀 온 것이 좋다. 처음 문인화를 마주했을 때는 먹물의 아름다움에 마음이 정화되는 것만 같았다. 오늘은 거실을 가득히 채우고 있는 매화 향을 담아 묵향 가득한 묵매 한 점을 그려 볼 참이다.

※빙혼옥골: 빙혼—매화를 달리 이르는 말
         옥골—옥같이 희고 깨끗한 골격이라는 뜻으로, 고결한 풍채를 이르는 말

하창식

우분투

 갈수록 글쓰기가 두려워진다. 원래 문학적 재능이 없는 사람이니 사물이나 자연을 바라보며 시詩적 아름다움이 묻어나는 문학적 표현을 할 재주는 없다. 그러기에 잘된 글들을 읽을 때마다 어쩜 이런 표현이 가능하였을까 하는 감탄이 절로 나온다. 뿐만 아니다. 같은 사연이라도 가슴을 울리는 감동을 주는 글들도 적지 않다. 그런 글들을 읽을 때마다 부러움에 목이 마르다.
 남의 일에 감 놔라 배 놔라 비평하기 좋아하는 요즈음 시류에 편승하여, 약간은 에세이적인 수필이 현대 수필의 경향이라고 하니 그나마 다행이다. 문학적 덧칠이 부족해도 필자의 의견만 뚜렷이 전달되면 되기 때문이다. 사실 맛깔 좋은 표현으로 멋들어지게 쓰인 잘된 글들을 볼 때마다 마음이 오그라들게 된다. 부러움을 넘어 내 글에 대한 부끄러움이 더해지는 탓이다. 글을 잘 쓰는 사람들을 보면, 그 분들의 몸속엔 분명히 고유한 작가作家적 DNA가 있을 것이라는 생각을 하게 된다.

 말은 뱉으면 주워 담을 수는 없지만 쉽게 잊혀진다. 반면, 글은 활자화되어 발표되면 그렇게 쉽게 잊혀지는 게 아니다. 언제든 다시 읽고 그 의미를 곱씹을 수 있다. 그런 만큼 원고 청탁 마감일에 맞춰 글을 보내기 전에 몇 번이나 퇴고하게 된다. 그래도 활자화된 후 내 글과 함께 실린 다른 작가들의 글을 비교할 때마다 어찌하여 내 몸속엔 그런 문학적 DNA가 존재하지 않는 걸까 하는 안타까움이 몰려온다. 주어진 소재에 대한 문학적 사유나 문학적 표현은 차치하고서라도 글을 풀어 나가는 기본이 안 되었다는 탄식이 절로 나온다.

 얼마 전, 공들여 작성하고 꼼꼼히 읽어 본 뒤 보낸 전자우편 내용에 대해 내 생각과 달리 엉뚱한 답신이 돌아온 경험을 한 바 있다. 적이 놀랐었다. "에해 다르고 애해 다르다."는 속담이 생각났다. 내 글에 담긴 뜻과는 다른 식으로 받아들인 것이다. 자신이 생각한 바를 다른 사람들에게 정확히 전달하기가 쉽지 않다는 반증을 몸소 체험한 셈이다.

 2013년, 올해 여기저기에 글을 발표하였다. 신변잡기가 되지 않도록, 나름대로 정제된 언어로 글을 쓰려고 노력하였다. 자신의 체험이 바탕이 되다 보니 신상에 관련된 소재를 벗어날 수 없었다. 더구나 범상치 않게 닥쳐 온 시련들을 겪다 보니, 올해 전반기에 내 이름으로 발표된 글 속에는 그런 시련들을 견디며 스스로 이겨 나가는 과정들이 심심찮게 등장하였다. 활자화된 내 글을 읽고는 과연 나에게 무슨 일이 있었는지 '그 일' 자체에 대해 이웃들이 궁금해했다.

 내게 일어난 사건 사고들을 중심으로 쓰긴 했지만, 글을 쓴 목적과는 달리 글 내용 자체에 대해 궁금해하는 반응을 보고 많은 생각을 하게 되었다. 예상치 않았던 시련을 당하면서 글을 쓴 까닭은 두 가지이다. 하나는 글을 쓰면서 나 자신을 아픔으로부터 치유하기 위해서이다. 시간의 흐름과 함께 글을 쓰면서 치유가 되었으니 첫 번째 목적은 달성한 셈이다. 또 다른 하나는 비록 각자의 체험은 다를지라도 누구에게나 있을 수 있는 시련을 어떻게 이겨 내고 있는가를 말하고 싶었다.

시련을 견디다 못해 극단적인 선택을 하는 안타까운 사연들도 심심찮게 접하고 있지 않은가? 그런가 하면 시련 그 자체에서 헤어나지 못하다 보니 우울증과 같은 난치병으로 더 큰 시련에 빠져드는 경우도 적지 않다. 혹시라도 자신과 또 자신 주변에서 일어나는 온갖 종류의 시련에 무기력하게 굴복하는 누군가에게 시련을 이겨 낼 수 있는 용기를 북돋아 주기 위함이 두 번째 목적이었다. 누구에게나 혹독한 시련이 다가올 수 있다. 어쩌면 별것 아닌 일로 스스로 시련의 굴레를 만들고 그 속에서 허우적거릴 수도 있을 것이다.

그런 시련 앞에서 스스로의 노력으로 차츰 치유되어 온 나의 경험이 그들에게 어느 정도라도 위안이 되었으면 하는 바람에서 그런 글들을 발표하였던 것이다. 그런 나의 바람과는 달리 내 글들을 읽은 누군가가 내게 "무슨 일이 일어났길래?" 하는 궁금증만을 낳게 한 것이라면 내 글들은 수필이 아니라 신변잡기에 불과한 것이다. 서글프지만 내 몸속엔 작가로 필요한 DNA는 아예 존재하지 않는다는 사실이 입증된 셈이다.

내 글들을 읽고서 내가 의도한 바와 달리, 내게 무슨 일이 있었는지 궁금해하는 이웃들의 반응을 보면서 참으로 많은 생각을 하게 되었다. 우선은 내 필력이 모자라도 한참 모자란다는 사실이 나를 서글프게 했다. 신변잡기에서 벗어나 진정으로 독자에게 동감을 넘어 감동을 줄 수 있도록 표현하지 못한 점이 부끄러웠다. 또 그런 줄 알면서도 시시콜콜 나에게 일어난 지극히 개인적인 체험들을 끄적거리어 독자들을 피곤하게 만든 건 아닐까 하는 미안함도 몰려 왔다. 하지만 이미 떠난 화살을 주워 담을 수는 없는 법. 오늘 내 글을 읽지 않았다 하더라도 언젠가 또 다른 누군가는 내 글을 읽고, 그때 나에게 무슨 일이 일어났는지 묻게 될 것이다. 그래도 나에게 일어난 일에 대해 염려해 주는 이웃을 보면서 가슴으로 큰 고마움을 느꼈다.

우분투(UBUNTU)! 남아프리카 졸라족의 인사말이다. "당신이 있기에 내가 있습니다." 란 좋은 뜻을 가진 인사이다. 본의 아니게 쓸데없는 글들로 이웃에게 걱정을 끼친 점이 우선 미안했다. 그래도 그런 잡문 속에 숨겨져 있는 나만의 '시련'이 과연 무엇이었을까 하는 호기심 너머로 진정으로 나를 염려해 주는 이웃들이 있기에 내가 있다는 사실이 절실히 가슴에 와 닿았다. 그런 분들이 내 주위에 있다는 사실만으로도 오늘은 참 가슴이 따뜻해짐을 느낀다. 그들이 있기에 나는 참 행복하다.

우분투!

한명희

나

거울에 비친 '나', 뚱뚱하고 꾸부정한 그 사람이 정말 '나'이고 나의 참모습일까?

'나'라는 존재는 몸과 마음이 하나가 될 때, 생명을 가진 유기체가 된다. 그 유기체의 존재를 확인하기 위해 몸과 마음을 분리하여 생각할 때가 있다. 그때, 몸은 독립적으로 존재한다는 사실을 인정하게 된다. 하지만 마음을 담고 있는 영혼은 그 존재를 인정하면서도 실체에 대하여는 의견이 분분하다.

나의 키는 178cm, 몸무게는 88kg이다. 그리고 두 다리와 팔, 두 눈과 귀, 하나의 코와 입을 가지고 있다. 또 사람의 본성인 인의예지仁義禮智에서 우러나는 측은지심, 수오지심, 사양지심, 시비지심 등의 마음씨가 있고, 기쁨, 분노, 사랑, 즐거움, 슬픔, 미움과 증오, 두려움, 욕심 등의 감정도 가지고 있다.

그게 한명희韓明熙이고, 나다. 그런데 그게 정말 '나'일까? 그것은

'나'도 되지만 우리 모두에 해당되기도 한다. 왜냐하면 신체적 특성이나 4단7정四端七情의 심리적 특성은 나도 가지고 있지만 사람이면 누구나 다 가지고 있는 보편적 특성이기 때문이다. 우리 인간은 이렇게 보편적 특성과 나만의 개성을 함께 지니고 살면서, '나'만을 의미 있는 주체로 생각하고 다른 사람은 모두 객체로 인식하고 있다.

세계에는 70억에 이르는 '나'라는 존재가 각기 다른 개성을 지닌 주체로 살아가고 있다. 모래알보다도 많은 70억의 인구가 각기 유아독존의 존재로, '나'를 중심에 놓고 살아가고 있는 것이다.

'나' 자신만을 특별한 존재로 인식하고 있는 사람들, 남과 다른 특별한 존재로서의 '나'라는 관념 때문에 언제나 '나'를 앞세우고, 나에게 이익이 되면 선善이고, 나에게 손해가 되면 악惡으로 생각한다. '나'에 대한 이러한 집착이 '나' 자신을 불행의 늪으로 빠져들게 하는 줄도 모르고….

나는 어디서 와서 어디로 가는가? 나는 누구인가? 나의 참모습은, 본질은 무엇일까? '나'를 잃어버리고 바람 부는 대로, 물결치는 대로 시간 따라 흘러가고 있지는 않은가? 나에 대한 지나친 집착도 문제이지만 자신에 대한 정체성이나 본질에 대한 성찰 없이 기계의 부속품처럼, 다람쥐 쳇바퀴 돌듯 살아가는 것도 문제이다. 최소한 나도 죽음의 존재라는 사실만은 잊지 말고 살아야 할 것이다.

나의 몸뚱이는 시간의 흐름에 따라 변하여 왔고, 마음도 그때그때 변하여 왔다. 그렇다면 어느 때 모습이 나의 참모습일까? 이 순간이 지나면 또 변할 터인데….

김 교장의 선친께서는 일제 때 의병대장으로 크게 활약을 하셨다. 그러다가 왜경에 잡혀 사형선고를 받게 되고, 사형선고를 받은 후에 심경의 변화를 일으켜 일제에 협력을 한다.

그런데 김 교장이, 독립운동을 하다가 체포되어 사형 언도를 받고 어쩔 수 없이 변절한 사람 가운데 공적이 뛰어난 사람은 심사를 통하여 독립유공자로 인정한다는 소식을 듣게 된다. 그는 선친이 의병대장으로 활동할 당시의 신문기사, 국사편찬위원회 사료 등 관련 자료를 증거로 제출하여 낮은 단계이지만 독립유공자 가족이 되었다. 선친의 명예를 되찾아 드리고 기뻐하던 김 교장의 모습이 지금도 눈에 선하다.

김 교장의 선친은 한 사람인데, 변절자가 되기도 했고, 애국지사가 되기도 하였다. 시간의 흐름에 따라, 경우에 따라 사람의 본질과 평가는 얼마든지 달라질 수 있다. 그의 선친은 다행스럽게도 참모습을 되찾았다. 그렇지만 몸도 마음도 수시로 바뀌는 우리에게서 참 '나'를 발견한다는 것은 쉬운 일이 아니다.

내가 성형수술로 얼굴을 바꾸고, 심장 이식수술로 심장을 바꾸고, 뼈를 이식하여 골격을 바꾸고, 피부 이식수술로 피부조직을 바꾸어도 그 사람이 나일까?

미국 애리조나 주립대학 심리학 교수인 게리 슈왈츠는, 사람은 장기에 따라 행동 양식이 변한다고 했다. 미술가의 심장을 이식받은 환자가 갑자기 그림에 재능을 보이기도 하고, 자살자의 심장을 이식받은 환자가 훗날 자살자와 똑같은 방법으로 자살을 했다고 하면서, '세포 기억설'을 주장했다.

컴퓨터 기록을 삭제해도 다시 복원할 수 있는 것처럼, 태어나기 이전의 기억이나 잊었다고 생각하는 과거의 기억까지도 모두 세포에 새겨져 있어, 장기를 이식하면 생활습관, 식성, 관심 분야 등 사람의 특성을 결정짓는 요인들이 그대로 전이될 수 있다고 한다.

만약 과학의 발달로 뇌 이식이 가능하다고 가정해 보자. 뇌까지 즉 마음까지 바꾸었다고 할 때, 그 사람은 누구일까? 뇌를 기증한 사람일까? 뇌를 이식받은 사람일까?

어떤 사람은 '나'를 결정짓는 마음이란 것은 독립적으로 존재하지 못하고 각자 몸뚱이에 기생한다고 주장을 한다. 따라서 인간의 마음은 몸과 같이 언제든지 바뀔 수 있다는 것이다. 이때 나를 어떻게 정의할 수 있을까, 몸도 마음도 늘 변하고 있는데 어느 시점의 '나'가 참 '나'인가.

'나'의 참모습이나 본질은 정확히 알 수 없지만, 한명희로 불리는 나라는 존재는 분명히 있는데, 막상 본질을 규명하고 정의하려고 하면 '나'는 어디에도 없다.

나는 존재하는가? 존재한다면 본질은 무엇인가? 언제쯤 어떤 모습으로 떠나가게 될까? 거울에 비친 나는 참 '나'일까? 답답하게도 이러한 외침은 대답 없는 메아리가 되어 허공을 맴돌고 있다.

한판암

쓰임새와 돈의 이름

 같은 조폐공사가 뿌리인 돈도 용처에 따라 싱그러운 멋과 맛깔스런 호칭이 붙여져 고상한 품격의 뼈대를 지닌 개념으로 거듭나 고유한 때깔을 뽐내는가 하면 그렇지 못한 경우도 흔하다. 그들은 자기들을 부리는 언중言衆의 폐부에 곰살갑게 똬리를 틀고 새콤달콤한 맛과 향을 자랑한다. 다양한 쓰임새에 걸맞게 돈의 이름을 일일이 열거하기는 무척 어려운 일이다. 하지만 우리 말밭에 뒤죽박죽으로 흩어져 있어 체계적으로 일목요연하게 정리하는 작업은 전문가의 식견을 필요로 하는 몫이 아닐까. 그런 까닭에 문외한으로서 모래알 속에서 보석을 찾아내듯이 돈의 이름 캐기 여정은 무진장한 흥미로운 시도가 될 성싶다.
 이웃과 스스럼없이 어우러지는 삶을 만끽하기 위해서는 호불호를 차치하고 축하하는 뜻의 '축하금', 초상집에 부조하는 '부의금'이나 남의 죽음을 슬퍼하는 뜻의 '조의금', 다른 사람의 괴로움이나 슬픔을 덜어 주기 위한 '위로금', 어떤 일을 하는 데 용기나 의욕을 내라는 뜻의 '격려금' 등을 주고받음은 우리네 정서상 품앗이같이 끈끈한 인간관계이자 미풍양속이다.

조직 사회에서 더불어 살아가노라면 때로는 선행이나 뛰어난 업적을 이뤄 '상금'을 받을 수도 있고, 직장에서 업적이나 공헌도가 높아 '상여금'을 받는 횡재를 누리기도 한다. 그런가 하면 어렵사리 장만한 낡은 아파트 재건축을 한다고 재건축 '분담금' 통지서를 받는가 하면, 우여곡절을 겪으며 창업한 1인 기업이 '장려금' 대상이 되는가 하면, 뜻하지 않게 윗사람으로부터 '하사금'을 받는 행운이라도 따른다면 운수 대통인 셈이다.

아무리 신산한 삶이라 해도 사회생활을 하다 보면 때로는 자선단체 같은 곳에 '기부금'을 쾌척하거나 종교인의 경우는 주일이나 축일에 '헌금'을 하게 마련이고, 고와 보이지 않는 정치인들이 밉지만 친소에 따라 보험 드는 셈치고 '후원금'을 제공하기도 한다. 그 외에도 경우에 따라서는 떠나는 사람에게 작별할 때 '전별금'을 건네는 인사도 잊지 않는다. 이런 까닭에 수입이 빤한 샐러리맨들은 비상시에 긴요하게 쓸 요량으로 '비자금'을 여둬 두려고 전전긍긍하는지도 모른다. 하기야 '비자금'은 기업을 하는 사람들에겐 뜨거운 감자이며 멀리하기 어려운 요물 같은 존재가 아닐까.

곽곽한 세상 때문에 영혼마저 메말라 버렸던가. 요즈음 인륜지대사를 앞두고 예비 사돈댁에 까발려 놓고 '지참금'을 요구하는 수전노 같은 쓰레기들도 더러 있다. 내 집이 없어 남의 집을 전전하면서 가용을 위한 생계형 대출의 '원금'에다가 이자를 더한 '상환금'을 제때 갚지 못해 연체를 밥 먹듯이 하는 데다가 주기적으로 '전·월세금'에 따른 '계약금', '중도금', '잔금' 문제로 끌탕을 치며 곤고한 나날을 꾸리는 서민들과 상관없는 별종들의 얘기이다. 어쩌다가 상류 사회의 기득권층에서 '지참금'을 요구할 만큼 영혼이 추악하게 타락했는지 아무리 접어 주려 해도 어처구니가 없는 변고이다. 상류층일수록 누리는 명예(noblesse)만큼 의무(oblige)를 다해야 존경을 받는 법인데.

현대를 살면서 전기요금이나 수도요금 같은 각종 '공과금' 부담은 필연적이다. 한편, 사노라면 때로는 규칙을 위반하거나 잘못을 저질러 '벌금'을 무는가 하면, 과속으로 도로교통법 위반함으로써 탐탁하지 않은 '범칙금' 고지서가 집으로 날아들기도 한다. 이와 유사해 보이지만 어린이 보호 구역에 불법 주차를 하면 '과태료'가 부가된다. 아울러 부지불식간에 남에게 손해를 끼친 대가로 오지게 '변상금'을 지불할 처지로 몰리기도 한다. 늘 험한 일만 겪고 서럽게 사는 게 아니다. 이웃이 어쩌다가 영어의 몸이 되었을 때 국밥이라도 사 먹으라고 다소간의 '차입금'을 넣어 주는 선행은 진정한 정의 표시이리라. 가뭄에 콩 나기 격일지 몰라도 운 좋은 호시절을 만나면 뜻하지 않은 선행이나 업적으로 '포상금'을 받는 것을 비롯해 '원조금', 각종 '보조금'이나 '지원금'의 수혜를 받는 축복을 누리기도 하는 게 우리의 생이다.

크나큰 약속을 일방적으로 파기하고 '위약금'을 지불하지 않고 도피하여 '현상금'이 걸렸던 사람도 법정에 서면 변호사에게 변론을 의뢰하고 '착수금'을 지불한 다음에 법적인 보호를 받는 좋은 세상이다. 삶의 여정에서 재화를 매개로 한 헤아릴 수 없이 많은 상거래가 이루어진다. 이때 예약에 담보로 치르는 관행인 '예약금'이나 용역 따위를 제공하기로 하고 전체 금액의 일부를 먼저 받는 '선수금'을 비롯하여 재화나 서비스에 대한 대가를 미리 지급하는 '선급금'

이 당사자 사이에 오가게 마련이다.

　상거래에서 필연적인 '지급금'과 '미지급금(미불금)'을 샅샅이 뒤져 '미수금'을 관리를 하거나 거래 이행에 필수적인 '위탁금'이나 보증 등을 목적으로 맡기는 '예치금', 채무 변제를 확보하기 위한 수단으로 채권자에게 제공하는 '담보금', '적립금' 등을 꼼꼼하게 따지고 챙겨서 최종적으로 잔여 '인수금'을 지불하려는 대응 자세가 바람직하다.

　사회적 합의에 따른 법규는 개인의 견해와 상충되는 경우가 종종 발발해 크고 작은 갈등을 겪기도 한다. 영어의 몸이 되면 신체적 구속은 물론이고 지녔던 현금도 강제로 '영치금'으로 예치해야 한다. 그 외에도 법규에 따라 나라나 공공단체가 징수하는 '징수금'이나 아파트에 살려면 내키지 않더라도 관리비에 수선 '충당금'을 군소리 없이 납부하는 게 도리이기도 하다.

　한편, 어떤 일에 드는 경비를 대기 위해 여럿에게 나누어 떠맡기는 돈인 폐기물 '분담금', 행정기관이 기업에 명령한 폐수 배출 시설을 제대로 갖추지 않았을 경우 부과하는 '과징금' 등도 볼멘소리 없이 다소곳하게 따라야 하는 게 성숙한 민주시민의 의식이다. 이런 돈의 범주와 격을 달리하는 또 다른 얼굴이다. 어쩌다가 투자한 회사에서 '기업 회계 상 주식회사의 자기 자본 중에서 자본금을 초과하는 금액인 '잉여금'이 크게 증가'하거나 '배당금'이 지난해에 비해 몇 배로 증가하는 대박은 표정 관리가 어려운 꿈의 실현이리라.

　『탈무드』에서 "돈으로 열리지 않는 문은 없다. 하지만 돈을 너무 가까이 하지 마라. 왜냐하면 돈을 밝히면 지혜로운 눈이 먼다."라고 충고했다는 얘기이다. 이런 까닭에 예로부터 "황금 보기를 돌같이 하라[見金如石]."라고 경고했던가. 누군가 일갈한 "돈이 없으면 부자처럼 행동하고, 돈이 있으면 가난한 사람 행세를 한다."는 일깨움에 뜻을 더하고 싶다. 참답게 돈을 부리고 지니기 위해서 "돈을 하인으로 삼지 않으면 돈이 주인이 된다."는 금언의 진솔한 의미를 두고두고 곱씹어 볼 참이다.

허 정

사과에 얽힌 사연들

오늘 친지 한 분이 난데없이 사과 한 상자를 택배로 보내왔다. 어떻게 키운 것인지 씨알이 어린이 머리만큼 큰 것들이 2층으로 아래층 5개, 위층 8개 도합 13알이 들어 있었다.

위 칸은 꽉 채워 놓고 아래 칸만 세 자리를 비워 놓은 심보가 고약하게 느껴졌지만 한 알을 깎아 먹으면서 그 향긋한 맛에 그저 고마운 마음과 함께 행복감에 젖으면서 사과에 대한 사연들을 음미하는 시간을 가졌었다.

가을이면 제일 먼저 생각나는 과일이 사과다. 물론 취향에 따라 감, 배, 밀감 등등 다른 과일을 선호하는 이들도 많겠지만 나에게는 그 어떤 과일도 사과에는 턱 없이 못 미친다.

지금은 지천으로 먹을 수도 있지만 내 어린 시절엔 일 년에 열한 번 있는 제삿날밖에는 사과 맛을 볼 수 있는 날이 없었다. 그것도 제수를 장만키 위해 껍질을 벗길 때 얇게 잘려 나오는 껍질을 잘라 먹던 기억이 새롭다.

사과는 우리 역사와 전설들을 통해서도 먹는 맛 이상의 맛을 내고 있다. "세계를 움직인 3개의 사과"란 말이 있을 정도다.

첫째, 아담의 사과다.

『성경』은 아담과 이브가 에덴 동산에서 행복하게 살 때 신으로부터 이 사과만은 절대로 먹어서는 안 된다는 계율을 받았으나 뱀의 꾐에 빠져 사과를 먹음으로써 인류가 원죄를 얻었다는 기록이 나온다. 남성의 목에 톡 튀어나온 갑상연골을 서양에서는 "아담의 사과"라고도 부르는데 이브에게서 받은 사과가 목에 걸린 흔적이라는 의미다. 신의 명령을 어긴 아담과 이브는 에덴 동산에서 쫓겨나고 노동을 해야 했으며, 특히 여자는 출산의 고통을 겪게 만들었다. 하지만 이 사과를 먹음으로써 인류가 선악의 눈을 떴다고 하니 인간이 나름대로 가치관을 가지고 옳고 그름을 판단하는 존재가 된 것은 사과 덕분인 셈이다.

둘째, 자유의 사과 혹은 빌헬름 텔의 사과다.

스위스의 폭군 게슬러는 광장 출입문에 자신의 모자를 걸어 놓고 출입하는 모든 사람들은 모두 그 앞에서 절을 하도록 명령했지만 빌헬름 텔은 그 명을 받아들이지 않을 뿐더러 조롱까지 하자 게슬러는 빌헬름 텔을 처형하고자 빌헬름 텔에게 명령하길 "너의 반역 혐의를 벗으려면 네 아들 머리에 사과를 얹어 놓고 백 보의 거리에서 쏴 사과를 떨어뜨려야 한다. 명중시키면 죄를 묻지 않겠지만 거절하든가, 실패하면 처단한다."고 했다.

이에 텔은 화살을 날려 명중시켰다. 그러나 또 한 개의 화살이 남아 있는 것을 본 왕이 "왜 화살이 두 개였나?"라고 묻자 "만약 실수로 아들이 맞으면 나머지 화살은 게슬러 당신을 향해 시위를 날렸을 것이다."라 했다. 오래지 않아 빌헬름 텔과 그 세력이 게슬러를 죽이고 자유를 얻었다고 하여 자유의 사과란 이름이 전한다.

셋째, 과학의 사과 혹은 뉴턴의 사과다.

17세기 중반 유럽 일대에 페스트(흑사병)가 번져 대학들도 휴교령이 내려 뉴턴은 고향 울즈소프에 내려와 있었다. 정원의 사과나무 밑에서 생각에 잠겨 있던 뉴턴 앞에 우연히 사과가 떨어지는 것을 보고 나무에서 떨어지는 사과가 위로도 옆으로도 가지 않고 땅으로 곧장 떨어지는 사실에 의문을 품고 그 의문을 푸는 중에 모든 물체 사이에 만유인력이 존재한다는 사실을 밝혀내 근대 과학의 획기적 발전을 가져오게 되었다.

미美의 사과, 파리스의 사과, 혹은 트로이 사과의 이야기도 그리스 신화에 나온다.

신들의 잔치에 초대받지 못한 불화의 신이 파티장에 황금 사과 하나를 던져 놓고 간다. 이 사과에는 "가장 아름다운 여신에게"라는 글이 적혀 있었다. 불화의 신의 의도대로 아프로디테, 헤라, 아테나가 이 사과를 놓고 다투자 제우스는 트로이의 왕자 파리스에게 누가 가장 아름다운 여인인지 판결을 맡긴다고 했다.

헤라는 사과를 줄 경우 파리스에게 권력을 주겠다고 제의했고, 아테나는 지혜를 약속했지만, 가장 아름다운 여인을 주겠다고 약속한 아프로디테에게 줌으로써 가장 아름다운 여인을 가질 수 있는 권한을 갖게 되어 스파르타의 왕 메넬라오스의 아내 헬레나를 취함으로써 이에 격노한 메넬라오스가 트로이를 공격함으로써 스파르타와 트로이의 전쟁이 일어나, 결국 목마를 이용한 스파르타에게 트로이가 함락됨으로써 소아시아 대신 헬레네의 시대가 이룩되는 계기가 되었다는 이야기가 전해 오고 있는가 하면, 그 밖에도 나폴레옹이 사관생도 때 얻어먹었다는 사과 이야기, 그래서 19세기 초 유럽 사과 값이 천정부지로 솟았다는 일화, 세잔느가 사과의 정물화를 많이 그린 이유는 한 살 아래의 친구인 에밀 졸라가 가끔 주는 사과를 잊지 못해서 그렸다는 이야기 등 사과가 역사를 바꿀 만큼 우리 생활에 깊이 관여했다는 사실들이다.

가냘픈 끝 가지에 1킬로그램이나 되는 그 큰 사과들이 비바람의 횡포를 다독이며 끝까지 떨어지지 않고 견뎌 신선한 향기를 싣고 나에게까지 온 현실 앞에 감사드리며 조용히 그 껍질을 벗긴다.

호병규

치심穉心

세상이 너무도 어지럽다.

잠시도 맘 편히 살기 힘든 세상이다. 이 나라가 어디로 가는지 그 향방을 도무지 알 수 없다. 법구法句에 마음이 모든 행위의 근본이라 해서 심위법본心爲法本이라 했다. 그런데 작금의 현실은 백성을 대변해야 하는 선량選良들조차 맘을 헤아리지 못하고 우왕좌왕하고 있으니 답답할 뿐이다. 진도 해상에서 솟구치는 절규는 지축을 흔드는데 범인은 못 잡는지 안 잡는지 애타는 유족들은 이제는 눈물조차 말랐다. 아~! 이 슬픔, 파도 소리에 묻힌 유혼들은 밤마다 유성을 적시고 슬픔에 젖은 강산은 날마다 참 베옷을 입고 통곡하고 있지 않은가.

진도 앞바다의 해난 사고는 너무도 끔찍한 인재이다. 꽃 같은 학생들을 포함 무려 302여 명의 생명을 수장시킨 전대미문前代未聞의 참혹한 해난 사고이다. 무엇보다 한국의 발전에 반비反比되는 사고 대처는 전 세계가 주목하는 현실에 국위까지 훼손시켰다는 점을 고려

할 때 문제의 중대함을 느끼게 한 해난 사고인 것이다. 그런데 사고를 낸 선박船舶 청해진 세월호 선주 유병언은 사고를 낸 후 달포가 넘도록 그 거취가 오리무중이다. 현상금 5억 원을 걸고 전국에 수배령까지 내렸지만 도무지 감감무소식이다. 더욱이 그는 침례교(구원파)의 지도자를 자처하며 예수의 구원을 외쳐 왔는데 그의 행위는 도무지 짐승만도 못하지 않은가.

　국정의 중심인 국회는 어떠한가. 국회는 피해 조사를 위해 국정조사를 하자고 해놓고 두 맘으로 갈라져 갑론을박으로 날마다 큰 소란만 피운다. 여당은 당장 논의를 하자고 하고 야당은 월드컵(브라질) 열기가 한창인데 하필 이런 때 그것을 논의를 해야 하느냐며 시간만 끌고 있다. 사고의 진실 규명이 필요했다면 그것을 찾아 서로 협의하고 타협하여 조속히 그것을 타개했어야 했다. 왜 이렇게 어처구니없는 일들이 일어나는지 알 수가 없다. 수많은 생명들이 죽어갔는데…. 세월호 선주 유병언도 그렇고 월드컵 분위기를 말하는 국회의원도 그렇고 만약 제 새끼가 진도 앞바다에서 그런 참변을 당했다면 그때도 그랬을까?

　세상이 왜 이렇게 험악해지는지 모를 일이다. 옛날에는 시골서 구장區長을 해도 존경을 받았다. 구장을 찾아가 가정 일까지도 상의하는 인격적인 예우를 했는데 오늘의 현실은 국회를 향해 욕 안하는 사람이 없으니 너무도 한심한 것이다. 중국의 춘추 전국 시대 제齊 나라의 관자管子(관중管仲의 별호)는 나쁜 나무에는 그늘이 없다고 해서 악목불음惡木不陰이라 했다. 다시 말해 싹수가 없는 놈에게 희망이 없다는 비유이다. 선거철만 되면 적당히 감언이설甘言利說로 의석을 꿰차는 짓을 지적하는 것 같아 너무도 쑥스러운 것이다. 그런 사람들 대부분은 이권利權만 챙기고 하릴없이 혈세血稅만 축縮내는 선량들이다. 잘못 선택한 결과는 세상이 힘들어진다는 점이다. 때문에 시중에 뜻있는 자들은 종종 국민소환제國民召還制(recall)를 제기하지만 쉽지 않은 일이다. 백성의 뜻을 거스르는 공무원(국회의원)은 그런 방법으로 직을 박탈해야 한다는 이야기이다. 아무튼 국익을 위한 최선책이 무엇인지 연구해야 할 과제이지 싶다. 미래의 운명을 점치는 선각적 판단을 겸허히 존중하는 시기가 빨리 왔으면 한다.

베란다에 40여 년 세월을 함께 살아온 늙은 개발선인장 한 그루가 있다. 이놈은 늘 고개를 들지 못하고 산다. 하지만 이놈의 꽃은 부드럽기가 첫째이고 아름답기도 첫째이다. 그래서 늘 내게 교훈을 주는 열대식물이다. 그리고 근년에 와서는 작은 분에 나팔[喇叭]꽃 씨를 심었더니 초겨울까지 화려한 꽃 장식으로 팔십과객八十過客을 즐겁게 해준다. 인생 후반에 저놈들이 날마다 기쁨을 안겨 준다 생각하니 보배 같은 식물이다.

마른 나뭇가지를 적당히 얽어 받침목을 세워 줬더니 해굽성식물인지라 창밖을 향해 기특하게도 쭉~ 쭉 잘도 뻗는다. 저녁 때가 되면 물도 주고 공간에 잘 어울리도록 방향도 고르게 잡아 준다. 세상 매사가 이와 다를 바가 없다. 세상은 모두 함께 사는 동네이다. 저들이 좁은 공간에서 잘 살도록 도움을 받듯 세상도 마찬가지다. 세상은 많은 사람들이 모여 사는 다양한 집단이다. 그래서 모두 똑같을 수는 없다. 잘못된 길로 가는 사람은 바른 길로 인도해 주고 곁에 혹 가난한 사람이나 병든 자가 있어 힘들어하면 보살펴 줘야 한다. 그것이 사람이 할 일이다. 서로 도우며 사는 삶이 진정한 인간의 길이다. 그런 냄새를 풍기며 사는 세상이 아름다운 동네이다.

춘추 전국 시대 노魯 나라의 철인哲人 어구御寇의 치사분지治絲焚之라는 말이 전해 온다. 실[絲]은 처음부터 차근차근 고르지 않으면 오히려 엉킨다는 말이다. 이 시대에 더없는 교훈이 되지 싶다. 좁은 공간 안에서 나팔꽃은 조화 있는 관리가 필요하다. 그렇지 않으면 서로 얽혀 어울리지가 않기 때문이다. 우리가 사는 세상도 똑같지 싶다. 잘못된 점은 고쳐 주고 힘없는 자에게 힘을 주어야 한다. 세상에는 이와 같은 인간애가 필요하다. 이것이 인간이 피우는 가장 아름다운 꽃이다.

　나는 나팔꽃을 살펴보다 활짝 핀 꽃을 발견하면 너무도 반가워 크게 소리를 친다. 고맙다고, 감사하다고. 날 위해 너희들이 수고한다고 손뼉을 쳐 준다. 이놈들을 지켜보고 있으면 너무도 행복하다. 그래서 이 행복을 나누기 위해 금년 봄에는 몇 사람에게 꽃씨를 나눠 줬다. 『열자列子』에 야인헌일野人獻日이라 했다. 중국 송宋 나라 때 어느 촌부가 봄볕이 너무도 고마워 임금께 고마운 맘을 바치고 싶다는 글을 썼다는 게다. 그러나 임금이 무엇이 부러울 게 있겠는가. 다만 이 촌로의 고마운 마음을 임금께서 알아줬으면 하는 맘을 전하는 뜻일 게다. 어릴 때 순수했던 맘, 그것을 치심穉心이라고 한다. 이 맘을 꼭 붙잡고 오염되지 않았으면 한다. 그러면 세상이 보다 더 아름다워 보이겠지 싶어서다.

홍애자

소장 전시회

　은은한 불빛 아래 방금 피어난 듯한 화사한 꽃 그림 앞에 발을 멈춘다. 아침 이슬을 머금은 것처럼 싱그러움을 느끼게 하는 그림들이다. 나뭇가지 끝에 매달린 듯 앉아 있는 참새와 연잎을 가리개처럼 머리에 이고 있는 물총새의 모습은 그림이라고 하기엔 이미 그 경지를 넘어, 서양화와 동양화의 조화로움은 보는 이를 황홀경으로 끌어들이는 것 같다. 남편은 얼굴이 상기된 채 왔다 갔다 하며 흥분을 가라앉히는 듯 보인다.
　언젠가는 소장 전시회를 열리라 생각하면서도 선뜻 결정을 내리지 못한 것은, 20여 년 가까이 간직해 오던 그림을 전시만으로 끝낼 수 없음을 알기 때문이었다. 작가의 그림을 원하는 애호가들이 많다 보니, 전시회를 열었다 하면 다시는 우리 것으로 돌아오기가 힘들 것을 알기에 차일피일 몇 년을 미루어 왔던 것이다.
　오후 2시에 개관을 하자 손님들이 몰려들었다. 대부분 평소 작가의 그림을 좋아하여 한 점이라도 갖고 싶어하는 분들인 것 같다. 그림을 바라보며 탄성을 연발하는 그들 틈에 끼어서 나와 남편도 새로운 감동의 순간을 맛보고 있다. 하나 둘 예약이 되어 빨간 리본이 달릴 때마다 남편의 얼굴은 조금씩 경직되는 것 같았다. 정성을 다해 키운 딸을 출가시키는 서운한 심정인 듯했다. 그런 남편을 바라보는 나도 섭섭한 마음이 가득 밀려온다.

 한 작가의 그림을 백여 점이나 소장하기까지는 남편이 그림에 대한 애착이 남달라서임은 물론이지만, 작가와 친분이 있게 되면서 그의 그림을 선호하게 되었다. 전시회를 열 적마다 그림을 구입하다가 급기야는 작가의 그림을 주문하여 회사의 달력을 만들기까지 되었다. 달력은 일자를 보는 것이 목적으로 글자를 크게 넣는 것이 통례로 되어 있는데 남편 회사의 달력은 그림을 위주로 하다 보니 달력이라는 느낌이 들지 않았다. 달력이면서 달력 같지 않고 마치 도록圖錄을 보는 듯했다. 그 그림들의 섬세한 필치와 오묘한 색채, 힘이 있으되 부드러운 선은 보는 이의 마음을 심오한 세계로 이끄는 듯했다. 그래서인지 매년 달력을 받는 이웃이나 친구들이 새해만 되면 전에 걸어 놓았던 자리를 비워 놓고 새 달력이 오기를 기다린다는 얘기를 종종 듣곤 했다.

 화랑을 찾는 사람들이 이렇게 많을 줄은 몰랐다. 인사동이나 안국동의 화랑가에 위치한 것도 아닌데 찾아오는 관객들 중에는 신문이나 방송을 보고 물어 전시회를 관람하러 왔다고 한다. 그림마다 하나 둘 예약 표시가 붙여졌다. 그런데 이제는 내가 서운해지기 시작하는 것이 아닌가. 40여 점이나 되는 그림들이 새 주인을 만나 떠나간다고 해도 기꺼이 보내리라 마음을 다져 먹었지만, 마음에 변화가 일기 시작하는 것이었다. 그림인데 무엇이 서운하랴 싶다가도 별안

간 아깝고 속이 답답해지니, 공연한 욕심을 부리고 있는 게 아닐까. 마음을 깨끗이 비우고 손님을 대하다가도 그림이 한 점 한 점 예약이 되면 다시 마음의 평정을 잃곤 했다.

그림 하나하나를 사진에 담아야겠다는 생각으로 전시회가 끝나기 전날, 나는 모든 그림을 찍기 시작했다. 어떤 그림이 어느 댁으로 갔는지 정리하면서 아무 소용이 없음을 알면서도 그래야만 덜 섭섭할 것 같아서다.

나팔꽃 가지에 고즈넉이 앉아 있는 참새의 외로움을 알 것만 같다. 넉넉한 파초 잎새 밑에서 노니는 개구리의 즐거움이 느껴지는 것 같다. 맨드라미·들국화가 핀 뒤뜰에 수탉과 암탉의 한유를 알 것만 같다. 호박잎에 한가로이 앉아 있는 방아깨비, 연잎에 날렵하게 올라앉은 물총새, 안개에 가려 신비스럽게 흔들리고 있는 갈대들, 어느 것 하나 소중하고 애착이 가지 않는 게 없다. 이것들을 다시는 보지 못한다고 생각하자 문득 전시로만 끝내지 못한 것이 후회스러웠다. 그러나 한편으로는 작가의 그림을 선호하고 애정을 가지고 있는 많은 사람들을 만나게 된 것이 우리에게는 또 다른 자산이 될지도 모른다는 생각이 들었다. 그들과의 결속은 이 시대에 함께 공감대를 이룬다는 기쁨이 있기 때문이다.

내일이면 전시회는 막을 내린다. 마치 사랑하는 딸을 여의는 어미처럼 헛헛한 마음을 가눌 길이 없다. 20여 년을 소장하면서 절기마다 갈아 걸고 정이 들었던 그림 속의 새 소리들, 내 눈을 향해 속삭여 주던 아름다운 꽃말들, 휘휘 바람이 부는 들녘에 나가 시냇물에 발 담그고 첨벙거리던 어릴 적 꿈이 영영 잊혀질 것을 생각하자, 무어라 형언키 어려운 서운함이 솟기 시작한다.

그러나 서운하기는 해도 이번 소장 전시회를 통하여 비로소 알게 된 것은 진정으로 문화를 사랑하고 아끼는 이웃들이 우리 주변에 많이 있다는 사실이다. 차에 실려서 내 곁을 떠나가는 그림을 바라보며 눈시울을 적신다.

황을문

해신당海神堂과 애바위

　부산을 떠나 동해안을 따라 올라갈 때는 동해의 푸른 창파를 자꾸만 곁눈질로 바라보게 된다. 울진 무장공비 침투 사건 이후 근 한 세대 동안이나 바다와 육지를 격리시키고 민간인 발걸음은 물론 시야까지 가렸던 철책과 철조망이 상당 부분 철거된 덕분이다. 차창 밖으로 탁 트인 시야와 끊임없는 정력으로 꿈틀대는 동해는 오밀조밀한 남해 바다의 여성적 이미지에 비해 언제 보아도 남성적인 이미지를 던져 준다. 백암과 덕구온천을 지나 강원도에 들어서서 고갯길을 굽이굽이 돌아가다 보면 삼척 못미처 아담한 어촌이 한눈에 들어온다. 강원도 삼척시 원덕읍 갈남 2리로 갈산과 신남을 합쳐 갈남리가 되었지만, 주민들은 옛 습관대로 그냥 신남리로 부르는 곳이다. 마을 선착장 앞바다 속 곳곳에 깔려 있는 작은 여는 낚시는 물론 자맥질하고픈 충동도 일으킨다. 여름철에 며칠간 민박도 할 만한 마을 북쪽에는 삼척시가 건립한 어촌민속전시관이 들어서 있다. 전시관

아래 울창한 향나무들은 해송들로 우거진 다른 해안과는 색다른 정경을 연출한다. 마을 동북쪽으로 길게 뻗은 해산(日山) 끝자락 언덕배기에 바위틈에서 동향으로 무성하게 자란 향나무들 가지 사이로 출입문이 육지로 향한 작은 사당 하나가 길손의 호기심을 끌기에 충분하다. 단아한 모습을 한 낭자의 영정이 걸려 있는 사당은 진입로 입구에 세워진 천하대남근天下大男根 목장승을 필두로 각양각색의 거대한 목제 남근들의 호위를 받고 있어 마치 진시황의 병마총 병사들을 연상케도 한다. 마을 일대가 해신당공원으로 조성되어 십수 년 전 속초 가는 길에 잠깐 쉬어 갈 양으로 들렀을 때와 주변 환경은 전혀 딴판이지만, 현재 삼척시에서 홍보자료로 배포하고 있는 해신당의 전설은 그 당시 마을 주민이 들려준 내용과 별 다름이 없다.

　아주 오랜 옛날에 극심한 가뭄으로 산천은 헐벗고 백성들은 굶기를 밥 먹듯 하던 시절에 어촌 마을인 신남리도 예외가 아니어서 당장 봄철을 넘기기가 어려운 처지였다. 어느 날 마을의 한 처녀가 장래를 약속한 이웃 총각에게 바다 나물을 뜯으러 돌섬(마을 동북쪽 약 1km 지점에 위치한 작은 섬)에 가겠으니 배를 태워 달라고 부탁하였다. 총각은 돌섬까지 처녀를 데려다 주면서 한낮이 되면 다시 오기로 약속하고 뭍으로 나와 밭일에 열중하였고 처녀는 열심히 해초를 뜯다 보니 어느덧 해는 중천을 넘어가고 있었다. 그런데 갑자기 높은 파도가 일기 시작해 저녁이 지나고 밤이 와도 바다를 뒤집을 듯한 심한 풍랑 때문에 총각은 약속대로 배를 띄울 수 없었고, 다음 날 파도가 잦았으나 돌섬에서는 처녀의 모습을 찾을 수 없었다.
　처녀가 죽은 후부터 신남리 마을에는 고기가 잡히지 않았을 뿐만 아니라 설상가상으로 바다에 나간 어부들은 풍랑을 만나 집으로 돌아오지 못하는 사고가 자주 생겼다. 어부들 사이는 물론 온 마을에는 애쓰다 죽은 처녀 때문이라는 소문이 꼬리를 물고 있던 어느 날, 총각의 꿈에 그 처녀가 산발을 하고 나타나(자기의 원혼을 달래어 달라)는 하소연을 듣고 당장 향나무로 남근을 깎아 굴비처럼 엮어 신수에 매달아 두고 처녀의 혼을 위로하는 제사를 올렸는데 그 후로부터 이상하게도 총각에게는 고기가 많이 잡혔다. 그 이야기를 전해들은 마을 사람들은 고기가 안 잡히는 것이 애쓰다 죽은 처녀의 원혼 때문이라 확신하고 실물보다 조금 더 큰 남근을 깎아 신목인 향나무에 매달아 놓고 마을 공동으로 매년 두 차례(음력 정월 대보름날과 음력 10월 첫째 오일午日) 치성을 드리자 그 후로는 고기가 잘 잡혔다. 돌섬은 처녀가 애쓰다 죽었다 하여 '애바위'로 부르게 되었다.

처음 이곳을 찾았을 때, 주민 중 한 사람은 자기네 마을에는 (해신당海神堂이라 하지 않고) 여신당女神堂과 남신당男神堂이 있었으나 남신당은 마을 입구에 세워진 교회에 가려 보이지 않는다고 했었다. 실제로 교회 부근 숲속을 살펴보았지만 사당은 보이지 않았고 마을 이장은 남신당은 없다고도 했다. 전설은 어디까지나 구전口傳되어 오는 옛이야기인 만큼 그 진위에 집착할 필요는 없었다. 최근 인터넷 사이트에는 해낭당海娘堂으로도 불리는 해신당 전설에 얽힌 또 다른 설도 있다.

오랜 옛날 이 마을에는 장래를 약속한 처녀와 총각이 있었다. 어느 날 함께 돌김을 뜯으러 바위섬에 갔는데 총각이 점심을 가지러 간 사이 처녀가 물에 빠졌고, 총각이 돌아왔으나 갑자기 풍랑이 일어 구해 낼 수 없었다. 그 뒤로 그 앞바다에서는 고기가 잡히지 않았고, 고기잡이 나간 젊은이들이 돌아오지 못하는 일이 잦았다. 그러던 어느 날 총각의 꿈에 나타난 처녀는 "처녀의 몸으로 죽은 것이 원통하니 위로해 달라."고 했고 이 말을 들은 마을 사람들은 뜻을 모아 총각이 꿈에 보았다는 그곳의 향나무를 신목神木으로 모시고 제사를 지내 처녀의 넋을 위로했다. 그런데도 재앙은 그치지 않았고, 화가 난 총각은 당제를 지낸 어느 날 술에 취해 신목에 대고 방뇨를 해버렸다. 그날 밤 총각의 꿈에 다시 나타난 처녀는 "오늘 제사는 잘 받았다."고 했고 그다음 날 고기잡이는 만선이었다. 이래서 총각과 마을 사람들은 처녀가 바라는 것이 제사 음식이 아님을 알고 남근을 깎아 제물로 바치기 시작했다고 한다.

해신당 홍보자료에서 남근숭배민속으로 규정짓고 있는 약간 상이한 두 전설에서 공통된 주제는 바다를 배경으로 한 낭자와 남근이므로 자칫 낭자의 원혼이 성적 욕구를 충족한 대가로 마을에 풍요와 안위를 지켜 주는 수호신 역할을 수행하는 것으로 간주하기 쉽다. 그렇다면 마을 사람 말대로 여신女神이나 지금의 해신海神보다 그냥 바다 낭자 해낭海娘이 더 적합할 것이다. 최인호가 소설에서 장보고를 해신이라 칭했듯이 후세인들이 신격화할 적에는 차원을 달리할 필요도 있다.

• 기원의 대가

해신당의 전설이 남근숭배사상에 의거한다고들 말하고 있으나 실제 남근은 숭배의 대상이 아니라 멸시나 흉보기의 대상이 되고 있는 것이 우리의 현실이다. 남근의 속어가 가장 흔히 쓰이는 욕설에 중요한 수식어로 쓰인다는 사실은 남근에 대한 우리의 관념이 부정적임을 드러낸다. 우리는 신체의 일부로 손, 발가락과 같이 몸가락으로도 칭하는 남근을 프랑스인들은 속어로 쁘띠 프레르(petit frere: 꼬마동생)라 부른다. 자기 몸에 달린 부속물이 아니라 독립된 개체로 인정하는 말이다. 꼬마동생에는 개구쟁이나 막내라는 의미도 내포하고 있다. 사실상 꼬마동생은 귀엽기도(?) 하지만 골치 아픈 녀석이기도 하다. 우선 형의 말을 잘 듣지 않고 제 맘대로 행동하기 일쑤다. 예쁜 장난감이나 맛있는 과자를 보면 사 달라고 졸라 대고 칭얼댄다. 행여나 감기 들라 머리까지 뒤집어쓰는 외투를 입혀 놓으면 갑갑하다고 훌렁 벗어 던지려 버둥대는가 하면, 모두들 잠든 새벽에 혼자 일어나 놀기도 하고 반대로 일어나야만 할 때에 쿨쿨 잠들어 형님을 아주 난처한 지경에 빠트린다. 이 꼬마동생의 고약한 버릇 중에 가장 나쁜 버릇이 잠버릇이다. 시계가 가지 않을 때, 미국인들은 멈추었다 하고 프랑스인들은 걷지 않는다지만, 우리는 "잔다"란 훨씬 문학적인 표현을 쓴다. 잠만 자는 꼬마동생을 위해서라면 형은 자라목을 잘라 그 피를 소주잔에 받아 마시기도 하고, 노루 피를 마치 드라큘라처럼 빨아 마시기도 한다. 겨울철에 곤히 잠자고 있는 개구리를 잡아 튀겨 먹기도 하고 한때나마 지렁이를 토룡탕이란 미명하에 끓여 먹기를 서슴지 않기도 했다. 해구신은 없어서 못 먹는다. 이 눈물겨운 형님의 정성에도 아랑곳 않고 잠만 자는 꼬마동생을 깨우려는 시도는 동서고금이 다름 아니었던지 서양인들은 '비아그라'란 약제를 만들었지만, 우리 선조들은 "자지 마라!"란 금지 경구警句를 만들었다. 서양인들보다 한 수 위의 기원이요, 지혜다. 이 모든 정성과 시도는 말초신경의 쾌락만을 위한 것이 아니라 자손 보존을 위한 왕성한 생식력에서 기인되는 풍요 기원 사상의 발로일 것이다. 비록 인터넷 카페에 보기에 민망스럽다는 글이 올려져 있긴 하더라도 가위 꼬추공원이라 할 해신당공원이 조성된 연유도 여기에 있다고 본다. 이런 관점은 국내외 유명 조각가들이 남근을 훌륭한 예술품으로 승화시켜 놓았기 때문이기도 하다. 전설대로라면 목제 남근을 걸어 둔 이후로 고기가 많이 잡힌 것은 마을의 풍요와 직결된다. 삼척시는 이 특이한 전설 덕분에 우리 연안 여러 곳에 설립된 여타 어촌민속전시관과 차별화에 성공했다. 3,000원의 입장료와 호기심에 끌린 국내외 관광객들의 발걸음은 앞으로도 이 마을의 풍요에 기여할 것이다. 해낭에서 여신으로 다시 해신으로까지 승화된 바다 낭자의 앞을 내다보는 예지가 우리에게 예사롭지 않은 해양 문화유산 하나를 남겨 주었다.

황종찬

재벌再伐 벌초

해방 전후 어린 시절을 시골 농가에서 자란 나로서는 웬만한 농사일에 대하여도 대략 소상하게 잘 알고 있다. '논매기'라고 한다고 하면 모를 옮겨 심은 후 잇따라 풀이 돋아나 벼의 성장을 가로막게 됨으로 이것을 방지하기 위해 풀을 뜯는 논매기를 하게 되는데 첫 번째 매기를 하는 것을 초벌 매기, 두 번째 논매기를 재벌 매기, 세 번째는 세벌 매기라고 한다던가ㅡ여하간 벼가 다 자라 벼 이삭이 영글어 고개를 숙일 동안, 벼의 성장을 가로막는 풀을 제거하기 위해 농부는 그 한여름의 따가운 논에 들어가 논매기를 하던 고통을 잘 알고 있다. 요즘은 제초제除草劑 같은 농약을 뿌려 그같이 힘드는 노동은 없어졌겠으나 구식 영농 방법 시절을 생각하면 이 땅의 우리 농부들의 고달픔은 지금도 고개가 저절로 숙여진다.

그런데 농촌에서는 벼 이삭이 익어 가는 가을 계절이 돌아오면 1년 중 2대 명절의 하나인 추석 명절이 돌아온다. 수확의 명절이 다가

오는 것이다. 그래서 조상에게도 감사함을 표시하게 된다. 즉, 조상의 유택幽宅이라 할 묘소에도 찾아가 은혜를 베풀어 주신 데에 대하여 감사함을 표시하게 된다. 먼저 웃자란 풀을 깎는 벌초부터 하게 되고 주변을 청결하게 하게 한다. 이것을 영남인 내 고장에서는 '벌초'라고 하기도 하지만 '석묘'라고 하기도 한다. 그래서 벌초에 대하여 사전을 찾아보았더니 생각지 않게 "봄과 가을인 무덤에 잡풀을 베어서 깨끗하게 함"이라고 적고 있다. 그리고 보니 묘지에 웃자란 풀을 베는 것은 틀림이 없겠으나 이것이 반드시 추석을 앞두고만 하는 것이 아님을 알게 되었다. 이것은 한식절과 가을 추석절을 앞두고 하는 것이라고 한다. 그렇다면 벌초를 하는 것은 어느 때고 풀을 베도 상관이 없다는 것과 다름이 없는 것이다. 그러므로 꼭 추석을 앞두고라도 아니 하더라도 묘를 깎는 것은 흉이 아닌 모양이다. 즉 1년에 한 번만으로 한정限定한다고 하는 일은 아닌 것 같다.

영남의 우리 고장은 내 소년 시절까지만 해도 유난히 구습舊習이 오랫동안 횡행하고 있었다. 내 조부께서는 슬하에 아들 넷만 두셨으나 그 아랫대인 후대後代에 와서는 계승이 번창하지를 못했다. 선친께서는 형제 중 셋째였으나 장남인 나를 맏집(伯父宅)으로 양자로 보내어 대통을 이어 가게 하셨다. 큰댁은 아들이 없었고 중부댁은 외동아들이 있었으며, 막내인 숙부댁 역시 아들이 하나, 셋째인 우리 집만이 아들 셋을 두었으나 서울에 올라와 살면서 막내인 셋째를 잃게 되어 형제만 남게 되었다. 그러니 우리 집만이 아들 둘만을 갖게 되었다. 이 때문에 위 형제분들은 아들들은 각기 하나씩으로 나누어 갖기 위해 장남인 나를 큰집(백부댁)으로 양자로 보내기로 하여 대통을 이어 가게 하였다. 그리고 보니 형제분 4형제가 각기 한 사람씩 나누기로 하여 선대 4형제가 간신히 혈통을 잇게 되었다. 각자 한 사람이기는 하나 혈통을 계승할 수가 있어서 다행이라면 다행스러운 일이 아닐 수가 없다.

그런데 내가 초등학교 시절 큰댁으로 양자 가기 전에 나를 낳은 생모께서 먼저 작고하고 말았다. 생부의 완고한 구습에 의하여 돌아가신 생모를 위해 산소에 가서 시묘侍墓살이를 해야만 한다는 것이다. 그것도 먼저 가신 생모임으로 꼬박 3년간을 묘 곁에 가 움막을 짓고 지키라는 것이었다. 그러나 친척 어른들의 권유로 나이도 어리므로 시묘살이는 불가하다는 결론이 있어서 대신해서 하루 한 차례 앞산인 묘소에 올라가 어머니 유택에 찾아가 문안을 드리고 호곡號哭하고 돌아오라는 것이 선친의 언명言明이었다. 동네에서 어머니 계신 앞산까지는 어림잡아 약 3km, 넓은 들판 길을 그것도 혼자 가로질러야만 하였고 산 아래까지 가면 어린 나의 무릎까지 차는 큰 개울이 있었다. 다리[橋梁]가 없었으므로 대신에 징검다리라 할 돌다리가 놓여있으나 이 돌다리를 건너다 보면 미끄러져서 가슴 밑까지 차는 개울물에 빠져 허우적거리기 일쑤였다. 전등이 있을 턱이 없는 외딴곳이었으므로 번번이 물에 빠져 산에 오를 수밖에 없었다. 간신히 개울을 건너 묘소가 있는 산소에 오르는데 동네 뒷산 대나무 숲속을 지나가야만 하였다. 이 숲을 지날 때는 머리가 쭈뼛쭈뼛하고 누가 금방이라도 내 목을 잡아채는 것 같아 두렵고 무섭기 짝이 없었다. 더더구나 아직 날이 밝기 전인 여명黎明이므로 어린 나로서는 그 고통이 이만저만이 아니었다.

간신히 산중턱 마루에 올라가 어머니 묘전에 곡哭을 하고 문안인사를 드리고서 내려오는 하산 길에서야 비로소 동쪽 하늘이 희뿌옇게 밝아 오는 때였으므로 다소 안도의 위안이 되었다. 그렇게 2년을 한결같이 어머니 묘소를 하루 빠짐 없이 다니는 것을 겪은 것이다.

원래 어머니 상은 3년간이었으나 동네 어른들의 강권에 아버지께서 고집을 꺾은 것이었다. 그러나 이번에는 백부댁 양가養家 어머니께서 돌아가시게 되어 다시 1년을 상복을 입고 아침마다 문안을 드렸다. 그러니 생모와 양모를 합쳐 모두 3년을 그렇게 새벽마다 산소를 다니게 되었다. 지금은 우리 가족이 서울에 올라와 다 살고 있으나 봄에 일찍 한식절후寒食節侯까지는 돌보지 못했으나 주변에서 많이 행하는 추석 전후에만은 벌초를 해야만 하는 것이 아닌가 하여 지금까지는 집안 연중행사로 빠지지 않으려고 애쓰고 있다.

큰아이도 이제는 후대인 저희들 몫이거니 하여 일일이 챙기지는 않아도 자기 조부모님 산소에 다녀오는 것을 잊지 않고 있다. 그런데 문제가 생겼다. 큰아이가 병상에 들었기 때문이다. 그래도 설마 조부님의 묘소에야 어느 해 같이 벌초야 다녀오지 않겠느냐는 생각에 믿고 있었다. 그러나 지난해는 빠진 모양이었다. 이 때문에 부자가 서로가 미루다 보니 지난해 고향에 내려가지를 못하고 벌초도 하지 못한 것이었다.

따로 살고 있는 나로서는 지난해 집에 이사[移徙]도 있고 깜빡하여 잊고 산소에 다녀오지를 못했다. 그러고 보니 아들아이 역시 우환 때문에 벌초에 다녀오지를 못하고 거른 모양이다. 그러고 1년을 넘기고 금년에 내가 나섰다. 그러니 2년만에 성묘를 위해 묘소를 찾은 것이다. 그런데 아무리 산을 오르내리면서 뒤지다시피 하여 찾아다녔으나 부모님 묘소를 찾을 수가 없게 되었다. 1년을 묵히고 잡초가 우거져서였을까. 있어야만 할 부모님 묘지가 보이지 않았다. 묘지 상석床石도 보이질 않았다.

아무리 그래도 그렇지 1년에 한 차례씩은 꼬박꼬박 내려와 성묘를 하고 돌아왔음에도 산소를 잃어버리고 말았다니 말이 안 되는 소리다. 1년을 묵히고 빠진 것뿐인데 부모님 묘소를 찾을 수가 없다니 불효도 이만저만한 불효가 아니다. 몇 시간을 산을 뒤졌으나 결국 찾지 못하고 낙담하는 수밖에 없었다.

"누가 우리 묘를 파 버리고 다른 사람이 거기에 묘를 선 것인가?"

별의별 생각을 다했다. 그러나 결국 찾지를 못하고 아랫마을로 내려와 일하는 농부에게 묘를 잃어버렸다고 실토를 하자 그 농부는 한동안 내 얼굴을 빤히 올려다보고 있더니

"그렇게 해 찾을 수가 있습니까? 객지에 나갔다 자주 찾지 않으면 잊어 먹기 마련이지요…. 내년 이른 봄 한식쯤에 내려오셔서 낙엽이 없을 때 찾아서 확실히 벌초를 하고 가도록 하셔야지요."

하는 바람에 얼굴이 확 달아올랐다.

자신의 부모 산소를 잃어버렸다니? 내 부모님을 잃어버린 것과 무엇이 다르겠는가. 불효도 이만저만의 불효가 아니지 않은가?

그날 우리 묘를 잘 아는 원거리의 후배를 전화로 불러다 묘를 찾아 벌초를 하고 오기는 왔으나 자손된 도리가 아니다. 사람이 사는 것이 뭣이건데 겨우 1년에 한 차례 시골 고향에 돌아와 부모님 묘소를 가꾸는 일도 못하고 게을리하여 부모님 묘를 잃어버리게 된다니 이렇게 황망하고 또 불효스러울 수가 없다.

벌써 금년도 새해 들어 한식寒食이 지나고 여름이 가까워 오도록 지난해 묶은 결심을 지키지 못했다. 그러고 보면 또 여름이 가고 금년 가을이 돌아오고 추석 절후가 다시 돌아오기 마련이다.

내 생부께서는 초등학교 학생밖에 안된 나를 새벽마다 선잠을 깨워 이른 새벽에 부모님 산소까지 보내면서 조상에 대한 교육을 놓지 않으시려고 온갖 정성을 다하셨다. 벌써 이 여름만 지나고 나면 다시 추석을 앞두고 벌초하는 계절이 코앞에 다가온다.

그 아랫마을 농부의 말대로 이른 봄에 내려가지는 못했을망정, 뒤늦게나마 재벌再伐 벌초를 하는 심 잡고 서둘러 부모님 묘소를 찾아 뵈어야만 하겠다.

(사)한국수필가연대 임원 명단

회　　장　조병서

부 회 장　오수열
　　　　　신봉름
　　　　　최현희

중앙위원　안경자, 이기돈

이　　사　정성채, 손수여
　　　　　이무웅

고　　문　박근후, 최영종
　　　　　황종찬

내 삶의
아름다운
쉼표

초판발행/ 2015년 3월 30일
지은이/ (사)한국수필가연대 조병서 외
펴낸이/ 김명덕
펴낸곳/ 한강출판사
등록/ 1988년 1월 15일(제8-39호)
주소/ 서울시 종로구 인사동길 5, 408(인사동, 파고다빌딩)
전화 735-4257, 734-4283   팩스 739-4285
홈페이지 www.mhspace.co.kr

값 25,000원

ISBN 978-89-5794-303-8 03810

※저자와의 협약에 의해 인지는 생략합니다.
※파본은 바꾸어 드립니다.